小微企业的财政政策支持研究

白贵　李婷　张静伟/著

中国财经出版传媒集团

中国财政经济出版社

图书在版编目（CIP）数据

小微企业的财政政策支持研究/白贵，李婷，张静伟著．—北京：中国财政经济出版社，2016.11

ISBN 978－7－5095－6976－4

Ⅰ.①小…　Ⅱ.①白…②李…③张…　Ⅲ.①中小企业－企业管理－财政政策－政策支持－研究－中国　Ⅳ.①F279.243②F812.0

中国版本图书馆CIP数据核字（2016）第224874号

责任编辑：胡　博　庄　莉　　　　责任校对：徐艳丽

封面设计：邹海东　　　　　　　　版式设计：董生平

中国财政经济出版社 出版

URL：http：//www.cfeph.cn

E－mail：cfeph@cfeph.cn

社址：北京市海淀区阜成路甲28号　邮政编码：100142

营销中心电话：88190406　北京财经书店电话：64033436　84041336

北京京华虎彩印刷有限公司印刷　各地新华书店经销

787×960毫米　16开　14.75印张　242 000字

2016年11月第1版　2016年11月北京第1次印刷

定价：30.00元

ISBN 978－7－5095－6976－4/F·5589

（图书出现印装问题，本社负责调换）

本社质量投诉电话：010－88190744

打击盗版举报热线：010－88190492，QQ：634579818

前言 Preface

小微企业是小型企业、微型企业、家庭作坊式企业和个体工商户的总称。小微企业的划分标准详见本书《中小企业划型标准规定》。根据2011年修订的企业划型标准规定，目前我国小微企业数量已占到全国企业总数的99%以上，创造的最终产品和服务价值相当于国内生产总值的60%左右，上缴的税收为国家税收总额的50%左右，小微企业从业人员占到全部企业从业人员的38%以上。以小微企业为代表的非公有制经济在中国经济社会发展中的地位和作用不断增强。

随着我国市场经济的日益发展，小微企业在市场中发挥着不可替代的作用，同时对地方财政收入的增长贡献明显，在整个国民经济的发展中发挥非常重要的作用。小微企业作为市场经济的基础，对开拓新的产业具有举足轻重的作用，同时具有很大的发展前景。国家采用财政政策支持小微企业是及时也是必要的。通过财政补贴、专项资金直接投入、政府采购支持、税收优惠等一系列财政政策支持，来引导和鼓励我国小微企业健康发展，从而为国家经济的平稳较快发展做出贡献。

促进小微企业的发展具有战略意义，小微企业在增加就业、促进经济增长、推动技术创新与社会和谐稳定等方面都发挥着大企业不可替代的作用，我国政府近年来高度重视小微企业发展，并借鉴国外先进经验，制定出台了《中小企业促进法》、《国务院关于进一步促进中小企业发展的若干意见》（国发〔2009〕36号）、《国务院关于进一步支持小型微型企业健康发展的意见》（国发〔2012〕14号）、《国务院关于扶持小型微型企业健康发展的意见》（国发〔2014〕52号）、《财政部 工业和

信息化部 科技部 商务部关于〈中小企业发展专项资金管理暂行办法〉的通知》（财企〔2014〕38 号）等一系列文件，同时党的十八大报告中也明确提出“毫不动摇鼓励、支持、引导非公有制经济发展，保证各种所有制经济依法平等地使用生产要素、公平的参与市场竞争、同等受到法律保护”、“支持小微企业特别是科技型小微企业发展”。

中央财政积极贯彻落实《中小企业促进法》和党中央国务院决策，针对小微企业发展面临的生产经营压力大、成本上升快、融资困难和税费偏重等突出问题，及时研究出台并实施了税收优惠、财政资金支持、鼓励吸纳就业、清理涉企收费、政府采购、会计制度等财税政策，不断加大支持力度，充分发挥财政宏观调控职能，初步构建形成了支持小微企业发展的财政政策体系。因此，我国小微企业在发展过程中面临的困难和发展的阻碍性因素是存在的，但是我们要总结在发展过程中的规律，善于运用国际上的先进经验来应对存在的问题，为我国的小微企业发展奠定一条相对平坦的道路供其发展。

小微企业财政支持政策是根据小微企业的发展现状与国家经济发展的水平确定的。它属于微观财政政策的范畴，是根据国家宏观经济形势，依据国家小微企业政策目标而制定，是为落实小微企业政策而采取的一系列配套财政政策手段，它仅仅作用于某些部门、某些产业的相关小微企业或小微企业发展的某个阶段所反映出的各种问题，它所引起的反应是局部的、个别的，尽管可能由此而间接引起经济总量的变动，它属于中长期调控政策，其效应体现在通过保护、扶持小微企业，以达到维护市场竞争制度和产业结构的合理化、优化和高级化等目的，使国民经济持续、稳定、协调发展。近年来，国家出台了一系列政策措施，着力解决小微企业发展过程中存在的突出问题，目前，虽然小微企业资金紧张状况有所好转，但小微企业自身存在的问题较多，很难得到银行贷款及其他融资方式扶持；金融服务体系仍不够健全，难以适应小微企业发展的需要；小微企业融资环境不佳等问题。针对上述问题，作者提出了促进我国小微企业发展的财政政策建议。

本书研究的主要内容分为六个部分：

第一部分是针对财政政策支持小微企业发展的综合论述，从研究背景、研究目的及意义、国内外的文献综述、研究方法等不同层面对小微企业的发展进行论述。从整体的大视角下总结出本书的研究对象及研究重点。

第二部分是从我国的实际出发，对我国小微企业及财政政策的概念进行界定，明确研究对象后分析整理出小微企业发展财政政策支持的相关理论，以理论为基础进行铺垫，从理论支持的角度对小微企业的发展做出合理的科学的解释，从而为后文的分析打下基础。

第三部分首先介绍我国财政政策支持小微企业发展历程，总结我国目前财政政策支持小微企业的发展现状，同时总结现阶段我国小微企业存在的问题。通过对发展历程的概括总结，提出解决存在问题方法以及结合国际经验来最终得出政策建议。

第四部分是从发达国家财政政策支持小微企业发展过程中总结出适合我国财政政策支持小微企业发展的经验，通过对国外小微企业发展的经验借鉴，得出我国小微企业发展的一些政策性的启示，为今后我国政策上支持小微企业的发展提供了一个系统的经验总结。

第五部分运用计量经济学中的多元线性回归模型从财政政策的角度出发对我国小微企业的现状进行分析，接下来运用简单回归模型对小微企业的科技研究与发展促进技术市场成交额的发展，最后运用灰色预测模型来预测我国的财政政策对我国小微企业发展的重要作用及未来影响。

第六部分是本书的结论及政策建议，从以上章节的分析中得出我国财政政策支持小微企业发展的结论，通过理论与实证相结合的方法对我国财政政策支持小微企业的发展做出总结，最后从财政政策以及其他政策上对我国小微企业的发展提出政策建议。

我国政府高度重视小微企业发展，近年来出台了一系列促进中小企业发展的法律法规和政策措施。政府公共政策的目标包括以下两个：促进公平与提高效率。小微企业发展的公共政策也包含上述两个基本目标，实践中面临着哪个目标优先的问题。在经济发展的初期阶段，公共政策倾向于效率优先，兼顾公平，而在经济发展比较成熟的阶段，公共政策则需要公平优先，兼顾效率。简言之，公共政策的侧重点随着经济与社会发展阶段的不同而不同。

财政政策支持小微企业的发展在我国当前的经济发展中是必要的，小微企业作为一个“弱势”群体，在自身和外部经济发展不景气的情况下，政府采用必要的财政政策对其进行支持，从而使其得到健康发展，从长远看也可以为我国的经济发展做出巨大的贡献。

小微企业就是“市场补缺者”，它对于开拓新的产业具有举足轻重的地位和作用。小微企业具有很好的发展前景，小微企业产业集群虽然在金融危机加剧、外部需求减弱、市场动荡剧烈等各种不利因素影响下具有一系列的困难及问题。但在推动技术创新、增强整体抗风险能力上有一定优势。

本书通过对我国小微企业发展的现状进行分析，着重分析全国乃至各个省份目前小微企业财政政策支持的现状及存在的问题，运用理论与实证相结合的方法对我国财政政策支持小微企业发展进行了系统的研究，同时借鉴国内外小微企业发展过程中财政政策支持的经验，为今后我国政策支持提供了一个可供参考的依据。

由于作者水平有限，书中错误和不足之处在所难免，恳请专家、同行赐教。

白贵　李婷　张静伟

2016 年 6 月

目录 Contents

CHAPTER 1

第一章

导论

一、选题背景

中国经济学家郎咸平教授提出小微企业是作为小型企业、微型企业、家庭作坊式企业和个体工商户的总称①。小微企业这一概念主要来源于由四部委联合发布的《关于印发中小企业划型标准规定的通知》，该通知依据企业的员工人数、营业收入以及企业总资产等硬性指标，再结合企业本身的特点，制定具体标准，将企业划分为中型、小型、微型三种类型。

小微企业作为市场经济的基础，有很大的发展前景，对于开拓新产业、增加就业和促进经济增长等方面发挥着举足轻重的作用。2011 年 11 月，财政部和国家发改委发出通知，决定在未来 3 年免征小型微型企业 22 项行政事业性收费，以减轻小型微型企业负担②。财政部、国家税务总局 2014 年起对小微企业的税收优惠做出了新的规定：自 2014 年 1 月 1 日至 2016 年 12 月 31 日，对年应纳税所得额低于 10 万元（含 10 万元）的小微企业，其所得减按 50% 计入应纳税所得额，按 20% 的税率缴纳企业所得税。

自我国改革开放以来，小微企业经历了一个蓬勃发展的过程。小微企

① 百度百科：http：//baike.baidu.com/view/6645588.htm.

② 腾讯新闻网：http：//news.qq.com/a/20111118/000042.htm.

业作为市场经济重要的微观主体之一，在促进经济总量增长、经济结构优化调整、区域协调发展、解决农村劳动力转移和城镇就业、促进社会稳定和谐等方面发挥日益重要的作用，在我国经济社会中具有重要的战略地位。然而，在2008年世界金融危机爆发以后，我国小微企业遭受了巨大冲击。在当前世界经济不景气、国际经济复苏明显放缓、外需疲弱的形势下，加上国内通胀压力较大、货币政策有所收紧、劳动力和资金等主要生产要素价格上涨、企业生产成本快速增加等情况下，我国小微企业面临着用工难、融资难、成本升高、需求萎缩、利润微薄等困境，长三角、珠三角地区一部分小微企业出现了停工、半停工甚至濒临破产倒闭的局面。这些现象引起中央政府的高度重视，2011年10月12日，国务院常务会议专门提出了支持小微企业发展，缓解融资困难的措施。2012年2月1日国务院常务会议提出了进一步支持小微企业发展的政策措施，提出要站在战略高度重视小微企业的发展，加快解决小微企业面临的突出问题。

国家财税政策对小微企业给予了大力的支持，这让我们对小微企业有了不同的看法，小微企业的发展对国家的税收，以及对市场经济有着举足轻重的作用。据了解，中国债券市场是亚洲范围内发展最为迅速的债券市场。近年来，中国债券市场尤其是银行间债券市场快速健康发展，为国内实体经济发展提供了有力支持。为小微企业的发展迎来了一个良好的契机。

从整个世界经济发展进程来看，各个国家的小微企业在不断成长壮大的同时都会伴随着许多深层次问题，这其中最主要的问题是小微企业自身的技术水平不高、劳动生产率低下、市场竞争力较弱以及融资渠道不畅等，这些都导致小微企业破产率升高；其次由于小微企业面临着由大中型企业在市场发展过程中存在的垄断和不正当的竞争的限制，使小微企业在国际的市场竞争中居于弱势地位。这些深层次的问题与小微企业在各自国家中所扮演的重要角色以及所处的地位不相符。因此，世界上各个国家的政府都很重视小微企业生存以及未来的发展问题，甚至有许多国家还制定出一系列引导以及支持该国小微企业发展的相关政策和建议措施。

从企业结构分析，在发达国家，中小企业在企业数量中占据了绝对优势。在欧盟，中小企业占企业总数的99.8%。其中，雇员在10人以下的微型企业又在中小企业总数中占据了93%的比例。美国，号称“大企业王国”，然而，大企业占企业总数的比例不到0.3%，小企业占20.9%，微型企业占79%左右。

在发展中国家，大企业偏少，在国民经济中，绝大多数是微型企业，微型企业的作用尤为显赫。在泰国，微型企业和小企业的数目占制造业、商业、服务业总数的97%，创造的就业机会占71%。在孟加拉国，其主要支柱产业—渔业，仅虾米出口一项每年为国家赚取了3.5亿美元外汇，而从事虾米生产的企业中，90%以上的是微型企业。在拉丁美洲，微型企业吸纳的雇员人数占非农业劳动力的一半，在非洲则为三分之二。以非洲大陆经济发展较快的南非为例，整个建筑业创造的产值占国内生产总值的三分之一，全国共有9万家建筑企业，微型企业占据的比例为97%。

在经济一体化、市场化、知识化的今天，企业与外部环境联系方式和资源交换方式均发生了变化，企业对生存机会甄别、信息猎取、资源协调的能力得到了增强。科学技术日新月异和技术由发明到成果转化过程缩短，企业的规模也发生了相应的变化。20世纪50年代前，技术由研发到成果转化需要经过漫长的时间。进入20世纪50年代后，随国家对经济干预的加强，国家增大了科研投入，为技术发明创造了现代化研究手段和条件，技术从基础研究到成果转化过程进一步缩短。自20世纪90年代，平均每七八天就有一项重大的电子技术成果出现。传统的集团开发技术的模式变成由一个人或一组人连贯地完成。资料表明，在20世纪开发的技术中，60%以上的技术是依赖独立发明人或小企业发明的。技术发明进程的加速，使企业生存的方式发生了根本性转变，企业是否具有竞争力不在于能否发明技术，而在于能否快速将技术转化为生产力。因而，能够在组织上具有快速对环境做出反应、调整的规模小的企业，会表现得比规模大的企业更具优势。

为了应对来自规模微型企业的冲击，自20世纪80年代，规模大的企业被迫进行裁员行动。如1997年，美国排名前十位的公司共裁减65700人，相当于有7300个雇员人数为9人的微型企业倒闭。大量员工被解聘、失去收入、流入社会，成为危及社会稳定的主要因素。与此形成鲜明对照的是，蓬勃兴起的微型企业，在吸纳就业和推动经济增长上做出了巨大贡献，令人刮目相看。发达国家的政府和理论界已经认识到促进微型企业发展的重要意义，但在如何引导微型企业创立、发展方面，还缺乏行之有效的理论做指导。

随着人们收入水平的提高，市场需求结构呈现出个性化、多元化、差异化趋势。传统的标准化、大批量的生产方式在越来越动荡的市场环境面前失去了往日的威风，正日益被多品种、小批量的生产方式取代。柔性技术弹性、专、精得到了迅猛发展。规模大的企业容易产生官僚主义和内部自耗等弊端，显现出管理上的僵化和运行上的低效。微型企业则可以依靠精细的社会分工、互动的协作网络，通过集群，较为便易地获得生产经营所需的信息、资源，拓宽自身的生存空间。世界经济发展轨迹表明具有活力企业并不一定是规模大的企业，而往往是规模微小的企业。

2005 年，我国新希望集团拥有雇员人数 3.5 万，实现销售额近 200 亿。被美国《商业周刊》评为年“中国最成功、最雄心勃勃的企业家”、号称是我国企业家中的“不倒翁”的——浙江万向集团公司董事局主席鲁冠球，其领导的万向集团 2004 年拥有员工 31800 人、实现营业收入 208 亿元、利税 16 亿元、出口创汇 6.1 亿美元佳绩。2005 年，万向集团再现辉煌，实现营业收入 252 亿元、税收 7.8 亿元、出口创汇 8.18 亿美元的佳绩。没有人能想到 1996 年由鲁冠球带领 6 名工人、集资 4000 元、在一个不到 84 平方米简陋的厂房里建起的小小“铁匠铺”会有如此灿烂前景。

改革开放初期，分散在城乡、以一家一户为生产单位的、规模微型的家庭手工业和农户成为我国计划经济向市场经济转变的先导力量。这种以生产资料的家庭或个人占有为基础、依靠自身的劳动并辅之以少量帮工、利用住宅为生产场所的生产方式极大地调动了人们的积极性。市场机制的强力作用和以家庭经济为基础的生产方式的密切结合，构成了我国改革初期民营经济发展最鲜明的特色。如今，微型企业已成为推动我国尤其是区域经济发展的一支重要力量。如在以民营经济为主体的浙江省，位于企业组织金字塔底层的就是以“市井小民”形象出现的微型企业。2004 年，浙江省拥有个体企业和私营企业 201 万家，从业人员为 753 万人，每户企业吸纳的雇员数包含自我雇佣仅为 3.8 人，实现总产值 9909 亿元、销售总额（营业收入）7826 亿元、社会消费品零售额 3355 亿元、出口交货值 1555 亿元。

我国小微企业在成长和发展中取得的突出成绩的同时也遇到了很多难题，我国政府部门加大了对小微企业的相关扶持政策，消除小微企业在发展过程中出现的市场失灵等一系列不符合经济发展规律的问题，为小微企业提供公平的竞争环境，提升小微企业核心竞争力。同时政府还采用财政政策手段（政府补贴、财政的专项基金投入、财政投融资、政府采购、财政贴息、税收优惠）促进我国小微企业发展。目前我国经济发展过程中面临的迫切问题是该如何制定和采取有效的财政政策解决小微企业发展过程中遇到的难题，确保小微企业平稳健康可持续发展，这也是亟需要研究以及深入探讨的一个重要课题。

国务院于2011年10月12日召开的常务会议中确定各种财税和金融支持政策来促进小微企业的发展。国务院总理温家宝于2011年11月1日主持召开国务院常务会议中研究部署进一步支持小型微型企业健康发展之路。国务院办公厅关于金融支持小微企业发展的实施意见，国发〔2013〕87号，意见要求各地区、各有关部门和各金融机构要按照国务院的统一部署，进一步提高对小微企业金融服务重要性的认识，明确分工，落实责任，形成合力，真正帮助小微企业解决现实难题。银监会要牵头组织实施督促检查工作，确保各项政策措施落实到位。

财政政策主要包括：提高营业税和增值税起征点，规定小微企业的企业所得税减半征收并延长期限至2015年年底，同时小微企业和相关金融机构签的借款合同可以于三年之内进行免除征收印花税，而且至2013年年底可以延长贷款的损失准备金税前扣除；扩大小微企业专项资金的规模，中央财政安排150亿元资金用于设立中小企业的发展基金，基金主要用于支持初创的小微企业。同时政府采购对于小微企业安排了一定比例资金；规定小微企业三年内可予以免征部分管理类、证照类和登记类的行政事业性收费；可适当加快营业税向增值税改征的试点工作，进而完善结构性减税政策①。

二、选题目的及意义

1. 选题目的。

由于小微企业规模较小，市场竞争激烈。为了使企业能够正常的运作下去，在市场竞争中处于优势。往往会从企业创新与人才培养等方面来提高企业的综合能力，从而为经济的发展注入新的思想和方法。由于经济发展的不平衡性导致很多大中型企业破产倒闭，小微企业作为市场的补缺者可以以自身优势快速进入新的行业和领域。同时小微企业也是缓解就业压

① 人民网：http：//www.people.com.cn/.

力保持社会稳定的基础力量，是市场经济的主体和市场体制的微观基础，也是深化改革的中坚力量。

改革开放尤其是党的十五大以来，我国小微企业迅速发展，在国民经济和社会发展中的地位日益增强。2011 年 10 月 12 日，国务院出台了 9 条支持小微企业发展的金融和财税政策，被称为“国九条”，国九条的出台标志着小微企业的发展更加具有法律制度层面保障。

小微企业是与所处行业相比人员规模、资产规模与经营规模都比较小的经济单位。小微企业以其经营方式灵活、组织成本低廉、转移进退便捷等优势更能适应当今瞬息万变的市场和消费者追求个性化、潮流化的要求，因而在包括发达国家在内的世界各国的经济发展中，小微企业都有着重要的地位，发挥着不可替代的作用。

改革开放特别是党的十五大以来，我国的小微企业发展迅速，在国民经济和社会发展中的地位和作用日益增强。

小微企业是缓解就业压力保持社会稳定的基础力量。小微企业创业及管理成本低，市场的应变能力强，具有大企业无可比拟的优势。同时，科技型小微企业蓬勃发展，是经济增长与社会进步的不竭动力。近年来，科技型小微企业悄然兴起并迅速发展，成为技术进步中最活跃的创新主体。

小微企业是市场经济的微观基础，是深化改革的主要推动力量。小微企业大多数从事第三产业，贴近市场，贴近用户，活跃在市场竞争最为激烈的领域，是市场经济的主体和市场体制的微观基础。相对大企业而言，小微企业改革成本低、操作便利、社会震荡小、新机制引入快。因此，在改革进程中，小微企业往往是实验区，是突破口。小微企业的各项改革成果，为大企业的改革实践提供了有益经验，也为创造多种经济成分共同发展的大好局面做出了贡献。小微企业对社会经济发展的作用有以下方面：

（1）小微企业是大型企业乃至跨国公司产生的坚实基础。

许多大型企业乃至跨国公司都由默默无名的小微企业发展而来。1976 年，史蒂夫·乔布斯创建苹果电脑公司，从原始资本仅 1250 美元、雇员人数 3 人的小微企业，发展到 2012 年的苹果公司资产总额达 4565 亿美元、雇员人数 60400 人，成为电子科技行业的巨头。著名的惠普公司，从创立之初的两人合伙经营企业，原始资本仅有 500 美元，发展到年交易额超 1000 亿美元的跨国公司。世界上很多类似这样的企业都是由小微企业发展而来，可以说，没有小微企业就不会有这些为经济发展产生巨大贡献的大规模企业。

（2）发展小微企业是扶贫开发的有效模式。

小微企业，尤其是当中的微型企业，其拥有者和经营者大多是受教育程度不高、就业能力不强的群体，小微企业往往是处境较为艰难的家庭经济的主要来源。小微企业的经营利润微薄，其个体的发展不受重视，往往得不到政府部门的帮助，但小微企业的整体却为国民经济发展产生了巨大的贡献。因此，作为贫困群体的主要收入来源之一，小微企业对社会和谐和经济发展产生了较大的影响，为减轻世界贫困状况做出了显著的贡献，是扶贫开发的有效模式。

（3）小微企业是扩大就业的主渠道。

小微企业大多从事劳动密集型行业，生产经营上科技含量不高，而且相对于大中型企业，创办小微企业需要的资本、技术、人才等资源较少，对环境有更强的适应性，申请创办的要求简单、条件较少，其创办的速度较快、花费时间较短。另外，小微企业单位投资的劳动力（就业容量）和单位产值使用劳动力（就业弹性）都明显高于大中型企业。因此，数量众多的小微企业在解决社会就业问题和容纳劳动力方面具有十分肯定的作用。

（4）小微企业是我国科技进步和创新的重要主体和生力军。

发展实体经济需要科技创新，而小微企业是最活跃的科技创新主体。小微企业要想在市场竞争中占有一席之地，唯有不断加强技术改造和新产品开发才行。据《科技统计年鉴》，从 2000 年到 2009 年，全国规模以上工业企业中有 R&D 活动的小企业从 10156 个增加到 23953 个，年均增长 10%，所占比重从 58.8% 提高到 65.8%。目前，我国小微企业在创新能力上独树一帜，65% 的发明专利是小微企业创造的，80% 的新产品开发也是由小微企业提供。调查显示，在国家级高新技术产业开发区中，中小型民营科技企业占到 80% 以上，由此可显示小微企业对于创新的巨大作用。

（5）小型微型企业是社会和谐发展的重要稳定器。

社会发展过程表明：经济发展与稳定和谐的社会环境关系紧密，二者相互联系，相互促进，和谐稳定的社会环境是经济发展的必要条件，经济更好更快的发展又使得社会环境更加稳固。小微企业的规模小、门槛低、创办资金需求少、生产经营所需条件不高等特点，使得小微企业虽不能像大型企业一样“顶天立地”从而独立地支撑一方经济发展，但数目众多的小微企业却可以“铺天盖地”地活跃在市场经济中，拉动着市场需求、解决失业问题。大企业与小企业（含微型企业）是一种特定的结构功能关系，现代经济是一种系统经济，或者说是生态经济，没有小企业（含微型企业）是很难想象的。正如俗语所说“红花还需绿叶配”，市场经济中的大企业好比显目的“红花”，而小微企业正是那铺天盖地的“绿叶”。

（6）小微企业有利于企业家精神的培养，提高民族素质。

小微企业的发展可以为社会培养大批的企业家。小微企业在生存、发展以及消亡的过程中能够锻炼和培养企业家创新、冒险和勇于开拓进取的素质，从而提高整个民族创造能力、革新意识、冒险精神以及勇于开拓的素质。另外，小微企业还是经济周期震荡的抵御力量。由于产业生命周期的存在、市场消费热点的不断转移和需求的节律性波动，一国或国际范围内的经济周期震荡难以避免。与大中型企业相比，小微企业客观上劳动力成本低、生产要素流动性强，“船小好制造，船小好调头”等优势，因此不像大中型企业的兴衰与经济周期持有较为紧密的同步性，客观上成为了经济周期震荡的抵御力量。

“社会和谐”包括基尼系数、城乡居民收入比、基本社会保险覆盖率等监测指标，主要反映社会发展的协调程度。国家统计局《中国全面建设小康社会进程统计监测报告（2011）》显示，2010 年基尼系数略高于 2000 年的 0.412，实现程度为 79.8%；城乡居民收入比为 3.45，比 2000 年的 2.85 上升了 0.60，实现程度为 70.3%；基本社会保险覆盖率达到 65.6%，比 2000 年的 13.3% 上升了 52.3 个百分点，实现程度为 72.8%。国家统计局报告 2010 年基尼系数略高于 2000 年的 0.412，实现程度为 79.8%，世界银行发展报告 2010 年中国基尼系数已扩大至 0.458。基尼系数是反映居民收入分配差异程度的一项重要指标。联合国有关组织规定，0.4—0.5 表示收入差距较大。由此可见，公平性已经成为建设和谐社会的一项重要任务，促进小微企业发展的公共政策应以公平性为第一原则。企业在制定自身发展政策时，以效率作为第一原则，追求利润的最大化。政府作为公共权力运行的主体，通过财政政策、货币政策以及其他公共政策来促进小微企业发展时，应坚持以公平作为第一原则，在此前提下追求高效率，以增进公共利益。

简言之，企业自身政策应着重解决效率问题，政府公共政策应着重解决公平问题，尤其是在中国现在基尼系数增大，城乡收入扩大的现状下，政策的公平性更应该得到体现。

促进小微企业发展的公共政策应在公平的前提下兼顾效率。首先，从小微企业的经济贡献看。2010 年年末，全国中小企业超过 1100 万家，个体工商户超过3400万个。以工业为例，2010年，全国规模以上中小企业44.9万家，比2005年增长50.1%，占规模以上企业数量的99.3%；中小企业工业增加值增长17.5%，占规模以上工业增加值的69.1%；完成利润2.6万亿元，占规模以上企业利润总额的66.8%，是2005年的2.4倍。其次，从中小企业的技术创新能力看。据测算，中小企业提供了全国约65%的发明专利、75%以上的企业技术创新和80%以上的新产品开发。在全国科技园区、高新技术园区中，中小企业比例超过了70%。2010年年底，国家高新技术企业中的中小企业比例达到82.6%。这其中小微企业又占到了中小企业97%左右的比重，因此小微企业的贡献也是非常大的。

综上，小微企业成长快，在经济中占有重要地位，有利于提升自主创新能力、加快经济发展方式转变。因此，促进小微企业发展的公共政策应在公平价值追求的前提下力求高效率。政府要不断完善政策法规体系，营造环境，改善服务，大力扶持小型微型企业发展，鼓励、支持和引导小微企业进一步优化结构和转型成长，提高技术创新能力和企业管理水平，推动小微企业走上内生增长、创新驱动的发展轨道。

本书针对小微企业在发展中面临的问题和困境，提出通过国家的财政政策支持，如完善小微企业的公共服务体系的财政投入、加大科技创新的财政补贴、完善信用担保体系等一系列财政支持政策，规范政府采购和绿色生产产业的发展；进一步完善和优化现行增值税、所得税等一系列的税收支持政策，加大对小微企业的直接税收优惠（减免税和税收优惠）和间接税收优惠（税前扣除和加速折旧）扶持力度，以此完善小微企业的发展空间和解决小微企业在发展过程中存在的诸多问题。

2. 选题意义。

经过30多年的改革开放，中小企业成为国家经济发展的重要组成部分。国家发展改革委中小企业司副司长王黎明说到，我国于2006年年底的中小企业的数量已达到4200多万户，占到全国企业总数的99.5%以上；其中工商部门注册的中小企业数量有460多万户，个体经营户有3800多万户。统计显示我国中小企业创造的最终产品以及服务的价值占大约国内生产总值的60%，同时企业生产出的商品占到社会销售总额的60%左右，上缴税收相对于总额来讲已经过半，并且提供了80%左右的城镇相关就业岗位①。统计显示小微企业作为中小企业一个重要组成部分，占其比例达到了97%左右，小微企业可大幅度的提升地方的财政收入，使其真正在国民经济发展中处于重要地位以及发挥更为重大的作用。

本书从小微企业的发展现状和采取的相关财政政策入手，其中财政政策中包含着税收政策，从而分析小微企业发展的理论基础，同时对各个国家的小微企业发展进行比较，分析我国目前财政政策支持小微企业发展过程中的财政政策的实施效果以及其中存在的不足，同时借鉴外国财政政策支持小微企业发展先进经验，运用不完全市场理论、内生经济增长理论、规模经济论、生产力促进论等理论，来论述在政府和市场之间存在的关系框架体系下我国支持小微企业发展所采取的相关财政政策。可以根据得出的结果来对目前我国支持小微企业发展过程中存在的理论和实践相结合的原则，来进行对小微企业发展的进一步的探讨，从而为未来政府继续制定财政政策或者相关行业学术研究提供一定的政策建议和参考价值。

（1）理论意义。

在改革开放前，人们习惯把手工作坊、从事传统工艺或服务的、雇员人数不足8人的生产经营单位称为“个体户”。在所有制上追求“一大二公”，规模细小的企业被排挤到了一个异常狭小的空间。如今，人们还习惯“抓大放小”，生怕“抓了芝麻，丢了西瓜”。朱方明认为，西部的落后很大程度上是企业落后，企业数量少，密度低；晓亮认为，我国民营经济在历史上遭遇过不公平待遇仍对国家经济发展做出了巨大贡献，并认为中国经济的原动力就在于民营经济。为此，需要从理论去总结为什么西部企业数量少、密度小和民营经济中是何种规模的企业占主体。

我国劳动力资源丰富，有近4亿左右的劳动力。如何缓解巨大的就业压力构成了我国宏观经济调控必须解决的重大问题。在2003年，我国从事批发贸易、餐饮业、制造业和社会服务业中的微型企业用人需求，占我国总用人需求的70%。长期以来，具有较强吸纳就业能力的微型企业并没有得到政策上的优惠待遇，尤其是小摊点、小商贩被视为影响城市市容市貌的“牛皮癣”，各级地方政府也出台了相应的规章制度限制它们的发展。自2007年新年伊始，人们的认识发生了显著变化，与其采取限制措施还不如因势利导，引导其发展。近年来，大学生就业也成为社会日益关注的焦点，鼓励大学生创办自己的微型企业来化解就业压力也引起了人们

① 工人日报：http：//txzx.workercn.cn/.

的重视。由于就业观念的落后，人们就业的选择面往往局限在“被雇佣”的狭小空间，缺乏自我雇佣的主动创业精神。如大学生就业选择往往定位于政府、事业单位和规模大的企业。在理论上指导人们创办微型企业并在政策上加以扶助，是缓解我国就业压力的重要举措。

国务院近年来颁布一系列财政政策措施促进小微企业发展，取得了一些成绩，但随着小型微型企业经营压力大、成本逐渐升高、融资非常困难等诸多问题的出现，必须要进一步加大对小型微型企业的支持力度。

财政税收政策是政府对宏观经济调控基本方式之中的一个比较显著的方法，这和一些直接刺激经济发展的手段相对比，能更加直接地体现出政府扶持小微企业发展的意图，而且财政政策支持手段的实施效果较为直接和明显。国外经济发达的地区普遍重视用财政手段来促进小微企业的发展，小微企业越发达的国家，其采取的有利于小微企业发展的政策和措施越明显。各国大多是综合运用多种财政扶持政策并非采用单一的财政政策来促进其发展。

与大型企业相比较，小微企业的首要特征之一，即在于企业规模小、经营决策权高度集中，但凡是小企业，基本上都是一家一户自主经营，使资本追求利润的动力完全体现在经营者的积极性上。由于经营者对千变万化的市场反应灵敏，实行所有权与经营治理权合一，既可以节约所有者的监督成本，又有利于企业快速做出决策。其次，小微企业员工人数较少，组织结构简单，个人在企业中的贡献轻易被识别，因而便于对员工进行有效的激励，不像大企业那样在庞大的阶层化组织内容易产生怠惰与无效率的情况。可见，中小企业在经营决策和人员激励上与大企业相比具有更大的弹性和灵活性，因而能对不断变化的市场做出迅速反应。所谓企业小、动力大、机制灵活且有效率。当有些大公司和跨国企业在世界经济不景气的情况下不得不压缩生产规模的时候，中小企业却在不断调整经营方向和产品结构，从中获得新的发展。中小企业由于自身规模小，人、财、物等资源相对有限，既无力经营多种产品以分散风险，也无法在某一产品的大规模生产上与大企业竞争，因而，往往将有限的人力、财力和物力投向那些被大企业所忽略的细小市场，专注于某一细小产品的经营上来不断改进产品质量，提高生产效率，以求在市场竞争中站稳脚跟，进而获得更大的发展。从世界各国的类似成功经验来看，通过选择能使企业发挥自身优势的细分市场来进行专业化经营，走以专补缺、以小补大，专精致胜的成长之路，这是众多中小企业在激烈竞争中获得生存与发展的最有效途径之一。此外，随着社会生产的专业化、协作化发展，越来越多的企业摆脱了“大而全”、“小而全”的组织形式。中小企业通过专业化生产同大型企业建立起密切的协作关系，不仅在客观上有力地支持和促进了大企业发展，同时也为自身的生存与发展提供了可靠的基础。

一般来讲，大批量、单一化的产品生产才能充分发挥巨额投资的装备技术优势，但大批量的单一品种只能满足社会生产和人们日常生活中一些主要方面的需求，当出现某些小批量的个性化需求时，大企业往往难以满足。因此，面对当今时代人们越来越突出个性的消费需求，消费品生产已从大批量、单一化转向小批量、多样化。虽然中小企业作为个体普遍存在经营品种单一、生产能力较低的缺点，但从整体上看，由于量大、点多且行业和地域分布面广，它们又具有贴近市场、靠近顾客和机制灵活、反应快捷的经营优势，因此，利于适应多姿多态、千变万化的消费需求；凡是在零售商业领域，居民日常零星的、多种多样的消费需求都可以通过千家万户中小企业灵活的服务方式得到满足。

国家财税政策对小微企业给予了大力的支持，同时，小微企业的发展对国家的税收，以及对市场经济有着举足轻重的作用。据了解，中国债券市场是亚洲范围内发展最为迅速的债券市场。近年来，中国债券市场尤其是银行间债券市场快速健康发展，为国内实体经济发展提供了有力支持。为小微企业的发展迎来了一个良好的契机。

小微企业由于企业公司规模较小，之间竞争也比较激烈。所以小微企业为了使企业能够正常地运作下去，及在市场竞争中能处于优势。往往会往企业创新与人才培养这些方面来提高企业的综合能力。在当前的国际贸易中以中小企业为主的低成本劳动力的传统优势正面临越来越多的新挑战。培育中小企业的核心竞争力，不仅要发展具有独特竞争优势的产品、技术和服务，还必须通过合理产权结构和制度设计，引导企业走向一条良性发展的道路。因此，通过技术创新保持持续的竞争优势已成为中小企业获得生存和发展的焦点。具体来讲，中小企业应从自身的人才、资金相对不足的实际出发，坚持以市场需求为导向，一方面应积极利用科研单位、大专院校的科研、技术优势，通过共同分享研究开发成果来促进科技尽快转化为生产力；另一方面，由于中小企业缺乏自主开发新产品的条件和经费，因此要注意扬长避短，专注发展自己的核心专长。小微企业加强创新，这有效地回应了科学发展观的号召。同时，企业进行创新在一定的程度上达到了节能减排的目的，有效地进行了可持续发展战略。

小微企业始终可以确保通过基层竞争和生产躁动，给经济注入新的思想观念，也许是新的产品，经过改进的产品，不同的技术，不同的组织形式，又也许是不同的管理。无论这种新的思想观念是什么，关键是新事物和效率更好的东西在小微企业中能够得到很好的实施。

经过调查，恰恰是小微企业进行的研究活动明显比大企业的要多。据估计，大约 15% 的新企业一年之后便从市场上销声匿迹。五年之后退出市场的企业的比例甚至高约 50%。这既表明不断有新的企业跻入市场，它们充满热情地带来了各种创新，虽然并不是所有的企业都能获得成功，但是这对市场经济有着巨大的作用。然而，比企业破产远为重要的是那些最终新成立的企业。对于经济领域来说，企业倒闭是再自然不过的事情，无论出于何种理由，有些是因为落伍，因为企业理念过时了，也有些是由于缺少订单，资金困难，因此，破产也是不可避免的事情。小微企业在这个过程中充当了市场补缺者，它对于开拓新的产业具有举足轻重的地位和作用。

（2）实践及现实意义。

早在四千多年前，人类就在财东放高利贷的记录中，记载了人类的经商活动，而微型企业为消费者提供产品和服务的创新主力的历史却很少有记载，但这并不能否定微型企业的历史功绩。在论及微型企业的实践意义时，本书引用德国社会市场经济之父路德维希·艾尔哈特在论及中小企业研究意义时的一段话进行佐证“如果我们仅从物质方面来理解中小企业，如果人们只能从税务表上看待中小企业……那么我看来这是对中小企业的一种危险的表达方式。小微企业的概念无法以物质形式充分表达其含义，倒是通过在社会经济和政治过程中的思想和态度可以更显著地得到表述”。这对我们正确认识微型企业在社会经济发展中的功能绩效和为什么要开展对微型企业研究提供了启示。微型企业的主要功效有：

一是小微企业是吸纳就业的海绵，扩大就业、消灭失业是一个国家社会经济发展永恒的主题。在美国，大企业占企业总数的比例还不到 1%，吸纳了 40% 的就业；在数量上占 99% 的小企业吸纳了 60% 的雇员就业。在新增就业机会中，小企业创造了 85% 的就业量。目前，主要从事劳动密集型、资本有机构成低产业的微型企业，构成了真正的“就业机器”。已经引起了联合国的关注。大企业的资本、技术密集度高，吸收就业的功能受限。一般来说，大企业在成长过程中，存在生产规模的扩张冲动，吸纳就业的能力较强，一旦走向成熟，市场发生波动，企业第一个反应就是通过解雇雇员、削减工资成本来缓解压力。从就业构成分析，发达国家劳动力是在自由职业、微型企业和小微企业中谋求就业，每千人中的微型和中小企业的数量大约为 50 个左右。在欧盟，在微型企业就业人数占总就业人数的 34%，高于中小企业的比重，略比大企业低。

二是小微企业是消除贫困的有效途径。微型企业的存在与发展，“能够为人们提供机会，使人们过上人性的、而非蚂蚁般的生活”，国际劳工组织把发展微型企业看成是消灭贫困的重要途径。美国国际开发署署长助理埃米·西蒙斯认为，美国政府帮助发展中国家摆脱贫困战略中的最关键环节就是通过扶助发展中国家发展微型企业。在谈到创建微型企业帮助穷人和社区减贫方面起到的作用时，埃米·西蒙斯认为，“作为世界各地数亿人口收入和就业的主要来源，微型企业对个人、家庭和国家经济的深远影响是显而易见的”。2000 年，美国政府颁布了《自力更生与国际反腐败——微型企业法》，明确提出把扶植发展中国家微型企业的发展作为美国对外援助的重要组成部分。政府授权美国国际开发署提供资金用来扶持发展中国家的穷人创立微型企业，并强制规定必须把一半的款项用于非常贫困、一天生活费不足一美元的贫困人口。世界银行扶贫协商小组，由各捐助国组成的微型金融协商组织在 2002 年的一项研究报告中列举了一组数据，用来印证援助发展中国家发展微型企业所取得的绩效在萨尔瓦多，在国际社会援助基金会的支持服务对象，每周收入平均增加了 145%，在印度，获得“帮助唤醒农村贫困人口教育协会”项目贫困者中，有 50% 的人摆脱了贫困，在孟加拉国，受“乡村银行”，亦称为“伽马银行”服务对象的家庭，过去只有 60% 的女孩上学，通过“乡村银行”扶持后，几乎所有女孩得到了学校教育。

三是小微企业可以创造能人及企业家。微型企业的创立和发展可以培养大批的企业家，有利于提高民族的变革、冒险、开拓精神。德国认为，一个国家自主创业的人员越多，则人的自我发展和自我完善的机遇也就越大，就越容易培养一批成功的企业家。在美国，人们把个人创办微型企业看成“自力更生的个人独立”的象征，微型企业的存在，为个人提供了一个获得“力争上游、充满活力的企业家身份”的机会。在我国，许多成功的企业家就是在创办微型企业、通过生产经营、积累资金和管理经验的基础上成长起来的。

我国小微企业在国民经济的发展以及稳定社会发展等方面也具有着特殊作用。且也在世界其他各国以及各个地区间的经济平稳发展中有着相当重要的地位。随着近年来我国北京、上海、广东等一些发达地区学习以及借鉴外国小微企业发展过程中的先进经验，同时结合各个地区实际的发展情况，来以此建立和健全服务体系的发展方式，加大对小微企业的发展和扶持力度，在这些层面上也取得了相当显著的成效①。

改革开放以来，国有经济年均增长速度为9.5%，而个体私营经济年均增长速度为30%左右。2005年在北京召开的东亚促进中小企业发展与投资高层研讨会上，国家发展和改革委员会主任马凯做了题为《加强中小企业交流与合作，促进东亚地区共同繁荣与发展》的报告。报告指出在年底，我国经工商部门注册的中小企业数量2200万户，占全国企业总数的99.6%。中小企业创造的最终产品和服务的价值占国内生产总值的59%，吸纳了75%以上城镇就业人员，社会销售额占59%，进出口额占68%，上缴税收占49%。本书认为若将微型企业的产值算进去，中小企业的贡献率还要高。由于我国在进行国民生产总值统计时，往往只计算规模以上企业的产值，微型企业对国民经济的贡献率很难准确估算。

英国学者大卫·斯托里通过大量的研究发现，在庞大的小微企业群体中，只有5%表现出快速成长的业绩。在各国经济发展进程中，小微企业倒闭现象也大量存在。据美国《财富》杂志报道，美国大约63%的企业寿命不超过5年，只有2%的企业寿命达到50年，小微企业寿命不到7年。我国全国私营企业调查报告也显示，1993年以前连续5年，我国私营企业平均寿命周期只有4年，到2000年我国私营企业的平均寿命也只有7年。

中小企业较高的倒闭率是一个世界性的现象。由于各国中小企业界定范围不一样，小微企业的数量不一，从绝对数上无法做出准确的判断，但是从相对数看，我国每年有100多万家企业倒闭，是美国的102倍。我国小微企业的倒闭数量大大高于国外小微企业的倒闭数量。究其原因，我国小微企业在管理水平、竞争力等方面确实与美国企业存在差距，但是倒闭率差别如此悬殊，除了小微企业内部原因，还受小微企业成长的外部环境和国家支持政策缺失也是重要的因素。

现代经济学理论认为，政府和市场是资源配置的两大主体。在资源配置过程中，首先应发挥市场机制的作用，充分利用市场配置资源效率高的

① 丁丁：《促进我国中小企业发展主要政策环境研究——以浙江省中小企业为例》，2009年5月。

优点。其次，在市场资源配置失灵领域，发挥政府配置资源的功能，干预和修正“市场失灵”，为市场提供公共产品，消除外部不经济和垄断，实施社会再分配，通过对宏观经济总量调控和经济结构优化等措施，提高整个社会资源的配置效率。

在市场经济自发作用的情况下，市场是小微企业生产经营决策、定位的基本力量，小微企业的生产和投资等行为，主要受市场机制的调节，由企业根据市场情况自主决策。但也有一些问题靠单纯的市场机制很难解决，小微企业在发展过程中存在着一定程度的“市场失灵”。如与许多大企业的垄断地位相比，小微企业具有单个规模小、技术装备和管理水平较低、抗风险能力较差等弱点，处于不平等的市场竞争条件，在市场竞争中往往处于不利地位，只能是市场变化的被动接受者小微企业研究开发投入有限，而科技创新与推广又存在很强的外部性，小微企业获取市场信息的能力弱，企业正确决策缺乏信息基础，信息存在不对称现象小微企业总体信用度低，获取融资的困难较大，需承担更大的资金成本。

在依靠市场方式配置资源过程中，微观主体出现机会不均等和不公平时，则需要政府对市场进行干预，通过对小微企业生产过程、经营环境等方面实施相应的经济政策和措施，如财税政策、金融政策和行业政策，尽可能地解决小微企业发展中的“市场失灵”问题，实现资源公平、有效地配置同时，采取差别化的激励政策，重点支持小微企业科技创新水平和可持续发展能力的提高，不断提高整个群体的经济贡献和社会贡献。政府支持小微企业的发展，应当防止出现两种较为极端的倾向。一种倾向是在小微企业发展过程中不加选择、扶贫救济式的支持。我国仍是发展中国家，国家的财力还不十分强大，各级财政需要发挥作用的地方还有很多。

对小微企业的支持，是运用政府财政等政策，对其成长过程的弱小阶段和“市场失灵”部分进行扶持和修补，而不是广泛地救济经营不善、财务亏损的小微企业。在市场竞争中，对于那些自身结构不合理、管理不善和市场开拓能力差的小微企业，在竞争中被淘汰是市场机制发挥作用的正常结果，政府对其生产经营不应作“越位式”的支持。另一种倾向是放任小微企业自由发展、自生自灭，政府在支持小微企业政策上存在“缺位”，即政府在小微企业“市场失灵”领域，没有积极地发挥其修补市场失灵、调节经济的功能，对小微企业的成长阶段缺少扶持性的支持政策，或者采取“撒胡椒面”式的粗泛支持，政策着力点分散，没有形成一套系统和完整的政策目标、政策重点和政策框架，不能充分发挥政策支持小微企业发展的有效作用。

小微企业凭借着独特的自身发展优势、顽强的企业精神以及相对灵活的生产经营机制，在发展我国的国民经济、增加闲置人员的就业、扩大我国的出口贸易、提高我国的资源配置使用效率、促进科学技术的创新和提供一些个性化的服务方面都发挥着不可替代的作用，它也成为了我国推动社会和经济发展的主要贡献力量。支持小微企业平稳发展，对我国克服国际金融危机带来大的影响，以及保持经济平稳较快的发展具有相当重要的指导意义。

微型企业的存在可以使一国生产关系保持相对稳定，使传统优秀文化和技术得到传承。在微型企业中，很多雇员是业主的亲朋好友，他们有较强的归属感，激励动因大，既避免了团队中的“搭便车”和“偷懒”行为，也避免了公司制“委托—代理”中目标函数不一致而出现的高昂激励成本，尤其是在以儒家文化为内核的我国，作为由亲缘关系组成的命运共同体，在家族范围内容易形成合力。技术传承需要一个平台，要么在一个群体内部小范围内进行，如师傅教徒弟式，要么通过亲缘关系，如代代相传，要么是在全社会范围内扩散。对于经验型的技术，采取亲缘关系传递，才使这些古老技术在如今光芒四射。马克思在谈及技术继承与社会关系时，指出“正是父传子、子传孙一代一代积累下来的特殊熟练，才使印度人具有蜘蛛般的技艺”。

加快我国小微企业发展，对于促进结构调整和深化改革具有重大意义。无论是发达国家，还是发展中国家，微型企业数量之庞大，对经济增长的贡献之强，吸收就业面之广，均是其他类型企业所不具备的。如果将大企业比喻为大树，微型企业则为小草。参天大树为数有限，而小草则遍地皆是。微型企业这棵小草，只要有一点土壤、一缕阳光就能够发芽、生存，给一点肥料政策就可以茁壮成长。“目前微型企业始终难以进入我国政府官员和学者的视野，国内已出台的小微企业政策，并没有照顾微型企业。某种程度上，微型企业处在自生自灭状态，它们的发展需要足够的理论关怀”。

在研究我国财政政策支持小微企业发展研究中，对于一些加快建立小微企业的社会化的服务体系，以此提升小微企业在科技创新技术水平上的发展空间以及小微企业的可持续发展的能力方面，促进我国小微企业迅速的发展，使整个国民经济的整体水平有所提高，对这些方面的研究有着重大的理论和现实的意义。

三、国内外研究动态

财政政策支持中小企业的研究在国内外的研究中都处于一个上升阶段，但是对于小微企业的具体研究，在我国还是有一定的研究价值，占中小企业97%的小微企业发展对于国民经济的发展也有着不可替代的作用。世界各国并不采用单一财政政策促进小微企业发展，大多数国家都是结合使用两种或者两种以上的财政扶持政策来促进该国小微企业的发展。如建立了专门用于小微企业发展的基金，进行财政补贴、相关税收优惠以及进行政府采购等财政手段来扶持小微企业发展。然而不同的国家会根据各国的实际发展情况，使用的财政政策偏向的手段以及侧重点也不一样，因此小微企业也会享受到不同的优惠政策。

（一）国外学者的研究状况

发达国家对企业发展与政府扶持政策之间的关系认识较早，且具有较深的理论依据。亚当·斯密（1776）在《国富论》中提出“无形的手”这一命题，提倡自由放任的市场，认为政府不该干预经济，市场这只“无形的手”会自发引导其对资源的合理配置，从而实现经济的平衡发展。1929—1933年资本主义世界经济危机爆发之后，古典经济理论无法解释和解决现实中的经济危机。在此背景下，以凯恩斯为代表的新古典经济学派提出市场机制的自动调节不可能达到充分就业的潜在产出水平，主张政府通过减收增支的扩张性财政政策来干预经济，以扩大总需求、促进就业、保持经济的平稳发展。现代经济学理论强调市场在资源配置中的决定性作用，首先应充分利用市场竞争提高资源配置的效率；其次，在市场失灵的领域，发挥政府配置资源的功能，干预和修正“市场失灵”；最后，通过财政与货币政策对经济总量和经济结构进行调控，提高整个社会资源的配置效率。制度学派则把制度因素视为经济发展的内生变量，并把熊彼特的“创新理论”与制度学派“制度”结合起来，研究制度的变革与企业经济效益、竞争能力之间的关系。

政府支持小微企业发展具体模式上，英国著名经济学家奥斯汀·罗宾逊（Austin Robinson）于1931年在其著作《竞争产业结构》中就明确地指出了小微企业的范围，同时对于小微企业存在理论用规模经济学进行了解释，他曾提到企业的规模收益递增会有一个限度，如果超出了这个限度，企业就将出现规模收益的递减。

对小微企业存在以及相关的发展理论很早就发生在了企业的初期阶段，当时亚当·斯密（Adam Smith）就对当时企业发展规模的趋势做出过分析：劳动分工以及专业化生产的不断发展，使企业规模出现了不断扩大的发展趋势，同时得出了大企业对于提高劳动生产率有着非常重大的作用[①]。小微企业在发展过程中遇到很多阻碍。

自由竞争的资本主义末期，1890年美国著名经济学家阿尔弗雷德·马歇尔（Alfred Marshall）在他的《经济学原理》这本书中就曾明确地指出：自由的竞争主要是通过大机器的不断生产以此来淘汰和消灭以家庭作坊业以及以手工业作为代表的小微企业。这也是对“小微企业的淘汰论”的主要论述。1909年J. A. 罗宾逊在其书《产业制度论》中就提出可以通过延长劳动时间以及低工资为前提来判断小微企业是否会存在不合理的现象，这种做法是不理性的。而是要通过从制度经济的角度出发来对小微企业是否应该存在来提出批判和质疑，这种方法才是可取的，同时企业可以主张采用员工最低工资制度，限制小微企业发展。

马歇尔于1891年在其书《经济学原理》的第2版中就修正前就曾提出的“微型企业淘汰论”这一观点进行了论述，他还借鉴了进化论的“生命周期”思想，加以运用生物生长规律也会对小微企业成长以及发展方面进行了论述，企业会存在着“生物学理论”。这种理论解释了垄断资本主义时期小规模企业存在和发展的现象，并且进一步提出了声名显赫的“森林比喻”说法：这主要是指大企业会源源不断地进行兴盛和衰落的更替，而小企业也是会不断出现并且茁壮快速成长[②]。

秉承马歇尔思想的经济学家有约翰·穆勒（John Muller）、安蒂斯·潘罗斯（Edith Penrose）、舒马赫（Schumacher）等人。约翰·穆勒认为“大的企业不一定会在任何情况下都比小规模的企业更加具有竞争优势，小规模的企业能够生存和发展的最根本原因是因为其有着认真的工作态度

① 亚当·斯密：《国富论》，北京：商务印书馆，1997年11月。

② 阿尔弗雷德·马歇尔：《经济学原理》，北京：商务印书馆，1964：89。

以及极其关注微小的利益损失加上很强的适应性”。

张伯伦（E. H. Chamberlain，1963）得出了垄断和竞争同时存在的条件下，这时大企业并不能直接彻底地消灭掉小微企业，而小微企业生产出的产品千差万别以及市场存在着不完全竞争性，这都为小微企业提供了生存以及发展空间，为小微企业得以生存和健康的发展提供了客观的基础。

维纳（Winner）分析了小微企业存在的原因，他认为最优的规模经济就是进行小规模经营。德国经济学家舒马赫（Schumacher）于1973年在《小的就是美好的》这一书中就曾指出：“资源以及资本密集型的大企业在进行大规模生产的同时就已经造成了资源的过度开发和使用，也造成了比较严重的环境污染，它们存在着外部不经济性；小规模的企业在对自然环境外部性的破坏上产生的成本则和大中企业造成的损失相差很大，这也是小微企业会在这个时期大量发展的最为重要的原因是其更加适应人类对环境相关保护的要求”。因此应该更加保护小微企业的生存发展。

20世纪70年代以后，小微企业迅速发展，此阶段可被认为是现代经济发展体系中所处的重要地位。这其中比较有代表性的理论有：约翰·霍兰德（John Holland）“社会劳动分工论”、阿科斯（Acos）以及奥德斯（Orders）“大规模的时代终结论”、加尔布雷斯（Galbraith）的“二元经济结构体系论”等①。

20世纪90年代以后，各国开始更加重视小微企业生存和发展问题。1990年美国学者罗伯特·哈沃德（Robert Howard）就分析美国硅谷等具有高新技术产业的小微企业迅速发展壮大的原因，后来得出“和小微企业相比，大型企业对于技术以及市场有着相对比较缓慢迟钝的反应速度，因此工业化生产的主要部分是相对比较分散的小微企业”。

1994年以后，欧盟国家就开始着力实施小微企业的《第四个科技发展研究框架计划》，该计划主要是针对小微企业的科技创新与开发，在1997年又提出了小微企业发展的《政策报告》等新战略。小企业是经济的重要组成部分曾被美国前总统克林顿在《1995年小企业状况的报告》中提到过。

通过对财政学方面的研究，西方当代著名的财政学研究中出现了一批影响较大的专著：例如理查德·A. 马斯格雷夫（Richard A. Musgrave）、佩吉·B. 马斯格雷夫（Peggy B. Musgrave）共同著作的《财政理论与实

① 关贝涵：《黑龙江省支持中小企业发展的财政政策研究》，2011年7月。

践》（Public Finance in Theory and Practice）这本书，该书主要探讨了政府等公共部门如何进行分配和配置，以及如何进行公共选择，还涉及到公共支出的结构以及政策、相关税收原则、采取的税制结构、如何利用财政政策稳定经济发展，最终还提到了如何应对国际问题等。

哈维·罗森（Harvey. Rosen）所著一书《财政学》（Public Finance）中主要讨论财政学的工具包括什么，多级政府的财政是什么，如何进行公共支出的分析，税收分析的框架以及美国当期的收入制度等。同时期约瑟夫·E. 斯蒂格里兹（Stieglitz，J. E.）编著的《公共部门经济学》则主要探讨了什么是公共支出理论，公共支出的纲领主要是什么，当前的税收理论主要包含什么以及涉及到了美国税制等问题。

对扶持小微企业发展的必要性进行的研究。古典经济学派认为，理想中的完全竞争市场达到了帕累托最优状态，而市场失灵则会降低效率，尤其是市场失灵中的垄断会降低产量，损失消费者利益，偏离社会公平。因此，世界各国都非常重视反垄断，强调市场的公平竞争，通过立法和管制等措施将反垄断作为公共经济政策的核心问题之一。而小微企业的健康发展，不仅可以矫正市场失灵，促进公平竞争、提高效率，而且有利于提高消费者剩余，维护消费者的利益。其次，是由于小微企业对社会经济的重要作用及其自身的缺陷。当代西方著名的马克思主义经济学家莫里斯·多布（M. Dobb，1946）从垄断理论出发，把小企业的问题归结为垄断体制造成的，认为防止垄断就能够克服小企业的问题；William J. Baumol（2002）通过实证研究认为小企业极大地推动了市场经济的发展，而且为推动创新活动的进一步发展做出了很大的贡献；David Birch（1981）的研究成果则表明，美国超过 80% 的新工作岗位是由小企业而非大企业提供的。

马里兰大学机构改革和非正式经济中心的查尔斯·卡德韦尔、凯瑟林·德鲁谢尔和蒂里·范·巴斯特雷尔（1989）认为促进小微企业发展的主要措施要建立有助于小微企业发展的法律和监管体系。美国学者威廉 A. 布鲁克和大卫 S. 埃文斯对小企业在美国经济中所处的地位及其建立、发展和消亡做了探讨，他们以新古典经济学为基础，对小企业做了较为全面的分析，并对促进小企业发展提出政策建议。麦歇尔（2002）提出了要明确小企业的地位，必须将促进小企业发展的税收扶持政策提升到立法的层次，并且要保证法律的具体性与全面性。另外，美国政府还专门成立了扶持小企业发展的小企业管理局，小企业管理局为小企业发展出谋划策，为小企业提供技术和管理以及信息方面的支持；另外，小企业管理局还为小企业制定融资担保计划，帮助其解决融资贷款问题，扶持效果显著。

由于各个学者所研究的视角以及研究应用的最终目标的不同，国外在不同发展时期的经济学家会从不同的视角而给出财政政策不完全相同的定义或表述。20 世纪 60 年代初期，美国的财政学家 V. 阿盖笛（V. Agade）就认为财政政策的定义是“国家的税制结构、公共支出以及举债等方法所组成的一个共同整体，而将整个国家支出的组成当作是在总量和配置上通过公共消费与投资手段而确定下来，同时私人投资总量和配置也会受到不同程度的影响。”这个阶段如果增加小微企业财政资金支持力度、加大税收调节和政策扶持力度，都可改善小微企业发展中遇到的问题。

都（J. F. Due）教授于 1968 年又提出了新观点，他认为财政政策只是将政府的收支进行调整，使经济更加平稳，最终实现经济预期增长率。格劳维斯（H. M. Groves）教授在 20 世纪 60 年代后期提出财政政策已经是一种特殊的思想。主要是研究所需国家资源的充分利用性以及使价格水平达到一个平稳的状态等一系列问题。

凯塞（N. F. Keiser）教授认为政府的税收、财政支出以及债务所应用的政策会对劳动、就业、生产、收入以及价格水平产生的影响被称为财政政策。财政政策在短期内主要是除掉经济周期所带来的不利影响，它的长期目标则是防止经济出现长期的停滞和通货的膨胀，最终的目标是为经济的发展来提供一个较有利的环境。此阶段对小微企业财政政策支持不仅仅看到短期带来的经济利益，反而更加着眼于长期发展是否可以促进小微企业的健康发展。

美国财政学家埃克斯坦（Eckstein）教授也提出了自己的观点，他认为财政政策的目标是短期的。政府为了维持物价稳定以及实现充分就业，就会变化财政和税收支出。他还认为财政政策是短期内可以实现的目标进而可以采取相应的财政对策，并没有将公平的税制结构、经济发展的发展效率、经济的平稳增长等一些长期的政策目标列入财政政策发挥作用的范围之内。这个阶段要求小微企业自己改善自己的经营条件，在保持稳定发展的情况下兼顾长远利益，这样可以更好地从根本上解决小微企业的发展问题。

尽管各个时期财政政策理论的侧重点各不相同，但诸位学者对财政政策的本质认识基本一致，即都认为政府为了达到预期经济、社会的发展目标而制定相关财政战略和策略。这是政府在一定时期内要完成的基本任务，也是国家制定经济政策的重要的组成部分，同时可根据客观经济的发展规律来处理财政的分配关系以及指导财政工作基本准则和方针。对于小微企业的发展支持也是本着这样一条主线进行研究和探讨的。

从目前国外文献资料来看，国外对于小微企业的研究可以分为关于研究对象数学建模方面的研究和关于研究对象理论方面的研究。霍尔斯特·艾莉森（2004）的文章《以学习型社区的倡议或增长的鼓励措施来吸引微型企业》中以微型企业在社区产业园中的人力资源利用为基数，利用参数估计和假设检验来验证人力资源对小微企业融资的影响。

林德尔·L. 纳帕德罗（2008）为代表的作者在《商业支持和技术平台对南非小企业的贡献》以南非的小型商业支持和技术“孵化”为切入点，说明了南非发展小微企业需要哪些支持。比塞尔·米安妮（2005）在文章《对小企业和微型企业连续资本支持》中利用计量模型来验证人力资源对小微企业融资的影响。

史帝夫·贝克和蒂姆·奥隔登（2007）在《谨防小额信贷贷款》认为，小微企业的信贷将是银行等金融机构业务增长的新突破，但因为小微企业自身方面的缺点，所以要格外担心出现的坏账。克劳迪·奥冈萨·雷斯维加（2006）在《什么影响新老企业扩张？在俄罗斯小公司的证据》通过数据模型来阐述俄罗斯的微新企业（微型创新企业）在融资方面所遇到的困难，但并未就这些困难提出具体的解决措施。

索罗斯坦·贝克（2007）在文章《世界各地的中小型企业》中提出了小型企业的重要性及它在非正规经济的营商环境下的不同层面的指标。这样可以发现，几个层面的商业环境，如更好的进入和信用信息共享，降低成本，都将对小企业控制成本是一个很好的机遇。

（二）国内学者的研究

台湾地区经济学研究院叶怡姵等人于20世纪末，提出要于“亚太经济合作组织”（APEC）的框架内建立小微企业发展的论坛。并且得到了亚太国家和大部分地区的响应，这就推动政界对小微企业的更加重视。1999年以后，APEC组织则连续6年确定了将小微企业发展作为一项重要议题，并规定2002年为“微型企业年”①。国内对于小微企业的研究重视主要在2008年金融危机发生以后。

20世纪的末期亚洲金融危机对我国产生一系列的影响，引起国内一些机构和学者对小微企业发展问题研究的重视，由此形成一系列小微企业的论文和研究报告。大多数学者的研究课题主要集中在政府政策与小微企业的关系方面，如国外政府扶持小微企业发展的一些启示，以及如何借鉴和利用发达国家成功经验，在存在“市场失灵”情况下采用政策措施支持小微企业发展等。

李雪梅（2010）在文章《金融如何进一步完善小企业融资服务》认为小企业与银行合作融资业务难，这在很大程度上制约了小企业的进一步发展。作为银行业，改善传统的经营管理模式，加快业务创新，使我国小企业的融资环境得不到改善，融资规模不断扩大，对于促进国民经济的平稳较快发展具有重要意义，但对于银行业而言，完善小企业融资服务是一项长期而艰巨的任务。

林波（2010）和王国才（2010）分别以民生银行和工商银行为载体，阐述了两家银行先行开展小微企业所取得的成绩。而周斌（2012）在《民生银行——谈小微企业融资之道》中指出民生银行在全国有400多个网点，小微企业融资仅仅是它的一个方面，它现在有现代化的金融服务，民生银行将把小微企业变成零售部门。

宋萌萌（2011）在论文《小微企业融资之银行策略研究》中指出，银行不愿意为小微企业贷款的根本原因：第一，小微企业贷款的风险较高；第二，按照服务大企业的传统模式开展的小微企业信贷，人工成本太高；第三，由于监管机构对于与农行的不良贷款生成状况有严格要求，银行往往担心会因为小微企业贷款的高不良率而被问责。彭凯和向宇（2006）提出由于经济、社会文化等多种原因，在我国开展小微企业贷款有优势也有困难，这些困难除了观念上的、风险上的制约，更主要的是人力成本难以控制。解决这些问题，将对我国经济未来更好更快发展有着重要作用。

欧江波（1998）认为，政府支持的中小企业特别是小微企业发展政策应主要规定在立法保障的政策，产业扶持的政策，金融支持的政策，技术创新的政策，财税优惠的政策以及社会化的服务体系政策等六

① 蔡翔、宋瑞敏等：《微型企业的内涵及其理论基础》，《当代财经》，2005年第12期。

个方面。

赵东荣（2000）认为，在完善市场的经济体制过程中，政府与小微企业间存在“以市场为纽带，制度为规范，政策为导向，信息为媒介，公共供给为联系”的新型政企关系，政府对小微企业的政策引导应围绕上述的五方面逐步展开。刘新（2006）在其博士论文中，分别从企业的产权制度创新、技术创新、人力资本以及企业的运行环境等角度出发，探讨了小微企业的可持续发展等问题。

谢发平（2000）总结了发达国家支持小微企业的相关措施，其中主要包括健全法律体系、提供给小微企业有效的融资渠道、提供税收优惠和技术援助四个方面。郭立（2001）也指出发达国家常常是采取立法、设立小企业管理机构、提供金融信贷支持、实施税收优惠政策和在科技教育方面给予帮助的方法来支持企业发展。

我国经济转轨时期，政府更多地运用相关市场及经济手段实施宏观调控，不断推进财税体制、金融体制、行政管理体制的改革和完善，建立促进小微企业可持续发展的政策体系。郝臣（2006）、黄海生和罗军（2006）、崔九翠等学者（2009）在自己的研究中都明确指出了政府对小微企业进行政策支持方面许多学者的依据是发展中国家的市场存在着较大的缺陷，小微企业发展存在着“市场失灵”，如市场发育程度低，公共产品供给缺失，有效竞争不足，这些缺陷需要政府干预和修补。

2000 年 11 月于广州的暨南大学举办中小企业的亚太会议上，相关学者提出可增加微型企业的类别，同时将雇员人数少于 10 人的小企业于中小企业的范围内分隔出并加以研究①。张华初学者从方便开展相关的财务核算以及报告实际工作的角度出发，提出了我国小企业界定的标准过于广泛，这不利于实际把握和操作，他建议将小企业再细化为小型和微型两种。林汉川则根据我国当前的财政范围有限、中小企业较多、较广泛的国情，同意将中小企业再进行细分，除了中型、小型之外，还可增设微型企业，这样可提高财政政策的针对性。

孙同徽（2002）主张由国家财政拨出专项基金扶持那些成长性较好的、符合国家产业发展方向的小微企业，对于一些优势项目应给予贴息，在基金运用的过程中，必须讲究资金使用效率，按照市场经济原则，充分发挥财政基金扶持的政策导向功能和资金杠杆作用，重点体现政府的宏观

---

① 百度百科：微型企业的内涵界定。

经济意图；建立财政担保基金解决小微企业融资信用问题，选择中央税上缴比重高的小微企业进行扶持，充分考察其资信状况的前提下，为企业提供贷款担保；在财政补贴方面，重点发展有潜力的小微企业。

刘小川（2006）提出构建我国科技型小微企业的财政政策扶持体系。政府对科技型的小微企业的财政补贴是政府将其占有的一部分资金无偿转移给科技型小微企业进行生产经营活动，以扶持新兴产业群体。从短期看，投资表现为一种需求效应，可以增加科技型小微企业的社会需求；从长期看，投资又表现为一种供给效应，通过对极具发展前景的科技型小微企业给予财政补贴，可以扩大未来的社会总供给和改善供给结构，促进国民经济的增长和产业结构的优化。

俞建国（2002）指出我国支持小企业发展的政策重点主要是四个方面，即转变政府职能，为小企业提供良好的制度环境、制定小企业发展的产业指导规划，引导小企业健康发展、加强和改善政府对小企业的基础管理工作，继续推进小企业的改革和改制。

龙永图（2012）在“首届中国创业家联盟论坛举行小微企业‘抱团取暖’”上指出，国有企业和一些大型企业是中国经济的骨架，草根企业，小微企业才真正是中国经济的血和肉，它们承担着解决民生、解决社会稳定的重任。凌宁（2012）在中国科学报《小微企业脱困如何标本兼治》对小微企业的生存现状表述现在小微企业面临的困难比 2008 年金融危机时更严重。2008 年时主要是外部冲击，现在则不仅是出口，内需也在萎缩。

尚福林（2012）在“2011 全国小微企业金融服务评价会”上指出，要进一步提高对小微企业金融服务的“四个认识”：即更加深刻地认识服务小微企业与支持实体经济的关系、更加全面地认识服务小微企业与银行战略转型的关系、更加充分地认识服务小微企业与推进金融创新的关系、更加辩证地认识服务小微企业与加强风险管理的关系，进一步抓好小微企业金融服务的政策引导、信贷投放、机构建设和外部联动等工作。

揭筱纹（2011）在《学者：打开小微企业发展的“玻璃门”》中指出小微企业的资金链一直都是不畅通的，国有银行以风险大为由很少给小微企业贷款，民间资金也难以到位，这不畅通渠道让小微企业在发展中常常碰到“玻璃门”。厉以宁（2011）《将小微企业划分出来定做金融服务体系》提出，为小微企业量身定做金融服务体系，减轻小微企业赋税。

保育均（2012）在《谈进一步支持小微企业健康发展》中指出，小微企业和政府之间最大的障碍是信息不对称。

财政部财政科学研究所副所长白景明（2011）认为，我国近年来在基本财税制度安排上重视扶持小微企业的发展。明确支持小微企业的财税政策的三大特点：将原有务实有效的政策加以延续，而且时间期限不短，这种延续表现出财税政策取向并不仅仅着眼于当期的调整，而是着眼于使小微企业在较长的时期内享受到比较宽松的财税政策环境，这是一项长期的任务；政策的发力点不仅仅只针对小微企业本身，而是同时着力为实施各种扶持小微企业的配套政策创造条件，特别是与此次确定的“定向宽松”的货币政策加以协调和配合；收支政策联动，减税和增支同时进行。近年来，我国各级财政不断加大对小微企业专项资金的投入规模，并将进一步扩大这个投入规模，充分体现国家对“小微企业”的支持①。

中国社科院财贸研究所研究员杨志勇（2011）指出，当前确定的若干项财税政策确实能起到让受困的小微企业得以缓冲的效果。他认为，更重要的是要看到此次一整套政策措施所发挥的综合作用。目前小微企业遭遇发展困局，主要受到市场和国家收紧银根这两方面的原因影响。朱宏任（2012）表示，受生产要素成本上升、融资环境紧等多重因素影响，2012年小型微型企业生产经营面临较大困难，但不会出现大面积的资金断裂和倒闭问题。

罗丹阳（2009）在《中小企业民间融资》通过考察中小企业自主创造的民间融资方式，发现包括私募股权融资、企业债融资、民间票据融资、商业信用等在内的民间融资能够适应中小企业的特殊融资需求。

邵燕翔（2007）在文章《浙江中小企业民间融资问题探讨》通过对浙江省中小企业民间融资特点的分析，肯定了民间融资对中小企业融资的积极影响，同时也指出了民间融资对中小企业融资消极因素，从而提出了引导和发展民间金融为中小企业融资的对策。

嘉思瑶和宋若锋（2009）《中小企业民间融资行为探讨》从中小企业融资难的现状及青睐民间融资原因分析提出放开民间贷款是解决中小企业融资的良好途径。吴晓求（2012）《规范民间融资为小微企业提供新融资渠道》认为，设立温州市金融综合改革试验区，并不意味着对民间融资合法性的肯定，但规范民间融资对温州及至全国的小微企业提供了新的融资渠道。

① 中国税务报：http：//finance.stockstar.com/JL2011101400001365.shtml.

（三）国内外文献评述

1. 从研究的内容分析。

国外学者对小微企业的研究是从总体和宏观的角度进行阐述的，对小微企业的发展也是研究比较早的，从小微企业的灭亡论到小微企业的支持论，逐步体现出了小微企业的重要性。国外学者对小微企业的研究主要是基于理论与实践相结合的方法。对小微企业的研究是本着总分的结构开始进行研究，即从一定的高度来进行分析企业的重要性，就看到小微企业作为企业的核心重要组成部分，对此进行研究是重要的也是必须的，同时研究的理论方法也是定量分析为主，结合定性分析对小微企业有个总体的概括。

国内学者对于小微企业的研究主要是借鉴了国外学者的研究经验，且起步较晚，大都是从微观的角度对我国小微企业的发展进行研究。虽然起步较晚，但是我国学者对小微企业的研究是比较深入透彻的，即从国外的先进经验中进行总结，也发现国外小微企业发展过程不是一帆风顺的，总结出小微企业发展过程中面临的问题和出现的困境，从总体的角度来对我国小微企业的发展概述，得出适合我国小微企业发展的一系列政策建议，因此对于我国小微企业的发展政策也是值得国外学者来进行分析和借鉴的，特别是适合发展中国家小微企业发展进行总结和借鉴。

2011 年以前，我国政府的正式统计口径中并未将微型企业从小型企业中单独划分出来，微型企业包含在小型企业之内。在此之前，国内已有学者意识到我国必须设立微型企业类别并对此加以研究的必要性，但令人遗憾的是，对于“微型企业”的研究却并未引起学术界的重视，其研究成果也难觅其踪。2011 年 7 月工业和信息化部、国家统计局、国家发改委和财政部四部门研究制定了《中小企业划型标准规定》，中小企业划分为中型、小型、微型三种类型，具体标准根据企业从业人员、营业收入、资产总额等指标，结合行业特点制定。2011 年以前，在对扶持企业发展的财税政策的研究上，国内学者以中小型企业作为研究对象展开了大量的研究，鲜有以微型企业作为研究对象的。

2. 从小微企业的发展环境来看。

国外小微企业的发展状况较好，企业总量占整个国家企业总量的绝对优势，由于国外通过大量的新生小微企业与淘汰企业的生产效率的差异，由此产生“创造性毁灭效果”，同时在产业结构演化过程中小微企业快速发展调整适应速度。

我国小微企业是劳动密集型的产业，这决定了它是我国经济发展重要力量。小微企业政策环境如税务、工商、培训、信贷体系等并没有系统的建立起来。小微企业会处于自生自灭的发展方式，这就加深我国小微企业的不足之处，例如企业的产业结构类似、生产出的产品科技含量低、企业内部管理水平不高等会阻碍我国国民经济健康发展。

3. 从财政政策支持角度来看。

国外对于小微企业的财政支持政策中，政府发挥了很大的作用。主要是政府建立融资担保机制及政府出面来干预银行的信贷方向等，从实施手段上来看，政府的作用是温和的。

我国对于小微企业的财政支持中，政府发挥的作用是直接的，带有强制的干预色彩，政府直接制定出对于小微企业的支持力度以及支持的方式，这种带有强制性的政策使小微企业很难有灵活性去面对各种危机。

4. 对小微企业的融资问题进行研究。

何健聪（2011）采用调查问卷的方式对小微企业的融资、税负问题进行实证研究，认为小微企业融资渠道狭窄，税负较高。蔡丽华（2012）在剖析我国小微企业融资难的现状及成因的基础上，提出了破解我国小微企业融资难的对策建议。白景明（2012）认为“融资难”问题是困扰我国小微企业发展的核心问题，应协调财税政策与金融政策解决小微企业“融资难”问题。

四、研究思路与研究方法

（一）研究思路

本书紧紧围绕财政政策支持小微企业的发展这条主线，首先介绍小微企业的一些发展历程及相关的发展现状，接着从财政政策的支持角度来用实证模型证明财政政策对小微企业发展有着很大的比例关系，最后得出结论要继续加大财政政策的支持力度来促进小微企业的健康发展。整体研究思路如图 1－1 所示。

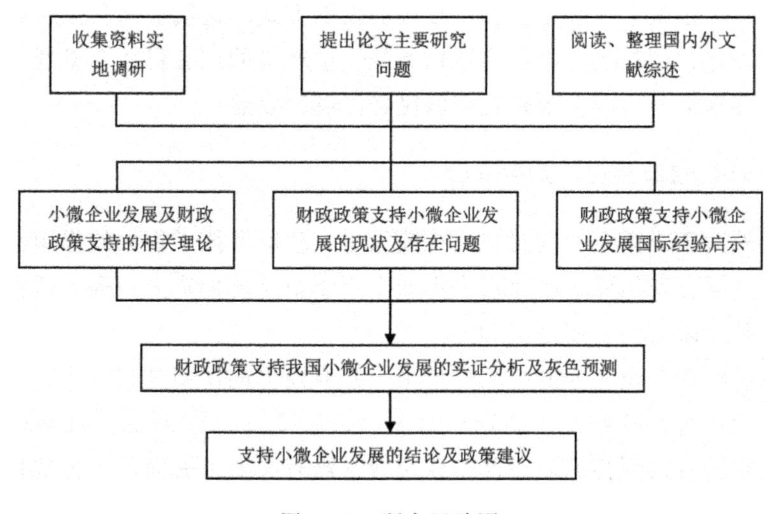

图 1－1　研究思路图

（二）研究方法

1. 文献分析法。

查阅、分析、整理与本课题相关的文献，了解国内外小微企业发展的历史沿革和现况，对文献中所包含的信息进行分类，选取典型的例证加以重新归类、组织，进一步明确研究的方向和起点，确定本书研究的核心问题，保证研究结论的可行性和科学性。本书的文献来源主要包括数据库期刊资源，如 UMI 博士论文全文数据库、中国期刊网数据库、中国知网、政府网站资料以及国家统计局统计年鉴等。

2. 比较研究和借鉴。

对上述问题的调研结果，通过纵向与横向、定性与定量的分类比较，采用借鉴国际经验与我国具体实际相结合的方法，同时立足于我国社会经济转型期的特点和条件。通过吸收世界上其他国家支持小微企业发展的成功经验，与我国具体国情相结合，从而提出适应我国小微企业发展特点、具有创新性的财政政策建议。

3. 规范分析与实证分析相结合的方法。

本书通过财政政策对小微企业的支持研究，首先从小微企业的发展现状以及国内外的经验借鉴的基础上进行相关概念的界定，其次从小微企业支持的财政政策角度出发建立多元回归分析模型，从小微企业发展的五种资金的支持来建立灰色预测模型来预测我国支持小微企业发展财政政策投入的可计量性。

五、创新之处与不足

（一）本书创新之处

本书先从小微企业的界定出发，从财政政策的支持力度的具体政策来分析我国小微企业发展的潜力及必要性，对小微企业目前存在的问题进行了分析以及从理论联系实际的角度出发，以实证分析的方法来对小微企业的财政政策的具体政策带来的经济效益进行评价。最后对小微企业的未来发展结合上述分析用到的理论，从而最终得出小微企业发展的结论和政策建议。

本书强调通过财政补贴、专项资金支持、政府采购等结构性政策支持措施，提高小微企业科技创新能力，促进小微企业可持续发展；基于企业生命周期理论，提出对小微企业不同发展阶段的差别化支持策略；提出了财政政策支持小微企业发展的基本的思路和功能模式。

（二）本书不足之处

本书内容有待进一步完善。从完整、严谨和拓展的角度讲，本书涉及的政策建议和措施仍存在一定的不足之处，有待于今后做进一步的深入研究和思考，同时应不断地对本书研究内容进行修改和补充。

由于目前我国小微企业的数量多且分布地区较广，进行调研的数据不全面，只以可以调研到的省市的数据为例进行研究；本书以研究财政政策支持小微企业的正面带来的效应，对于其中由于微型企业发展的外部负效应和如何提高对资源的使用效率没有进行专门的分析。

我国小微企业的发展，存在宏观、微观多方面因素的影响，仍需要在综合环境及政策方面进行改进，如政府在市场中的“越位”、行业的准入政策、全社会诚信制度和知识产权保护等问题，限于个人能力和论文篇幅限制，没有进行展开探索和深入研究。

CHAPTER 2

第二章

小微企业财政政策支持的理论分析

一、小微企业概念界定

小微企业是小型企业、微型企业、家庭作坊式企业、个体工商户的统称，是由中国首席经济学家郎咸平教授提出的，目前主要指那些产权和经营权高度统一，产品（服务）种类单一，规模和产值较小，从业人员较少的经济组织。综合国内外对小微企业内涵的研究，其界定一般从定性界定和定量界定两个方面来进行描述：

（一）关于小微企业定性的表述

衡量企业的标准主要是根据企业在所属行业中的地位、企业的经营管理方式和企业的所有权的集中程度这三个方面来进行测定，由于小微企业在发展的过程中数量较多难以分别核实企业发展的实际情况，同时小微企业所属的地域分布广泛，很难集中对其进行实际情况的考察。世界上几乎只有很少的国家采用定性方法对小微企业进行定义。

二战后，美国经济学家卡普兰（Caplan）提出：在经济的发展过程中，缺少对小微企业进行分析的专门政府机构，也没有专门对小微企业进行实地调研考查的人员，因此当时对小微企业的相关概念主要是指那些管理和所有权相一致的企业，这些企业没有公开发行证券的资格，这些小微企业只是通过对自己所需的资金进行筹集及投入到企业发展中。因此当时的小微企业是企业的所有者、企业雇用的员工以及购买企业产品的消费者这三个简单的利益主体来完成企业的整个核心链条的发展。1953 年颁布的《小企业法》规定：“小企业作为独立所有者和自主经营者，在各自经营领域不处于支配地位”①。

王延中（2001）提出，根据小微企业所处的地位以及其他部分对小微企业要进行分工调查，这时就会加强对小微企业的重视程度，将微型企业从中小企业中分离了出来。他认为可以将我国企业根据规模大小来具体划分为四类：大型企业、中型企业、小型企业以及微型企业。根据这种统计方法显示，我国目前个体企业全部属于微型企业，同时大部分的私营企业也属于微型企业。

小微企业的定性研究仅仅是从企业的内部结构以及所有制方面对其进行的相关范围的界定，可以清晰地看出企业发展的实际方向及发展过程中暴露出来的各种问题。但是没有数量上的界定会使小微企业不能有效地从大中企业明显地划分出来，这样界定出来的结果是相对比较模糊的。

近年来，“小微企业”、“小型微利企业”、“中小企业” 等概念频繁出现且容易混淆，根据相关文件，小微企业的定义有两个，分别是小型微型企业和小型微利企业。其涵盖范围及认定标准与“小企业”、“中小企业” 各不相同，需要对其加以区分。同时本书在研究税收优惠政策过程中，由于小微企业涵盖小型微利企业，所以在国家制定的各项财政税收政策中，有时会用到小型微利企业，而且小微企业作为中小企业的一个组成部分，其中用中小企业的制定方案也同样适用于小微企业。

1. 小型微型企业与小型微利企业。

工信部联企业〔2011〕300 号《中小企业划型标准规定》，根据企业从业人员、营业收入、资产总额等指标标准进行划分。

小型微利企业是指符合我国《企业所得税法》及其实施条例规定条件的、可以享受减按 20% 税率征收企业所得税的企业。小型微利企

① 中国中小企业天水网：www.smets.gov.cn.

业除了在行业、资产总额、从业人数上有所限制以外，对年纳税所得额和所得税征收方式都有制约。小型微利企业的对象仅指企业，而小微企业的涵盖对象除企业以外，还包括个体工商户等。简而言之，小型微利企业是小微企业里符合条件的能享受企业所得税优惠的少部分小微企业。

就工业企业而言，可减按20%的税率征收企业所得税的小型微利企业，是指从事国家非限制和禁止行业，年度应纳税所得额不超过30万元，从业人数不超过100人，资产总额不超过3000万元。在具体细节指标操作上，国税函〔2008〕251号文件及财税〔2009〕69号文件规定，“从业人数”按企业全年平均从业人数计算，从业人数是指与企业建立劳动关系的职工人数和企业接受的劳务派遣用工人数之和，“资产总额”按企业年初和年末的资产总额平均计算，“从业人数”和“资产总额”指标，按企业全年月平均值确定，年度中间开业或者终止经营活动的，以其实际经营期作为一个纳税年度确定上述相关指标。

同时，按照《国家税务总局关于非居民企业不享受小型微利企业所得税优惠政策问题的通知》（国税函〔2008〕650号）和《财政部、国家税务总局关于执行企业所得税优惠政策若干问题的通知》（财税〔2009〕69号）规定，非居民和核定征收企业不能享受小型微利企业所得税优惠[①]。

2. 小微企业与“小企业”。

财会〔2011〕17号文件规定自2013年1月1日起实施的《小企业会计准则》中第二条对小企业界定为在中华人民共和国境内依法设立的符合《中小企业划型标准规定》所规定的小型企业标准的企业；同时满足不承担社会公众责任、经营规模较小、既不是企业集团内的母公司也不是子公司的企业，另外，股票市场上公开交易和金融性质的小企业除外（这些类型的小企业按照《企业会计准则核算》）。鼓励小企业根据《小企业会计准则》或《企业会计准则》建账核算，以便于税务机

① http://wenku.baidu.com/view/6db9a1d776a20029bd642d38.html.

关查账征收，符合小型微利企业条件的可以依法享受企业所得税优惠条件[①]。

《小企业会计准则》中的“小企业”认定也不完全等同于工信部联企业〔2011〕300号文件中“小微企业”界定的和企业所得税优惠中的小型微利企业认定，由于财税〔2009〕69号文件规定了核定征收企业不能享受小型微利企业所得税优惠，因而财会〔2011〕17号、财会〔2011〕20号从建账建制，规范企业财务核算要求，对“小企业”实行查账征收，以享受小型微利企业的税收优惠做了特别强调。

3. 小微企业与“中小企业”。

中小企业是在工信部联〔2011〕300号文件出台之前是我国根据《中华人民共和国中小企业促进法》和《国务院关于进一步促进中小企业发展的若干意见》，按照对企业划型标准，符合中小型企业的总称。标准调整之后有所不同，但小微企业基本也涵盖在原中小企业划型中的小企业范围内。

（二）关于小微企业定量的表述

马克思认为不同规模的企业有不同行业分布特征，他指出“随着资本主义生产方式的变化，最简单的企业经营者如企业所有者掌握在一个人的手中，这个时候由于经济的发展，社会上会有更多的消费者需要该企业生产出来的产品。这时的小微企业不能彻底地进入到大企业的生产经营领域及范围中去[②]。这就可以看出小微企业的规模不大，数量有限，不能和大企业进行直接的竞争。

美国《小企业法》对小企业的定义是“独立经营且在其领域处于非支配地位的企业，或者是雇员人数一般在500人以下的企业”[③]。2004年，美国小企业管理局分别从资产和雇员人数两方面对小企业进行了划分，其具体标准如表2-1所示。

---

① 具体规定见：中华人民共和国财政部财会〔2011〕17号文件《关于印发小企业会计准则的通知》。

② 马克思：《资本论》（第一卷），人民出版社，1975年版，第687页。

③ 陈洪元：《科技型中小企业与风险投资的关系研究》，北京：中国科学院科技政策与管理科学研究所，2005。

表 2-1　　美国按产业类型划分的小企业标准

产业类型	规模标准（雇员或资产）
制造业	500 雇员
批发业	100 雇员
农业	750000 美元
零售业	6000000 美元
一般大型建筑业	28500000 美元
商务服务和个人服务业	6000000 美元

资料来源：根据美国《小企业法》所载数据整理。

欧盟委员会修改了 1996 年对中小企业的定义，从 2005 年 1 月 1 日开始执行新的小企业标准，将微型企业单独列出作为中小企业的一种类型。其具体划分标准如表 2-2 所示。

表 2-2　　欧盟委员会对中小企业划分标准

企业种类	职员总数	营业额（或满足）	资产负债表
中型（medium—sized）	<250	≤50000000 欧元	≤43000000 欧元
小型	<50	≤10000000 欧元	≤10000000 欧元
微型	<10	≤2000000 欧元	≤2000000 欧元

资料来源：根据http：//europa. eu. int/comm/enterprise/enterprise - policy 整理得出。

（三）当前我国小微企业的划分标准

当前我国对小微企业有了明确的划分。我国近年来颁布了《中华人民共和国中小企业促进法》，并于 2009 年发布了文件《国务院关于进一步促进中小企业发展的若干意见》（国发〔2009〕36 号）。这两个法规与政策文件将中小型企业进一步细分为中型企业、小型企业和微型企业。具体的划分标准是根据总资产、营业收入、企业员工人数等指标。同时行业的特点也成了划分中小企业类型的一项参考指标。适用的行业及具体划分标准如表 2-3 所示。

表 2-3　　　中小微企业的各个行业划分标准　　　单位：万元

行业划分	从业人员	营业收入	中型		小型		微型	
			从业人员	营业收入	从业人员	营业收入	从业人员	营业收入
农、牧、林、渔业		≤20000		≥500		≥50		<50
工业	<1000	<40000	≥300	≥2000	≥20	≥300	<20	<300
建筑业		<80000 或资产总额 <80000		>6000 且资产总额 >5000		>3000 且资产总额 >300		<300 或资产总额 <300
批发业	<200	<40000	≥20	≥5000	≥5	≥1000	<5	<1000
零售业	<300	<20000	≥50	≥500	≥10	≥100	<10	<100
交通运输行业	<1000	<30000	≥300	≥3000	≥20	≥200	<20	<200
仓储业	<200	<30000	≥100	≥1000	≥20	≥100	<20	<100
邮政业	<1000	<30000	≥300	≥2000	≥20	≥100	<20	<100
住宿业	<300	<10000	≥100	≥2000	≥10	≥100	<10	<100
餐饮业	<300	<10000	≥100	≥2000	≥10	≥100	<10	<100
信息传输行业	<2000	<100000	≥100	≥1000	≥10	≥100	<10	<100
软件以及信息技术服务业	<300	<10000	≥100	≥1000	≥10	≥50	<10	<50
房地产的开发经营行业		<200000 或资产总额 <10000		≥1000 且资产总额 ≥5000		≥100 且资产总额 ≥2000		<100 或资产总额 <2000
物业管理	<1000	<5000	≥300	≥1000	≥100	≥500	<100	<500
租赁和商务服务业	<300	资产总额 <120000	≥100	资产总额 ≥8000	≥10	资产总额 ≥100	<10	资产总额 <100

注：此表数据来自中国政府网《进一步划分中小企业的标准》中整理得出。

大型、中型和小型企业须同时满足所列指标的下限，否则下划一档；微型企业只需满足所列指标中的一项即可。表中各行业的范围以《国民经济行业分类》（GB/T4754－2011）为准。其中，工业包括采矿业，制造业，电力、热力、燃气及水生产和供应业；交通运输业包括道路运输业，水上运输业，航空运输业，管道运输业，装卸搬运和运输代理业，不包括铁路运输业；信息传输业包括电信、广播电视和卫星传输服务，互联网和相关服务；其他未列明行业包括科学研究和技术服务业，水利、环境和公共设施管理业，居民服务、修理和其他服务业，社会工作，文化、体育和娱乐业，以及房地产中介服务，其他房地产业等，不包括自有房地产经营活动。企业划分指标以现行统计制度为准。

其中从业人员，是指期末从业人员数，没有期末从业人员数的，采用全年平均人员数代替。营业收入，工业、建筑业、限额以上批发和零售业、限额以上住宿和餐饮业以及其他设置主营业务收入指标的行业，采用主营业务收入；限额以下批发与零售业企业采用商品销售额代替；限额以下住宿与餐饮业企业采用营业额代替；农、林、牧、渔业企业采用营业总收入代替；其他未设置主营业务收入的行业，采用营业收入指标。资产总额，采用资产总计代替。

小微企业在税收上的概念和其他部门略有不同，主要包括三个标准：一是资产总额，工业企业不超过3000万元，其他企业不超过1000万元；二是从业人数，工业企业不超过100人，其他企业不超过80人；三是税收指标，年度应纳税所得额不超过30万元。符合这三个标准的才是税收上说的小微企业。

（四）小微企业的特征

1. 投资主体和组织形式多元化。

投资人既可以是大中专毕业生、退伍复员军人、返乡农民工、下岗失业人员、征地拆迁失地农民，由可以是其他城乡无业居民；在创建小微型企业时，既可以申办成个体工商户、独资企业，又可以是合伙企业、农民专业合作社、有限责任公司。

2. 出资来源和形式多元化。

小微型企业融资渠道主要是自有资金、亲戚朋友借款，很少有正式的融资渠道。投入的资金既可以是实物资产、知识产权，也可以是货币资金。小微型企业固定资本少，对经营所需的工具和设备、技术、场地等要求不高。

3. 生产销售灵活。

小微型企业大部分是以“前村后店”的模式组织生产运作，质量管理不很完善，采用劳动密集型的技术和手工艺。销售上采用直销方式，且以服务本地市场为主，运作方式灵活而富有流动性。

4. 内部管理松散。

小微型企业员工以家庭成员为主，且大都是通过正式的就业渠道不能就业的人，其员工薪酬具有不确定性，基本没有非正式的薪酬制度，财务会计制度也不健全，少量而不规范的会计活动也只是为了应付上缴的税费。

二、财政政策支持小微企业生存与发展的理论

（一）内生经济增长理论

初始于20世纪80年代中期，成型于20世纪90年代初的“内生增长理论”或“新增长理论”认为，长期经济增长率是由内生因素解释的，即在劳动投入过程当中会包含着因正规教育、培训、在职学习等而形成的人力资本，在物质资本积累过程当中有着因发展与研究、创新、发明等活动而形成技术的进步，因而将技术进步等一系列要素进行了内生化，最终得出了因技术进步存在，会使要素收益递增但是长期的增长率仍然为正的结论，强调技术进步会对经济增长起着决定性的作用。“内生增长理论”还认为决定一个国家长期经济增长一系列的内生变量对政策（尤其是财政政策）是非常敏感的，并且会受到该政策的影响。为了保持经济长期增长，国际通过财政政策来推动科技创新与进步，来推动高新的技术产业转化成为政府推脱不了的责任。

1. 包含外部效应的内生增长。

Arrow（1962）、Sheshinski（1967）和 Hirofu & Urawa（1965）分别利用“干中学”的方法以及在经济中加入一个可生产人力资本的教育部门来将技术进步的“内生化”做了最开始的尝试。Romer（1986）、Lueas（1988）和 stokey（1955）等人则吸收了前人的思想精髓，并在对新古典的经济增长理论分析的基础上进行重新思考，进而提出以“干中学”以及人力资本积累为主要特征的内生经济增长理论。并在这一类型中将内生技术的具体表现形式定义为知识资本以及人力资本，并且两者都有外部性，而且均能提高经济生产效率。

在马克思看来，单个企业的规模会随着分工的细化增大，机器大工业取代家庭手工业是历史的必然选择。要得到进一步分工的利益，就必须进一步增加工人人数，而且只能按倍数增加①。罗纳德·科斯（R. H. Coase）作为新制度经济学得创始人，他在自己的著作《企业的性质》（1937 年）和《交易成本问题》（1960 年）中提出，在交换的经济条件下，企业是为了节约费用而进行生产的，这时企业和市场是替代性性额制度安排②。

人力或知识资本正的外部性会带来收益递增，因此，厂商可以看成是价格接受者，能够处于完全竞争的框架体系之内，可以用来考察人力和知识资本积累以及经济增长的关系。同时外部效应可在增长模型中起决定性的作用，同时包含人力和知识资本外部效应的内生增长模型中，此时私人决策者和社会计划者的边际收益之间会存在着差距，这将导致在每一时点上会过度消费（或者当期生产的时间过多），因而用于研究的资源会过少（或者用于人力的资本积累时间过少）。他们的结果导致了完全竞争经济的均衡增长率会低于社会的最优增长率。从总体上看，会使其继续来强调资本积累于经济增长过程中具有的不可替代的作用，因此，鼓励资本的积累和刺激投资的财政政策会对经济的增长带来积极影响效果。

小微企业可以利用企业内部的知识资本和人力资本的累积，利用它们的外部性中正的外部经济效益来促进小微企业的科技进步和人才的培训，由于小微企业自身对于市场竞争环境中的投资和资本的累积，有了良好的

① 马克思：《资本论》（第一卷），人民出版社，1975 年版，第 292、398 页。
② 宋德荣：《我国中小企业融资问题研究》，中国海洋大学硕士论文，2010 年 6 月。

人力资本加上充足的资金积累才可以促进小微企业的真正意义上的发展。对于包含外部效应的内生经济增长理论最终强调小微企业有着投资的意愿和充足的资本金，这样才可使其获得的正外部性效益累积起来促进整体水平的进步。

阿尔弗雷德·钱德勒（Alfred D. Chandler，J）在对现代工商企业论述时，把企业规模经营与新技术的进步和市场的扩大联系起来，认为“经济活动规模的增加是与新技术和市场的扩大同时到来的，新技术使前所未有的产品生产和转运成为可能”，企业可用“明智的做法”，“内部化给扩大了的企业带来了许多优势”①。

2. 垄断竞争框架下的内生增长。

垄断竞争框架下的技术进步的内生化经济增长可大致分为水平创新产品多样化内生增长以及垂直创新产品质量阶梯内生增长两种。在水平创新的模型中有规定：为中间产品部门要具有垄断的势力，这样会使其利润最大化最终驱使其定价借以超过边际的成本，这样会导致每种中间的产品产量低于社会的最优水平；在自由经济中知识存量会具有外在的效应，因而研发部门进行创新决策的同时会将其创新所投入的固定成本以及利润的贴现值来进行比较分析，从而会忽略创新的外在收益，也会导致创新产生不足，从而使均衡的分散决策达不到最优状态。同时在经济政策方面，Romer（1986 年）提出了尽管研究会体现在资本的商品中，但对资本积累进行的补贴效果远不如为其研究进行直接补贴，这样可以直接促进和激励研发活动。如果没有适合的财政政策对研究的社会和私人回报进行区分时，这时次优的政策会是对人力资本的积累进行补贴的最好时机，从而最终可以达到提高研发能力的效果。

在垂直创新内生经济增长模型中，企业创新知识的溢出效应以及创新的毁灭性效应将对经济产生不同影响，此时私人最优经济增长率将会大于也可能将会小于社会最优水平。因此，Aghion 和 Howitt（1992 年）模型中认为垄断所带来的市场失灵将意味着政府经济政策的大方向是不为确定的。小微企业为使其经济得到社会的最优规模，这时政府必须对自由竞争中创新激励是做出判断，看其实大于还是小于实际的规模水平，最终根据

① （美）阿尔费雷德·钱德勒：《看得见的手中的有关论述》，见孙经纬译《企业的经济性质》，上海财经大学出版社，2000 年版，第 66 页。

两种不同情况来进行相机抉择。

美国经济学家奥斯汀·罗宾逊（Austin Robinson）在其著作的《竞争的产业结构》一书中，指出了小微企业应该存在并且主要存在的依据是规模经济论的相关理论。他认为，企业的规模并不是随着自己规模的逐渐增大而会获得更大的收益，企业的规模与企业获得的收益并不是成正比。要明确界定这期间发展的一个度，这样才能为小微企业明确的分工来进行协作最终获得市场份额。同时芝加哥学派的经济学家乔治·施蒂格勒（George Stigler）也以规模经济理论来对小微企业的存在进行了分析。他认为，企业的规模会随着自身的不断扩大而带来巨大的经济利益，但是他的前提是市场经济的发展是有效率的。此时在一点会获得收益的最大化，也被称为最优的发展规模，超过此点企业的规模会随着扩大经济利益反而会缩小。他运用了大量的实证分析得出了有些行业的最佳企业的规模通常是个区间而不是一个点，同时企业长期的平均成本曲线是“碟型”而不是“U 型”的，因此许多小微企业会达到最佳规模①。

总之，小微企业的技术研究开发以及知识创新的产业化过程是追求利润的最大化的。这其中小微企业进行科技创新研究开发，充分发挥企业的内生变量部分，进行人才的引进和培养，都是需要花费企业大量的资金，因此，小微企业要有充足的资金去开发创新。但是实际上小微企业的利润很少，这就需要政府制定相关的政策来支持其发展，这其中最重要的就是通过制定财政政策来支持小微企业的发展②。

（二）政府干预经济的理论

传统的经济学家认为，在自由的、不受市场管制的企业中，这其中个人会追求各自的利益最大化最终使整个社会福利达到最大化。同时斯蒂格利茨认为在现实世界中并不是这样的。他认为在市场过程中市场的参与者不会得到充分的市场信息，同时市场的功能也是不完善的，这常常会对人们的利益造成损失。因此政府和其他机构要运用手段对市场进行干预，以使市场正常运作市场经济运行中，存在着信息不完全。同时在私人领域，政府要采用间接的角色来进入市场而不是直接对市场上的小微企业进行政

① 陈剑林：《微型企业生存与发展研究》，四川大学博士学位论文，2007 年 6 月。

② 唐颖：《内生经济增长理论框架下的市场失效与财政政策》［J］. 经济问题，2007（5）。

策干预，通过提供公共产品的服务、法律服务和信贷服务等方法来进行支持。政府为小微企业以及社会上的其他领域提供的公共服务措施，如为企业提供一个安全的公共服务体系，为企业提供一个公平的法律环境，以及完善的基础设施等，这样可以为小微企业的发展提供一个健康的运作环境。

1933 年，英国著名女经济学家当琼·罗宾逊夫人（Joan Robinson）和美国经济学家张伯伦（A. Chamberlain）都分别对传统经济学中的完全市场假设提出了质疑。他们一致同意现实中的市场是不完全竞争或者是垄断竞争的，而不是以前学者提出的观点，即认为市场是完全竞争和处于完全垄断的这两个阶段。大量小微企业在这种不完全的市场形态下生存和成长。

20 世纪 50 年代至 60 年代奥利弗·威廉姆森（Olivel Williamson）和理查德·尼尔森（Richard Nelson）两位学着通过对马歇尔提出的企业存在外部经济的这种观念的具体阐释，来说明了小微企业存在的原因是有另外一种组织形式存在于企业和市场两种关系主体之间，这种新的组织形式也被称为组织间协调和中间性体制①。用这种方法阐释了小微企业在不完全市场竞争中得以生存的原因。

市场的功能主要包含着三个方面：一是社会资源的充分配置，这其中要求的前提是市场上的生产要素是流动的，并且信息是完全的同时还不存在发展壁垒；二是市场会调节经济的运行，由于现实中的市场经济活动存在着许多客观因素，由于垄断、外部性因素的存在，需要市场来充分的调节小微企业发挥作用的经济运行；三是达到既定的经济目标，任何政府或者企业在市场发展中遇到的问题都是要本着发挥政府的作用，使企业发展达到最优，从而实现市场的最终发展目的。

在市场经济的条件下，政府要与市场机制联合使用来发挥作用。现代制度经济学家 G. 霍奇逊（Geoffrey M. Hodgson）曾提出，一个市场体系必须贯穿国家的法规和干预，市场发挥作用是通过一定的制度体系，这些制度会不可避免地卷入国家和政府中去。经济活动应以市场配置资源为前提和基础。在国民经济的运行过程中，要将政府以及市场存在的功能加以区分，当需要以市场为前提基础时，要充分发挥出市场的资源配置功能，这时就不需要政府进行干预。小微企业的财政政策支持就属于上面的这种

① 庄佳林：《支持我国中小企业发展的财政政策研究》财政部财政科学研究所 2011 年。

情况，小微企业在参与市场竞争中，充分发挥市场过程中作用，要以提供一个公平的竞争环境为前提，为小微企业提供一个可以完成生产、交换和消费等市场的基础，也要使小微企业的发展符合市场经济规律，政府同时要制定一些政策，用这些政策的制定来消除影响小微企业在市场充分发挥作用的市场失灵的领域。

政府对小微企业的财政政策支持，实际上就是利用这些财政政策来规避小微企业在市场发展过程中的失灵等问题。在现实中的经济社会中，政府发挥资源配置职能的同时也要充分考虑到政府和市场之间的关系，只有从根本上了解政府和市场的关系才能充分发挥出各自的作用。政府和市场关系可以用两者的互补图表示出来，具体如图 2－1 所示。

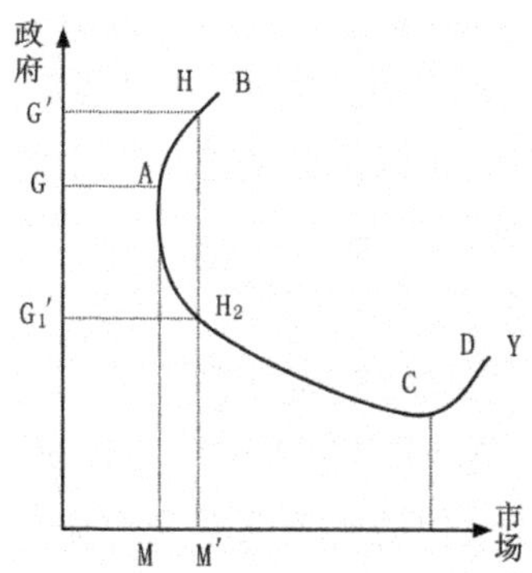

图 2－1　政府与市场的互补关系

其中曲线 Y 代表政府和市场之间组合的等产量曲线。其中 AB、CD 代表政府和市场之间的互补关系，曲线 AC 代表政府和市场之间的替代关系。政府于市场的互补和替代关系也有不同的特征，其中 A 和 C 点是政府于市场间互补和替代的转折点。当市场配置为 M 时，政府的配置为 G，两者会与等产量 A 点相遇；当市场配置扩大到 M′的情况下，政府和市场之间表现出来替代关系，此时政府的配置为 G_1'，两者在等产量曲线的 H_1 点上，如果此时产出不变，政府与市场为替代性关系。当市场配置力增强时，政府作用就会相应降低，此时市场会替代政府部分作用；当政府与市场为互补关系时，政府的作用配置就为 G′，两者位于等产量线 H 点上，随着政府和市场相互作用的不断加强，为了获得相同的产出，在市场力量增强的同时，政府也应加大投入作用，从而实现政府对市场的补充作用。等产量曲线 AB 和 CD 表示加强政府和市场关系的作用应该需要对方的积极配合和支持。

政府制定有效的经济政策促进小微企业可以合理地对生产要素进行配置，这种配置可能历史会长，并且会花费高额的代价，同时还存在着缺点，例如调节过程中遇到的盲目、自发以及滞后等。同时市场也应发挥出自身的作用，如市场对供求关系的调整，使企业可以尽快的根据市场行情来调节自己的产品。企业可以提高自身的能力，发展高新技术产业以及市场上的新产品，对一些没有发展潜力的小微企业政府可以明令禁止他们在市场中继续存在。

（三）不完全市场理论

西方国家在市场经济发展的不同阶段，政府会分别采用不同的经济理论和主张来促进国内经济的发展。特别是20世纪中后期以来，西方各国政府逐步意识到纯粹的自由主义或过多的国家干预都不利于国家经济的发展，政府应在“市场失灵”领域，利用一定的政策引导市场主体行为，以实现经济平稳健康发展。

1933年，英国著名女经济学家当琼·罗宾逊夫人（Joan Robinson）和美国经济学家张伯伦（A. Chamberlain）对传统经济学中的完全市场假设提出质疑。他们认为现实中的市场既非完全竞争也非完全垄断，而是两种形态的结合，即不完全竞争或垄断竞争。大量小微企业在这种不完全市场形态下生存和成长。

罗宾逊夫人认为，不同类企业参与竞争的具体条件如拥有要素的数量、种类和质量、销售时间与技巧、地理条件等不同，使市场具有“不完全性”。小微企业只要能找到自身存在的上述要素中的一个或者多个，就可以和大企业一样，对价格产生影响，这是在不完全竞争市场条件下，小微企业与大中企业可以共存的真正原因。

张伯伦则重点强调“产品差别”对小微企业存在的重要性，他认为小微企业生产出的产品千差万别，具有很强的垄断因素存在，这种优势能使其与大中企业共存。此外，小微企业还因其规模小、经营灵活等自身优势，同时政府通过财政政策的支持可以使小微企业快速调整生产经营策略，适应市场需求的变化，增强自身竞争力。

20世纪50年代至60年代奥利弗·威廉姆森（Olivel Williamson）和理查德·尼尔森（Richard Nelson）在马歇尔“外部经济”思想的影响下，用另外一种不完全市场含义解释了小微企业存在的原因。即在企业和市场这两种基本的制度形式之间，还存在着第三种组织形式，即“组织间协调”或“中间性体制”①。这种协调是指通过政府的政策干预来促进小微企业的发展。

随着资本主义经济的逐步发展，垄断大企业通过直接竞争方式对小微企业进行了不同程度的打击，导致大量的小微企业倒闭或破产，整体处于衰退的过程之中。二次大战以后，随着经济、技术环境的发展，一些垄断大企业出现发展缓慢、经营不畅的弊端。大企业意识到可以充分利用小微企业“精、专、特”优点，获取质优价廉的零部件及相关产品的配件，得到分工协作的经济好处。在此背景和环境下，大中企业与小微企业之间的竞争方式由直接竞争也相应转为合作竞争。

在市场经济条件下，市场机制一般也不可能完全脱离政府单纯地发挥作用。现代制度经济学家 G. 霍奇逊（Geoffrey M. Hodgson）认为，一个市场系统必定渗透着国家的规章条例和干预，市场会通过一定的制度体系发挥作用，这种干预本质上一定是制度性的，这些制度不可避免地与国家和政府纠缠在一起②。经济活动应以市场配置资源为前提和基础。在国民经济的运行过程中，区分好政府和市场各自的功能和界限，同时应充分发挥市场配置资源的基础性作用，以市场调节为基础，政府不介入市场能够提供而且更能实现效率的私人产品领域。因此对于小微企业的财政政策的支持情况也应首先以维护小微企业在市场经济中的正常生产、交换和分配等活动为基础，遵循市场运行的经济规律，在小微企业运行的市场失灵领域，发挥政府财政政策的支持与调节作用。

（四）博弈理论③

政府通过财政政策支持小微企业发展时，要对小微企业的发展情况进行考查，对那些符合发展条件的小微企业予以支持，而对那么没有存在必要的小微企业会予以限制其发展，或者让这些企业在自由竞争中的市场中自生自灭。这其中就会出现政府与小微企业信息不对称问题，政府不能完全清楚地掌握小微企业的发展水平、缺失要素以及政策需求等情况，二者

---

① 庄佳林：《支持我国中小企业发展的财政政策研究》财政部财政科学研究所 2011 年。

② （英）G. 霍奇逊：《现代制度主义经济学宣言》［M］. 北京：北京大学出版社，1993。

③ 种世彬：《中国中小企业财政支持政策研究》，东北财经大学硕士论文，2007 年。

之间存在着一种不完全信息博弈①。约翰·海萨尼（John C. Harsanyi, 1973）在处理这种不完全信息博弈的方法时，引进一个虚拟参与方——“自然（nature）”；通过引入虚拟参与方可以求出不完全信息的战略均衡，最终实现“海萨尼转换”②。

本书借鉴这个方法来分析政府与小微企业之间存在的博弈关系，这其中的参与方主要是政府和小微企业。其中政府是公众意愿的代表，它与小微企业的关系是非合作博弈关系，而小微企业作为一个理性的个体，将按照经济政策的收益情况来采取是否接受政府政策的行动。政府是实现整体社会利益最大化，而小微企业是在接受政府政策信息的过程中来寻求自身利益的最大化。

在经济运行的过程中，小微企业一般对政府的行为表现为完全信息，但政府却不能清楚地鉴别企业的性质与需求。假定小微企业有两种类型，其中具有良好的发展前景、符合产业方向的小微企业的概率为Z，无发展前景、不符合产业发展规律的小微企业则为（1－Z）。政府对小微企业的发展有支持和抑制两种选择。当政府确定该小微企业为第一、第二类时，政府对其的支持概率为1，反之则为0。小微企业同样对政府的政策也有执行和不执行两种方式。

政府和小微企业之间的博弈分析具体如表2－4所示。

表2－4　政府与两类小微企业的博弈支持矩阵③

		小微企业			
		好企业（Z）		差企业（1－Z）	
政府	支持	3，4	1，2	－2，2	0，－1
	抑制	0，－1	－1，1	2，2	－1，－2

由表2－4可以分析得出，当政府选择支付小微企业的发展策略时，好企业会选择收益为4或2的策略，此时政府的收益为3。而坏企业会选择2的收益，此时政府的收益为－2。所以政府的平均期望为3Z＋（－2）（1－Z）＝5Z－2。同样的当政府选择抑制时，期望收益则为（－1）Z＋2（1

① 庄佳林：《支持我国中小企业发展的财政政策研究》，财政部财政科学研究所，2011年。

② 百度百科：http：//baike.baidu.com/view/1380478.htm.

③ 庄佳林：《支持我国中小企业发展的财政政策研究》，财政部财政科学研究所，2011年。

$-Z)=2-3Z$。因此政府的最优选择为：如果 $5Z-2>2-3Z$，即 $Z>0.5$，政府会认为好企业的概率大于0.5，会采取支持的政策；若 $Z<0.5$，则政府会采取抑制政策。

实践中政府制定各项政策时，小微企业会对政策做出相应反应。当企业认为政策对区域内企业给予优惠政策和技术支持时，企业对政策的反应是配合、利用和贯彻执行，企业得到发展，同时社会、经济也会得以进步，这个时候企业和政府都得到最大的效应；当小微企业确信政府将提高税率、安全标准和降低融资支持将会抑制技术落后的企业发展时，小微企业对政策的反应是逃避、抵抗，企业发展将停滞，社会经济增长缓慢，政府和企业都不会收益。可以得出最优策略的政策就是政府与小微企业实行合作，即政府和企业在制定策略和实施行动时，在合作中从对方的角度着想以达到利益均衡，最终实现两者各自的“帕累托最优”。

（五）技术进步理论

在马克思看来，单个企业的规模会随着分工的细化增大，机器大工业取代家庭手工业是历史的必然选择。要得到进一步分工的利益，就必须进一步增加工人人数，而且只能按倍数增加[①]。

新制度经济学创始人罗纳德·科斯（R. H. Coase）在《企业的性质》（1937）和《交易成本问题》（1960）中指出，交换经济条件下，企业之所以产生主要是为了节约交易费用，企业与市场是替代性的制度安排。

剑桥大学经济学教授奥斯汀·罗宾逊（Austin Robinson）在《竞争的产业结构》书中，用规模经济理论解释了小微企业的存在合理性。罗宾逊认为，企业规模收益递增有一限度，超过此限度将会出现规模收益递减。微型企业通过分工求得生存，通过协作获取效率。

美国芝加哥学派的经济学家乔治·施蒂格勒（George Stigler）也以规模经济理论，拓展了对小微企业存在理论。施蒂格勒认为，在一个特定行业中，如某种规模的企业在市场竞争中生存下来，则意味着它是有效率的；如某种规模的企业数量（或产出量）在该行业中比重上升最快，则此规模为最佳规模。施蒂格勒运用这种生存技术法，通过大量实证分析得出结论，即某一行业的最佳企业规模通常是一个区间而非一个点，企业长

① 马克思：《资本论》（第一卷），人民出版社，1975年版，第292、398页。

期平均成本曲线是“碟型”而非“U型”，即许多小微企业同样达到最佳规模。

美国经济学家施太莱（Staley）和莫斯（Morse），在1965年对美国产业组织结构作了实证分析，两位经济学家从技术和经济两方面分析生产成本、规模经济、市场特性及地缘区位等因素，认为不同产业适于不同规模的企业经营。杨格在《收益递增与经济进步》一文中，高度赞扬了斯密的分工理论，把斯密的分工理论看成是“经济学中能发现的最辉煌和最有成果的概括之一”，杨格将分工与市场、经济增长及分工联系起来进行研究，把分工视为累积的自我扩张进程，从中推导出“收入递增”结论。强调经济学必须回到斯密的理论中去。瑞典经济学家卡尔松（Kar1SSon）强调新技术革命对企业规模的影响。卡尔松认为科技进步有效降低了企业生产的最小有效规模，使平均成本曲线左移，规模经济壁垒得以降低，使得许多小微企业可以进入原来难以进入的领域生产经营，因而小微企业的兴起应归因于科技进步。

阿尔弗雷德·钱德勒（Alfred D. Chandler，J）在对现代工商企业论述时，把企业规模经营与新技术的进步和市场的扩大联系起来，认为“经济活动规模的增加是与新技术和市场的扩大同时到来的，新技术使前所未有的产品生产和转运成为可能”，企业可用“明智的做法”，“内部化给扩大了的企业带来了许多优势”。

在技术不断进步前提下，企业雇员上的规模最终会呈现出缩小趋势[①]。据美国《新闻与世界报道》的统计，美国，在20世纪70年代以前建立的工厂，平均每个企业的员工数为644人；20世纪70年代建立的工厂，员工平均数为241人。到20世纪80年代，这一数字则变成为210人。德国、法国工业企业的平均规模在1977年前呈上升趋势，到了1977年之后出现下降势头；日本企业平均规模在1967年就开始缩小[②]。20世纪90年代以来，美国每年新创立的企业有50多万个，90%以上为小型企业和微型企业。

---

① 曹显等：《小型企业：美国新经济的助推器》，上海财经大学出版社，2003年版，第19页。

② 张水生：《中小企业发展的国际比较、理论解释及中国问题分析》，载《中国人民大学学报》，2001年第3期。

三、财政政策内涵及支持体系构成

（一）财政政策内涵及支持类型

财政政策是指国家根据一定时期政治、经济、社会发展的任务而规定的财政工作的指导原则，通过财政支出与税收政策来调节总需求①。财政政策支持我国小微企业发展可以概括为以下几个方法：

1. 建立小微企业专项资金投入。

我国发改委以及工信部和财政部联合发布了《中华人民共和国中小企业促进法》，这其中对小微企业财政政策的支持主要采用了中央预留出财政预算资金专门应对小微企业的发展，通过专项资金的投入来促进小微企业更好地与大中型企业进行专业化的合作，进而提升小微企业自身的技术水平。但是科技型技术创新资金不包含在专项资金的直接投入上②。

2. 财政补贴政策。

小微企业的财政补贴主要是政府进行无偿的资金支付，给予小微企业一定的资金补贴，支持小微企业的健康发展。财政补贴可以对小微企业进行科学技术的研发、产品的创新以及产品的出口带来必要的财力补充。政府对小微企业的财政补贴政策可以使政府明确正确发展方向，还可以弥补市场缺陷。但是任何一种政策都不可避免地会受到经济发展外部性的制约，其中财政补贴解决小微企业外部性问题如图2-2所示：

由图2-2可以看出使私人边际成本曲线 S_0 因为受到了政府的财政补贴而向右下方移到社会边际成本曲线 S_1 的位置，这样会使企业的产量增加（Q_0-Q_1）。政府采用的财政补贴政策，可以促进小微企业安全生产，使外部性的效应得到内部化的处理。

---

① 百度百科：http：//baike.baidu.com/view/110.htm.

② 百度百科：http：//baike.baidu.com/view/7942804.htm.

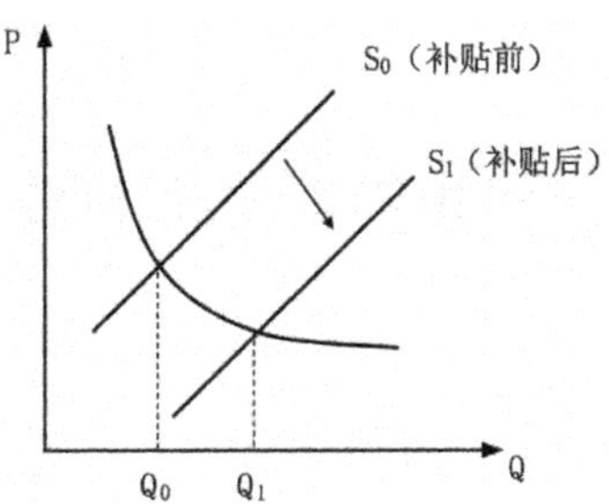

图 2－2　财政补贴解决小微企业外部性问题

3. 财政贴息政策。

财政贴息是政府替企业支付全部或部分贷款利息，实际上是为企业的成本价格提供资金支持；也可以是政府对于一些特殊地区的小微企业给予支持，主要是通过对当地金融机构提供的贷款利息给予优惠。这也是政府提供的一种比较隐蔽的补贴形式。对小微企业财政贴息有两种主要的方式，一是财政直接把贴息的资金拨付给有需要的小微企业，二是将财政贴息的资金先给可以提供贷款的银行，银行再通过政策优惠的利率向小微企业提供贷款。

4. 政府采购政策。

根据等价交换以及公开政府活动的透明性原则，各级政府机构要根据小微企业所属的平台，为其提供具有社会性质的公共产品以及服务，以法定方式及程序为前提条件为小微企业提供一个良好的市场环境①。政府采购适当倾斜于可以创造商业机会的小微企业，进一步提升小微企业的自主创新空间，增强市场竞争力。

5. 财政投融资政策。

财政投融资是一种政府行为。政府为了达成相关政策目标，利用国家信用的方式来进行融资，并由且财政同意进行管理，同时根据国内的经济发展现状及社会发展规划，采用投资入股或者贷款和购买有价证券的方式，将这部门资金投入到急需注入资金的行业的资金融通行为。财政投融资还有一个称呼，即政策性金融。如政府采用发放贷款的方式支持小微企

---

① 百度百科：http：//baike.baidu.com/view/229817.htm.

业，与政府关系密切的政策性金融机构将会充当贷款发放人。

6. 税收优惠政策。

国家通过减少对小微企业在税收方面的征收，来促进其发展，增强其在社会经济中的竞争力。具体方式为免除小微企业应缴的全部税费，或者按照缴税其缴税的一定比例返还，从而去减轻小微企业的税收负担。

（二）财政政策支持体系及构成

财政政策是指政府为了实现收入增长、物价稳定、充分就业、保持国际收支平衡所采取的一系列政策，可以应对“市场失灵”和促进经济发展。本书所阐述的财政政策主要是指政府为了支持小微企业的发展所制定的财政和税收政策。财政政策主要的就是政府的财政支出政策对小微企业的支持。财政支出政策具体是指政府的各种补贴、各种投资、建立发展基金、增加对小微企业的政府采购等。

小微企业财政政策支持的作用机理图如图 2 - 3 所示。

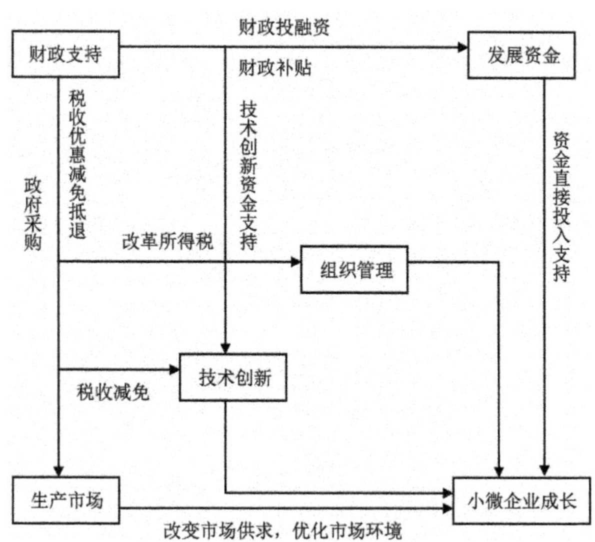

图 2 - 3　财政政策支持小微企业发展的政策作用路径图

财政政策扶持小微企业发展是将财政政策四个政策工具——财政补贴、财政投融资、政府采购、税收优惠运用到小微企业生产和经营的各个环节，达到扶持发展的目的。运用财政投融资政策通过贷款贴息、直接投资、政府信用方式鼓励和引导各类资金投入小微企业；通过财政补贴引导小微企业生产经营活动，鼓励科技创新和促进产业结构调整；通过政府采购政策工具对小微企业的扶持，扩大小微企业市场份额；通过税收优惠政策增加产品供给和资金结余，扩大小微企业再投资；通过财政资金支持小微企业公共服务体系建设，帮助小微企业解决人才、信息和管理技术的匮乏；建立完善的社会保障机制，帮助小微企业吸引所需人才和稳定员工队伍。

CHAPTER 3

第三章

财政政策支持小微企业发展的现状及存在问题分析

一、我国小微企业发展现状

在我国，小微企业数量庞大，已成为国民经济的重要支柱，也是国民经济持续稳定发展的坚实基础。据国家工商总局发布的《全国小微企业发展报告》显示，截至2013年年底，全国各类企业总数为1527.84万户。其中，小型微型企业1169.87万户，占到企业总数的76.57%。若将4436.29万户个体工商户纳入统计后，小型微型企业所占比重达到94.15%。

从行业分布看，小微企业行业相对集中，工业（包括采矿业、制造业、电力热力燃气及水生产和供应业）小型微型企业占各类小型微型企业的18.49%，批发业和零售业小型微型企业占各类小型微型企业的36.44%，租赁和商务服务业小型微型企业占各类小型微型企业的9.93%，在工业、批发业和零售业、租赁和商业服务业等几大行业中，共有670万户，占小微企业总数的64.86%。属于科技型小微企业（仅指信息传输业、软件和信息技术服务业小型微型企业）的数量约为47.76万户，占小微企业的比重为4.62%。这些行业具有技术要求低，竞争充分，市场趋于饱和，利润微薄的特点；从行业本身发展前景分析，相关企业不具备迅速扩张的条件。部分企业由于经营压力，转型升级的愿望较强，但在资本、技术、人才、管理等转型升级的关键因素方面积累不足，相当数量的小型微型企业转型升级较为困难，小型微型企业的发展后劲和活力不足。小型微型企业的行业分布广泛，由于各地经济社会发展水平、产业布局和产业政策导向等存在差异，不同地区小型微型企业的发展水平和产业特点也存在很大的差异。从小型微型企业的地域分布看，东部 11 个省市小型微型企业占全国小型微型企业的比重为 60.40%，中部 8 个省小型微型企业占比为 20.35%，西部 12 个省区市比重仅为 17.23%。同时，东部地区集中了 66.7% 的小微工业企业。因此，小微企业产业集中程度与区域经济发展水平呈正相关性，市场经济越发达、市场机制健全的地方，产业集中度越高，而经济欠发达地区小微企业则比较分散。

从所有制结构来看，小型微型企业的主体是私营小型微型企业。小型微型企业涵盖城乡各类企业所有制形式，但国有集体、外资、私营企业中，小型微型企业比例各不相同，反映了我国国有、集体、外资、私营不同所有制性质的企业类型的规模、资产及营业情况。外资企业中小型微型企业的比重最低，外资企业规模相对较大，仅 53.94% 的企业符合小型微型企业标准。国有、集体企业主要存在于关系国家经济命脉的主导行业，投资规模较大，小型微型企业占 61.39%。私营企业中小型微型企业的比重最高，80.72% 的私营企业均为小型微型企业，构成了我国小型微型企业的主体。

据统计，我国中小企业创造的最终产品和服务价值相当于国内生产总值总量的 60%，纳税占国家税收总额的 50%；由于小微企业是技术创新和商业模式创新的重要承担者。信息传递快，获得的收益能够按照各要素的贡献合理分配，小型微型企业在承接技术发明方面比大企业更有优势。此外，由于小微企业高度竞争，在商业模式创新方面也有极强的动力。据中国中小企业信息网数据显示，中小企业提供了全国约 65% 的发明专利、75% 以上的企业技术创新和 80% 以上的新产品开发。2010 年年底，国家高新技术企业中的中小微企业比例达到 82.6%。可见，小微企业在推动经济增长发挥着不可替代的作用，已成我国经济持续增长的基础。

小微企业属于劳动密集型、增长方式粗放型企业，小微企业的密集程度决定着城乡居民的收入水平，小微企业越发达的地区，城乡居民工资性收入和财产性收入就越高。小微企业是改善和服务民生的重要渠道。小微企业集中的行业多属于服务民生的工业品、消费品生产和服务行业，所创造的产品和提供的服务对提高城乡居民生活质量做出了重要贡献。小微企业准入门槛低，创办速度快，以劳动密集型产业为主，能创造大量的就业岗位。全国的小型微型企业，仅企业主就解决了几千万人的就业问题，加上企业雇佣员工，已经解决我国1.5亿人口的就业。新增就业和再就业人口的70%以上集中在小型微型企业，小型微型企业成为社会就业的主要承担者。同样的资金投入，小型微型企业可吸纳就业人员数倍于大中型企业。小型微型企业单位投资的劳动力（就业容量）和单位产值使用劳动力（就业弹性）都明显高于大中型企业。而且，小型微型企业是解决我国城镇就业和农村富余劳动力向非农领域转移就业问题的主渠道，把数以亿计的农村剩余劳动力转化为农民工。相对大中型企业，微型企业创业及就业门槛较低，创办微型企业所使用的资源少，对环境的适用性更强，新微型企业创办速度更快，从而使得数目众多的微型企业在总量上提供社会的就业机会更多些。按照新标准和第二次全国经济普查数据，加上有证照的个体工商户，微型企业从业人员占第二次全国经济普查全部法人企业从业人员的38.7%。目前中国70%的城镇居民和80%以上的农民工都在小型微型企业就业。大型企业扩大就业的能力与资本的增长呈反比例的变化。随着大企业技术构成和管理水平的不断提高，加上企业的优化重组，大中型企业特别是大型企业能够提供的新的就业岗位将越来越有限，劳动密集型的特征正在迅速淡化，集中在轻工业和服务业的小型微型企业，成为新成长劳动力就业和失业人员再就业主要承担者，小微企业在促进就业方面有着突出的贡献。

小型微型企业因其自身规模小，抗风险能力弱，对外部经济、政策环境的敏感程度普遍较高。自2008年世界金融危机以来，由于我国经济增速放缓、结构调整和国际经济下行，小型微型企业的发展受到很大冲击。小微企业面临市场需求不足、产品销售困难、市场竞争压力加大等困难，很多小型微型企业难以摆脱困境。所以，支持小微企业发展就意味着创造社会就业岗位，意味着使小微企业在解决民生问题、推进我国经济增长方面发挥积极的作用。解决小微企业困难必须从国家战略高度出发，做好顶层设计，从中央到地方形成多层次的小微企业发展政策支持体系，给予小微企业有力的扶持。

二、我国支持小微企业发展的现行财税政策

（一）支持小微企业的发展的财政政策综述

新中国成立初期，我国就采取了相关政策对小微企业的扶持，如加大对小微企业的政府采购力度、减轻小微企业的税收负担、对小微企业的经营范围适当扩大等方式来促进当时小微企业的发展。我国在 1956 年完成社会主义的改造后，受到了“左”的思想影响以及“大跃进”的思潮影响，小微企业在这个阶段开始出现了急剧增加的情形，面对小微企业发展过程中出现的各种问题，政府提出了要采取控制小微企业发展的方式，要注重小微企业的发展质量而非发展的数量。在 20 世纪 70 年代的文化大革命对我国小微企业又产生了影响。这个时期小微企业没有了发展的动力源泉，许多企业的职工都处于下岗状态，我国失业率增加，小微企业发展十分困难，政府在这个时期采取了加大专项资金投入，特别是注重县、乡两级的地方政府对当地小微企业的政策支持。此后小微企业的发展有所缓和，数量上有所增加①。

随着改革开放经济体质的逐步深入，各级政府加大了对小微企业的重视。1994 年的税制改革中，对我国小微企业的发展采取了鼓励性的政策，如根据小微企业的不同规模可以按照差别化的税率进行征收。对小微企业规定可按照两种不同的税率进行征收企业所得税。这其中大部分的小微企业可以享受 5% 的低税率或者对企业免收企业所得税。对商业性质的小微企业采取 4% 的税率征收增值税，对个体经商户以及合伙企业不予征收个人所得税和企业所得税。这个时期会促进我国乡镇企业、民营企业以及个体工商户等小微企业的发展，1996 年后我国进入经济出现了过剩，通过买卖双方的市场形成以及行业垄断的出现，这个时期的小微企业又重新出现了发展困难的情形。

2002 年 6 月，我国第九届全国人大常务委员会在第二十八次会议通

① 万兴亚、丁跃：《我国中小企业政策：演进过程与创新思路》，《税务与经济》，2004（2），第 33 页。

过的《中华人民共和国中小企业促进法》，该法是我国扶持中小企业发展的一部专门法律，从而中小企业的发展有了法律的保障和依据。这其中也对小微企业的发展做出了相关的政策规定，使小微企业的发展也有了法律和制度上的保障。2008 年 1 月通过的新的企业所得税法中规定了对小微企业的企业所得税可减按 20% 的税率缴纳税款。2008 年随着金融危机的爆发，我国小微企业在发展过程中又出现了新的问题，同时也面临着巨大的经济冲击。

2007 年，设立天津市中小企业发展专项资金，由市财政预算安排，采用贷款贴息或无偿资助方式，专门用于扶持中小企业信用担保体系建设项目、服务体系建设项目、中小企业专业化发展、公共服务平台建设项目、小企业创业基地建设项目等其他扶持项目。（津政发〔2007〕36 号）

从 2009 年 1 月起，增值税小规模纳税人的征收率降至 3%。2009 年 9 月，对小型微利企业所得减按 50% 计入应纳税所得额[①]。2011 年 11 月，我国又调整了增值税和营业税的起征点。随着金融危机对我造成影响的余波还未平息，国内外小微企业的发展环境并不理想。在我国长三角和珠三角地区出现了小微企业发展困难，以及小微企业出现倒闭破产的现象。

目前我国有大约 4200 万的中小微型企业，具体数量如图 3－1 所示：

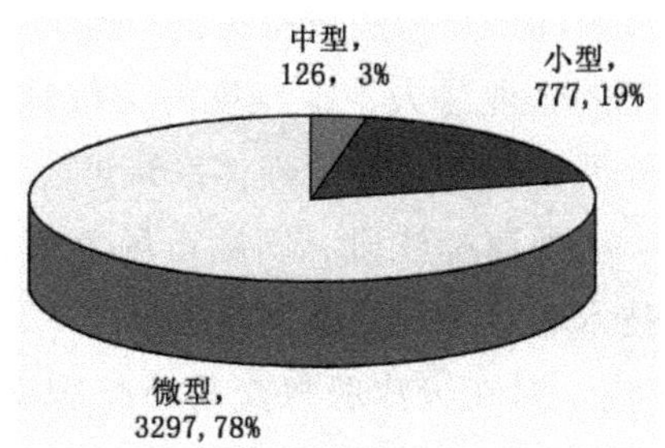

图 3－1　中小微型企业占比情况分析

注：根据我国中小微型企业现状整理得出。

这些企业中小微型企业大约占到 78.5% 左右，小型企业则大约占到 18.5% 左右，因此在中小企业当中有大约有 3000 多万家属于微型企业[②]。

---

① 崔潮，《优化小微企业发展环境的财税政策》，《财税改革》，《中国财政》，2012 年 2 月第 47 页。

② 计算过程如下：4200×78.5% =3297，其中小型和微型企业的占比汇总为 78.5 + 18.5% =97%，这与前文介绍的我国小微企业占中小企业的比例为 97% 相吻合。

小微企业对于我国经济的增长、产业结构的调整、产品技术的创新、区域经济的发展、农村劳动力转移、解决城镇的就业以及提高国民生活水平和构建和谐社会这些方面都发挥着日益重要作用，也是解决就业问题的根本之策。此外，微型企业还能培养大批企业家，提高整个民族的创造欲、革新意识、冒险精神和勇于开拓的素质，并带动国家的产业升级，促进经济发展。

2009 年，为支持中小商贸企业发展，中央财政设立中小商贸企业发展专项资金，采取财政补助、贷款贴息和以奖代补等支持方式，用于支持提高中小商贸企业的融资能力、风险防范能力、培训和管理咨询服务、市场开拓能力、物流配送和经营辐射能力等项目。

2010 年，天津市各区县人民政府和滨海新区相关功能区管委会筹集的资金，作为扶持初创期科技型中小企业发展的“天使资金”，以无偿资助形式为主，对提出申请并经专家委员会评审通过的初创期科技型中小企业，提供额度一般在 10 万元至 60 万元的支持；对进入成长期和壮大期的科技型中小企业，可申请政府周转基金资助，经专家委员会评审后，符合资助条件的，一般可获得 100 万元至 500 万元的支持，重大项目可获得高于 500 万元的支持，周转基金采取无息借用方式，2 至 3 年后归还。

为支持中小企业发展，中央财政设立中小企业国际市场开拓资金，对在中华人民共和国关境内注册，依法取得进出口经营资格的或依法办理对外贸易经营者备案登记的企业法人，上年度海关统计进出口额在 4500 万美元以下的，给予境外展览会、企业管理体系认证、各类产品认证、境外专利申请、电子商务、境外商标注册、国际市场考察、境外投（议）标、企业培训、境外收购技术和品牌等支持。

从 2012 年起 3 年内，对在天津股权交易所挂牌交易的本地企业，初始融资额达到 500 万元以上的，市财政给予 50 万元的一次性专项补助。推动股权投资基金与本市科技型中小企业有效对接。从 2012 年起 3 年内，对股权投资基金投资本市中小企业项目的，由财政部门按项目退出或获得收益后形成的所得税地方分成部分给予 80% 的奖励。落实小型微型企业融资补助。建立完善面向小型微型企业的多层次担保服务体系，落实有关补助政策。从 2012 年起 3 年内，对银行业金融机构、小额贷款公司向我市小型微型企业发放的贷款，以及融资租赁、专业保理和保险机构向我市小型微型企业发放的融资租赁额、保理额、融资保险额，由市财政按当年年末余额比上年年末增加部分给予奖励，每增加 1 亿元奖励 30 万元。从

2012年起3年内，对符合条件的融资担保机构为我市小型微型企业提供贷款担保或再担保取得的收入，免征营业税。

2011年，对依照工业和信息化部、国家统计局、国家发展改革委、财政部《关于印发中小企业划型标准规定的通知》（工信部联企业〔2011〕300号）认定的小型和微型企业，免征管理类、登记类和证照类等有关行政事业性收费，免征收费项目包括：工商行政管理部门收取的企业注册登记费；税务部门收取的税务发票工本费；海关部门收取的海关监管手续费；商务部门收取的装船证费、手工制品证书费、纺织品原产地证明书费；质检部门收取的签发一般原产地证书费、一般原产地证工本费和组织机构代码证书工本费；贸促会收取的货物原产地证明书费、ATA单证册收费；国土资源部门收取的土地登记费；新闻出版部门收取的计算机软件著作权登记费；农业部门收取的农机监理费（含牌证工本费、安全技术检验费、驾驶许可考试费等）、新兽药审批费、《进口兽药许可证》审批费和已生产兽药品种注册登记费；林业部门收取的林权证工本费；旅游部门收取的星级标牌（含星级证书）工本费、A级旅游景区标牌（含证书）工本费、工农业旅游示范点标牌（含证书）工本费；中国伊斯兰教协会收取的清真食品认证费；各省、自治区、直辖市人民政府及其财政、价格主管部门按照管理权限批准设立的管理费、登记类和证照类行政事业性收费。协议供货和定点采购范围内的印刷、小规模室内装修项目，以及协议供货和定点采购范围以外、公开招标数额标准以下的服务类项目，应当专门面向中小企业实施采购。对于非专门面向中小企业实施采购的项目，采购人可以根据实际需求情况，要求专门面向中小企业实施采购。

2012年，各市级预算单位在编报政府采购预算和采购计划时，应统筹安排面向中小企业采购的项目，严格按照《暂行办法》的要求为中小企业预留市场份额。本系统、本部门年度政府采购项目总额的30%以上应授予中小企业，其中，授予小型和微型企业的比例应不低于60%。各区县财政部门要研究制定本地区向中小企业采购的具体方案，采取有效措施为中小企业预留采购份额，确保本地区年度政府采购项目预算总额的30%以上授予中小企业。

1. 地方政府支持小微企业的财政政策。

现阶段我国各地对小微企业的财政政策支持情况，如表3-1、3-2、3-3所示。

表 3－1　　2012 年各地支持小微企业发展的财政政策

地　区	财政政策支持小微企业发展的具体措施
陕西省	分基础启动、内容推进、智慧企业三阶段启动小微企业智慧云平台。利用统一平台整合各类企业管理、客户管理、电子商务、在线培训等标准化应用软件，使企业灵活选择多样化终端为小微企业提供按需服务的信息化服务模式。
广西壮族自治区	政府采购评审对小微企业产品视不同行业给予 6%—10% 价格扣除。鼓励大中型企业与小微企业组成联合体参加政府采购，小微企业占联合体份额达到 30% 以上可给予联合体 2%—3% 价格扣除。
河北省	《河北省进一步支持小型微型企业和民营经济健康发展重点工作责任分工方案》。扩大扶持小微企业发展专项资金规模，每年省财政安排 1 亿元，各区市不少于 2000 万元，各县不少于 500 万元。2012 年年初至 2015 年年末，对年应纳税所得额低于 6 万元，减按 50% 计入应纳税所得额，按 20% 税率缴纳企业所得税。安排不低于年度政府采购项目预算 18% 份额。2012 年年初至 2014 年年末，对小微企业免征部分管理类行政事业费。
河南省	10 月 8 日，就进一步促进小微企业健康发展提出 26 条意见。允许小微企业创业注册资本“零首付”，大力发展创新型、创业型和劳动密集型小微企业。通过知识产权质押获得银行贷款的，按最高不超过 50% 的比例给予贷款贴息。提高小微企业增值税和营业税起征点，2015 年年底减半征收企业所得税，自 2012 年年初至 2015 年年末对年应纳税所得额低于 6 万元的小微企业，其所得按 50% 计入应纳税所得额，按 20% 的税率征收企业所得税。安排不低于年度政府采购项目预算总额 20% 份额。
湖北省	为广大中小微企业提供多渠道、多功能、多层次、全方位，“一站式”、“保姆式”的服务，助力小微企业创新发展，同时提供咨询和服务。组织编印了《中小微企业政策百问百答》，内容涵盖国家和我省扶持中小微企业发展的财税、工商、金融、融资、采购等各种扶持政策，中小、信息、软件、科技、商务等各类专项资金，以及软件、集成电路、动漫、技术先进型服务业等战略性新兴产业政策等，帮助小微企业了解政策、用好政策，享受公共服务平台提供的优质、优惠、高效、可靠服务。

续表

地　区	财政政策支持小微企业发展的具体措施
重庆市	规定市级和各区县年度政府采购面向小微企业采购金额比例不低于中小企业的18%，非专门面向中小企业的采购项目，分别给予小型、微型企业6%、8%或10%的报价扣除；大中型企业与小型、微型企业组成联合体，小型、微型企业协议合同额占联合体总额30%以上，与小型、微型企业联合分别给予联合体2%、3%报价扣除。集中采购代理机构免收微型企业的招标文件（含谈判、询价）工本费和交易服务费。重庆市的小型微利企业可享受15%的企业所得税减免。
广东省	对符合条件小微企业，经有权限的税务机关审批，可减征或免征房产税、城镇土地使用税。城镇土地使用税困难减免，凡每户企业年减免税额在三万元（含三万元）以下的，由县（市）地方税务局审批，抄报市地方税务局备案；凡每户企业年减免税额在三万元以上，十万元以下的，由市地方税务局审批，抄报省地方税务局备案；凡每户企业年减免税额超过十万元的，报省地方税务局审批。
湖南省	湖南符合条件的小型微利企业，适用20%的企业所得税优惠税率。
四川省	10月16日，四川省政府审议通过《关于大力扶持小型微型企业发展的若干意见》，鼓励创业、加大财税支持、缓解融资困难、提升发展能力、提高管理水平、支持开拓市场、完善公共服务、强化保障措施等。省级财政预算安排10亿元创业扶持资金，成立创业基金会，鼓励市县两级政府设立发展专项资金。建立创业企业奖励激励机制，按最高标准实施税费优惠。
江西省	江西省《支持小型微型企业发展税收优惠政策和服务措施30条》公布实施。提高了个体工商户营业税起征点，降低了房屋出租起征点，让许多小微型企业主笑逐颜开。这样利好政策的出台得益于江西省政协的倾力助推。截至8月底，全省金融机构中小微企业贷款额4247.46亿元，比年初增长15.68%。
安徽省	《安徽省地方税务局关于贯彻落实省政府促进经济平稳较快发展若干意见的通知》要求，对符合条件的小微企业，减按20%税率征收企业所得税。小微企业予以免征企业注册登记费、税务发票工本费、海关监管手续费等行政事业性收费，取消汽车驾驶员培训行业管理费、二级维护竣工检测、车辆技术等级评定检测收费。

续表

地　区	财政政策支持小微企业发展的具体措施
辽宁省	加大财政资金支持力度。小微型企业发展专项资金自2012年起从4800万元增加到1亿元，安排不低于1000万元设立小微型企业“专精特新”专项资金，政府支持企业发展专项资金用于小微型企业比例不低于50%。增值税和营业税起征点提高到2万元；对年应纳税所得额低于6万元（含6万元）小微企业，自2012年年初到2015年年末，减按50%计入应纳税所得额，按20%税率缴纳企业所得税，自2012年年初到2014年年末，免征小微企业部分行政事业性收费。
福建省	质监部门预计投入约400万元专项资金扶持符合标准的小微企业。对“涉及工业企业（包括外贸流通企业）的电能表、水表、煤气表、医疗卫生计量器具、压力表、电子秤的计量检定费”按现行标准的70%征收。专家预计全年累计将为省内小微企业减轻约2400万元负担。

资料来源：中小企业信息网 http：//www. zxsx. org/detail_zcfg. asp？ id =76 整理得出。

表3－2　　　　2013年2月扶持小微企业发展的政策汇总

地　区	财政政策支持小微企业发展的具体措施
湖北省	2月，湖北出台了科技新政，意见主要提出到2020年对科技型中小微企业全面实施注册资本“零首付”。
河北省	鼓励小微企业进行“零增地”技术改造，即工业企业要提高土地的利用率和增加容积率利用现有厂区、厂房改造建设不改变用途，且符合规划的，不再增收土地价款，视地方政府财力在征收城市基础设施配套费时给予优惠政策。
贵州省	小微企业提供贷款担保和融资服务，凡满足依法登记并取得营业执照、办理税务登记，且无不良纳税记录等信用担保机构，经审核批准后，将获3年内免征营业税的优惠政策。
云南省	小微企业信贷试点开展无抵押无担保信用贷款方式，有计划地选择3000户“专、精、特、新”型优质小微企业，联合开展信用贷款试点工作，拓宽小微企业融资渠道。《通知》强调，建立云南省小微企业信用贷款试点工作联席会议机制，协调解决试点过程存在的问题，收集整理试点信息资料，评估试点效果，制定奖励办法等。

续表

地　区	财政政策支持小微企业发展的具体措施
天津市	小规模纳税人增值税征收率为3%；自2012年至2015年，对年应纳税所得额低于6万元（含6万元）的小微企业，其所得减按50%计入应纳税所得额，按20%的税率缴纳企业所得税；对个体工商户业主、个人独资企业和合伙企业自然人投资者本人的费用扣除标准统一确定为42000元/年（3500元/月）。个体户向其从业人员实际支付的合理工资、薪金支出，允许在税前据实扣除。自2011年11月1日起至2014年10月31日止，对金融机构与小微企业签订的借款合同免征印花税。
山西省	小微企业扶持基金将按照“政府资金引导，社会资金参与，专家管理，市场化运作”的管理运营原则，建立一套符合资本市场运行规则和小微企业发展规律的基金运行机制，依托资本运营、企业管理和技术研发方面的专家团队，充分发挥资源优势，发挥基金的“种子”作用、激励作用和放大效应，广泛吸引社会资金，以符合国家和山西省产业政策的小微企业项目，特别是具有山西省特色和比较优势、技术领先、吸纳就业的项目为投资重点。着力支持创业型、创新型、劳动密集型小微企业的技术创新、专业化生产、与大企业的协作配套。
山东省	规模以下小微工业企业13万户，从业人员279.5万人。《山东省小型微型企业发展考核办法（试行）》，首次就扶持小微企业对17市政府和省政府有关部门出台考核指标。即创业兴业目标、发展目标和发展环境考核指标，各占百分制的30、30、40分。小型微利企业结构性减税和减免行政事业性收费政策受益企业面，年度政府采购项目预算总额里实际由小型微型企业完成的采购额占比；中小微型企业发展在市级年度目标考核中所占分值。全省每年培训中小微企业管理者3万人次以上。
新疆维吾尔自治区	新疆维吾尔自治区将力争在一季度出台《自治区扶持小型微型企业发展的实施意见》，全年实现新增规模以上工业企业100户以上、工业增加值增速17%以上。

资料来源：中国中小企业信息网 http：//www.smejs.com/zhuantizhuanlan/xwzcefagui/6322460612.htm.

2015年，随着经济下行压力加大、经济发展动能转换的关键时期，重庆市财政着眼多“放水养鱼”，多培育“源头活水”，强化小微企业扶持政策预研储备和组织实施，在已多轮出台政策基础上，今年来再推五方面措施，进一步激发、释放大众创业万众创新活力。首先立足经济调结构完善补贴办法。重点扶持高校毕业生、返乡农民工、失业人员、军队复员人员创办成长性较高的鼓励类微企，包括科技创新、电子商务、节能环保、文化创意、特色效益农业五类。财政资金重点补贴小微企业场地租金、代理记账、会展、信用保险等。今年安排民营经济发展专项和小微企业后续发展帮扶资金10亿元，专项用于支持小微企业发展。其次扩大政府采购协议供货范围。市级政府采购微型企业协议供货商从2013年50家增至300家，协议供货范围从办公文具扩至装饰材料、花卉苗木、标识标牌、印刷、办公照明设备，市级单位采购上述产品或服务20万元以下，在市政府采购协议供货电子交易平台直接与协议供货商交易。截至5月26日，已有121家在交易平台上架商品，其中28家协议供货265笔、156万元。再次是进一步缓解融资难融资贵问题。会同中小企业局与建行推出固定资产"助保贷—购置贷"，专项解决小微企业固定资产购置初期流动资金紧张难题，"助保金"池由市和区县财政风险补偿金、企业助保金组成，市财政已安排3000万元，银行按1：10放大贷款，贷款期限最长8年，年贷款综合融资成本8%以内。

会同市人社局、三峡担保集团注资3亿元组建小微企业融资担保公司，设立融资担保基金10亿元，将个体工商户纳入与小微企业同享担保补贴政策，基金按担保额给予0.5个百分点的担保补贴，预计每年开展小额担保贷款50亿元。扩大政府采购中标供应商信用贷款业务实施范围，放贷银行从1家银行试点扩至全市所有银行，贷款对象从市级中标政府采购供应商扩至全市所有中标供应商。第四是搭建平台引导小微企业集聚发展。支持利用新建或闲置楼宇培育打造楼宇产业园，对认定的市级楼宇产业园和小企业创业基地给予奖补。去年6月来培育24个楼宇产业园，建成后可入驻3500家小微企业，提供就业岗位15万个。计划切块专项资金，支持盘活孵化园、废旧厂房仓库等存量资产打造"众创"空间，加强"众创"空间能力建设，支持服务采购、科技中介培育等。

最后还实施结构性减税和普遍性降费。1—4月免征29.67万户小微企业增值税、营业税2.73亿元，减半征收2.2万户小微企业所得税0.63亿元。分别下调工伤、生育保险费率0.4个百分点和0.2个百分点；比照个体工商户，对尚未参加社保、用工数量少、资产规模小、盈利能力弱的小微企业养老保险单位费率从20%下调到12%，减负5亿元；对困难企业单位缴费部分最低缴费基金按每人每月1500元定额，个人缴费部分按社平工资60%确定，减负16亿元。免收产品质量定期检验收费、取消集中绿化建设费。

上述五方面政策措施抓住并顺应了当前小微企业发展最关键、最迫切、最现实的需求，解决融资难、融资贵和市场开拓不易等问题，赢得了小微企业的普遍认可和欢迎，市场活力得到进一步激发，有力支撑了全市经济社会发展。1—4月全市新登记小微企业2.82万户，同比增长45.18%，日均新增235户。下一步，市财政将配合其他部门在促进创业上下功夫、在扶持创新上想办法，深化结构性减税和普遍性降费，切实增强财政政策引导功能，以大众创业、万众创新培育全市经济新动能。

2015年6月10日，面对小微企业或者小微文化企业融资难、融资贵的问题，要用资本思维来推动文化产业发展，解决小微企业融资难的问题，建立文化产业投融资体系，第一，间接的金融市场，信贷市场；第二，资本市场，现在所说的新三板、主板、中小板、创业板等；第三，保险市场，保险业支持文化产业；第四，债券市场，通过债券市场向小微企业融资。第五，社会资本投入文化产业，我们在这五个方面推动建立文化产业投融资体系，在这五个方面我们都着重关注对小微文化企业发展的支持。

2015年支持小微文化企业发展的六方面重点任务：一是以推动政策落实和提升政府工作水平为重点，通过监督检查《关于大力支持小微文化企业发展的实施意见》等有关政策落实情况、协助财政部门加大财政政策对小微文化企业的扶持力度、举办文化系统小微文化企业发展的政策培训等举措，完善支持小微文化企业发展的政策措施，推动政策落到实处。二是以提升经营管理能力及品牌塑造营销水平为重点，通过开展小微文化企业经营管理和品牌建设能力培训、组织专家团队为小微文化企业提供咨询和辅导服务、研究制定《文化企业品牌行动计划》、继续实施文化产业创业创意人才扶持计划等方式，进一步支持文化领域创新创业和小微文化企业发展，提升小微文化企业自身发展能力。三是以建设完善公共服务平台为重点，通过研究制定小微文化企业创业发展服务平台建设指引、完善国家文化产业项目服务平台等举措，进一步优化小微文化企业创业发展环境，提升面向小微文化企业的公共服务水平。四是以鼓励金融创新、拓宽融资渠道为重点，通过继续深化文化部与银行金融机构的合作机制、举办小微文化企业项目路演和融资对接活动等方式，进一步缓解小微文化企业融资难问题，推进文化产业投融资体系的建设和完善。五是以谋划“十三五”时期小微文化企业发展为重点，通过开展“十三五”时期小微文化企业发展课题研究、对小微文化企业发展情况和政策需求开展专项调研、举办小微文化企业发展论坛及相关活动等形式，进一步加强对支持小微文化企业发展工作的指导，并为“十三五”时期支持小微文化企业发展工作打好基础。六是以营造文化领域创新创业和小微文化企业发展的良好舆论氛围为重点，编辑出版《小微文化企业发展案例汇编》和《文化产业创业创意人才扶持案例》、策划开展系列专题宣传等方式，加大对扶持小微文化企业工作的宣传力度，凝聚起全社会支持文化领域创新创业和小微文化企业发展的共识和力量。

2015 年河北省出台《河北省小微企业降费工作方案》。《方案》本着“合情合理、合规合法、阳光透明”的原则，在省市县三级开展小微企业降费工作，全面清理规范行政事业性收费、政府性基金和行政审批前置服务收费，及时制定、公布涉及小微企业的收费项目清单和收费标准清单，最大限度为小微企业降费减负，着力打造与京津冀协同发展相适应的小微企业发展政策环境。到 2017 年年底，力争使我省成为全国小微企业收费项目最少的省份之一。首先实施小微企业收费清单制度。由河北省财政厅、省物价局、省法制办牵头，编制省市县涉及小微企业的行政事业性收费、政府性基金、行政审批前置服务收费和协（学、商）会收费项目清单和收费标准，向社会公开发布实施。二是大力减免行政事业性收费和政府性基金。以行政事业性收费项目为突破口，率先实施对小微企业的减免。由省财政厅、省物价局牵头，对现有行政事业性收费和政府性基金进行全面清理，针对小微企业进一步提出具体减免意见。对不符合产业结构调整、改善生态环境等政策的矿山开采、采砂等小微企业收费不予减免。首批省级减免项目已于今年 6 月 1 日正式实施，共涉及发改委等 9 个部门的 15 项行政事业性收费，对小微企业减免征收，其中免征的 7 项，减半征收的 8 项。三是规范清理行政审批前置服务收费和协（学、商）会收费。由省物价局、省编办牵头，以规范行政审批前置服务收费为重点，集中力量清理收费项目、规范收费标准，提出减免措施，坚决整治“红顶中介”问题。由省民政厅牵头，进一步规范协（学、商）会对小微企业的收费项目和标准，坚决清理行业协会乱收费行为。

四是开展小微企业降费工作试点。选取衡水市、邢台市威县等地开展小微企业降费工作试点，积极培树降费典型，全面推广。支持市县从实际出发，制定新措施、走出新路子，创新开展小微企业降费工作，鼓励有条件的县（市、区）推行“零收费”等扶持小微企业发展的政策措施。五是加强小微企业降费工作督导和考核。加强对小微企业降费政策的宣传，公布举报电话，完善举报机制，严厉查处各种违规收费行为。由省工信厅、省统计局负责，针对涉及小微企业降费情况每年进行一次评估，进一步明确减免目标，落实减免项目。

大名县财政局从促进稳增长、惠民生的战略高度，深入贯彻落实《国务院关于进一步支持小型微型企业健康发展的意见，突出财政支持政策的针对性和有效性，多措并举全力助推小微企业发展。一是全面落实支持小微企业发展的各项税收优惠政策。落实小微企业增值税、营业税暂免征收及小型微利企业减半征收企业所得税政策。财政部门会同税务部门联合摸底调查，宣传国家政策，建立申报平台，简化减免税手续，加大对小微企业的扶持力度。二是完善财政资金支持小微企业发展的政策体系。创新资金分配方式，充分发挥财政资金促进小微企业发展的杠杆作用；重点支持初创期科技型小微企业、新兴业态科技型小微企业、创投早期介入企业发展。三是充分发挥政府采购支持小微企业发展的积极作用。开展政府采购信用担保融资工作，为政府采购中标小微企业提供融资便利，鼓励小微企业参与政府购买服务项目。各级财政部门积极推进政府购买服务工作。支持促进小微企业创新发展、结构调整和集聚发展。加大对科技型中小企业科技创新和成果转化直接投入力度。支持中小企业提升知识产权战略运用能力。设立专利资助专项资金，对包括小微企业在内的广大企事业单位申请专利予以资助，并对获得授权专利予以奖励。

近年来，国家出台了一系列针对小微企业的结构性减税政策，天津市市财税部门积极采取有效措施，确保优惠政策落实到位。2015 年一季度，共为小微企业减免各项税款 2.2 亿元。在促进小微企业发展的过程中转变观念，提升服务。及时传达国税总局有关精神，组织召开全市推动会议，积极转变工作思路，主动“送政策上门”、“送服务上门”。二是广泛宣传，主动告知。充分利用《天津日报》、《今晚报》等主流媒体和 12366 服务热线、办税服务大厅等平台，向广大纳税人专门发函致信，对优惠政策内容、减免条件、管理方式、办税程序、申报表填写等内容进行广泛宣传。结合税法宣传月和“便民办税春风行动”，开展“小微企业税收优惠政策宣传周”活动，编印小微企业税收优惠政策宣传手册，免费送达每一户小微企业。三是简化流程，举措便民。简化税收优惠备案流程，通过在纳税申报表中添加判断条件，全面实现了“自动判断、自动计算、自动享受”的功能，保障优惠政策 100% 落地。下一步，市财税部门将继续加大宣传力度，积极引导企业合理运用国家税收优惠政策，降低税收负担和经营成本，支持企业持续健康发展。

2015年6月24日，沈阳市为促进小微企业加快发展，市工商局出台了《沈阳市工商行政管理局关于支持小型微型企业创业创新的若干意见》。本《意见》共十八条，分四部分：一是支持小微企业准入便利化。放宽经营范围和经营方式、放宽出资方式、放宽企业名称和住所登记条件。支持个体工商户在沈阳市行政区划内跨登记管辖机关按变更登记程序迁移经营场所；支持社区家庭服务业统一登记、分点备案；继续深化"三证合一"登记制度，年内实现"一照一码"。二是拓宽小微企业融资渠道。支持公司制小微企业开展股权质押融资；支持小微企业通过商标专用权质押融资；支持小微企业以动产抵押融资；支持小微企业通过"道德信贷"、"联保信贷"融资。三是拓宽小微企业经营渠道。为小微企业设立网络经营平台，支持小微企业电子商务发展，创办电商虚拟产业园区；支持小微企业开展连锁经营；支持小微企业创立自主品牌和争创驰名、著名商标；举办小微企业与外商洽谈会；培育、树立、宣传小微企业创业创新典型等。四是拓宽小微企业帮扶渠道。主要是提供"五项"帮扶，即：提供人才帮扶；提供维权帮扶；提供合同帮扶；提供指导帮扶；提供信息帮扶。另悉，从今年起，全市工商系统每年至少确定1500户重点小微企业和新设立小微企业，为其提供创业创新跟踪服务，深入了解其在准入、经营、审批、税收、融资等方面的实际困难和问题，及时向政府反映其合理诉求和政策建议，协调有关部门有针对性地解决小微企业经营中遇到的困难和问题。

重庆市近年来支持小微企业发展的做法如下：

第一，创建微型企业培训平台。让有经验的企业主互相介绍经验，让还没起步的企业主能够理解怎么创业。重庆工会、团委、工商联、工商局、中小企业局等部门一起搭平台，开展这一类的培训，让微型企业创业者能够向有经验的先行者求教，在实践中取得实践经验。

第二，创建龙头企业对接平台。鼓励引导大企业为中小企业做点事。主要有三种情况：第一种，比如一个大商号或百货公司，有2万平方米的商铺，从中腾出1000平方米的柜台，给微型企业以经营空间，让微型企业直接进入大商号或百货公司的柜台，每5—10平方米就可以推动一个微型企业；第二种，让大企业拿出一些业务外包给微型企业，让微型企业在实际运作的时候逐渐体会市场，从而逐渐上道走上发展正轨；第三种，重庆市经信委、中小企业局、工商联、总工会主动找一些大企业平台提供给微型企业，让微型企业在大企业的上、中、下游产业链中找到定位，进而展开业务对接。

第三，创建创业平台。利用危旧房改造，旧厂房、旧仓库的改造，建一些微型企业的孵化楼、创业基地。在这里创办一个微型企业，只要能解决8人以上就业，就可以享受三条政策：一是只要创办者自带10万元以上的资本金注册申办微型企业，财政按不同行业给予3万—5万元的资本金补助。但是，对资本金补助必须遵守不炒股票、不炒房产、不抽逃的“三不”原则。二是按资本金给予1：1的融资担保贷款，政府背景的担保公司提供担保，每年给新办的3万个微型企业贷款50亿元。三是按资本金等额返还税收地方留成部分。如果一个微型企业成立之初有15万元资本金，第一轮产生的税收返给后，就有30万元的资本金，再加上银行等额贷款，资产总额就可能达到60万元。

湖州市吴兴区近年来支持小微企业发展的做法如下：一是建立“入库培育”机制，推进微小企业梯队式发展。将符合产业政策导向、具有良好成长性、上年销售收入超350万元不足500万元的微小企业，筛选入库进行培育，建立微小企业培育库，实行动态管理，并把入库企业成长历程细分为6个阶段，从微小企业、规模以上企业、成长型小企业、重点骨干企业、成长之星企业，对每个阶段的企业给予不同力度的支持，直至成为明星企业，以梯队式、“金字塔”型持续推进微小企业做大做强做久。二是建立“产业导航”机制，助推微小企业转型升级。该区专门出台了《关于加大推进工业转型升级政策扶持的意见》，鼓励和引导小企业产业优化，加快发展。对列入扶持培育计划的小企业，其引进大专院校、科研院所技术成果并形成生产能力的，引进技术费用给予适当补助；其两年内累计装备投入100万—500万元的技术改造项目，按实际装备投入给予一定补助。对列入微小企业培育库的小企业，在经营者及员工培训、技改投入、科技开发、品牌建设、市场开拓等方面给予适当奖励。同时，积极鼓励和引导大中型企业延伸产业链，与微小企业“联姻”，将其辅助性生产环节和服务外包给微小企业；积极鼓励和引导微小企业向产业集聚发展，促使微小企业围绕某一特色产业形成上下游配套型的产业集群。三是建立“专家门诊”机制，保障微小企业健康成长。该区实现工业系统干部联系微小企业制度，每名干部联系两家企业，摸实情、送政策、强服务；针对微小企业，组织有关专家、学者及创业成功人士，开展创业辅导活动。持续开展“点对面式”的同行业创业辅导培训和“一对一靶点式”的深入企业现场诊断指导，帮助微小企业破解难题，指导优化管理、拓展市场、技术创新，使一批微小企业迅速成长壮大。

杭州市余杭区近年来支持小微企业发展的做法如下：

第一，在发展思路上，引导微小企业突出主业，注重创新，鼓励微小企业朝“小而专、小而精、小而特、小而新”方向发展，不断提高企业核心竞争力，成为行业内的“隐形冠军”。

第二，在培育重点上，全区各乡镇、街道每年将一定数量的微小企业列为当地的重点培育对象，而区政府从中选择成长性好、发展潜力大的100家成长型微小企业进行重点扶持。

第三，在发展空间上，鼓励微小企业入驻标准厂房集聚发展，对使用标准厂房面积在1000平方米以上的成长型微小企业，按每月每平方米0.5元的标准给予一年期一次性补助。

第四，在融资服务上，设立了近500万元针对金融机构的专项政府考核奖励基金，把对微小企业的金融支持纳入区政府对金融机构“金融贡献奖”的考核内容，加大小企业贷款风险补偿工作力度；鼓励担保机构优先为成长型微小企业提供融资服务。如，西贝欧（杭州）碳素制品有限公司通过余杭镇担保公司担保融资200万元，解决了企业扩大生产急需的流动资金，销售收入从2009年的300多万元有望达到2010年的1200万元。

第五，在促进技术升级上，对投资额在20万元以上、符合产业政策等条件的设备改造更新项目，按设备投资额的3%给予资助，鼓励企业更新生产设备，不断提高产品质量。

第六，在信息服务上，专门开通了“余杭工业闲置资源网”，设立“四库一平台”，即闲置土地库、闲置厂房库、闲置设备库、积压产品库和招商引资交流平台，帮助微小企业盘活存量资产，缓解要素制约困难。同时，将《余杭工业》内部资料定期向微小企业免费赠送，进一步沟通发展信息、交流发展经验，帮助解读有关政策。

上海市闵行区近年来支持小微企业发展的做法如下：

第一，推行中小企业集合债券。所谓中小企业集合债券，就是把若干家中小企业集合到一起，由一个机构作为牵头人，一起申请发行债券，使用统一的债券名称，形成一个总发行额度；统一组织、统一信用评级、统一担保、集合发行。发行集合债券，不仅能解决单一中小企业难以在债券市场融资的困难，更能分摊资信评级、发债担保、承销等费用，降低融资成本。并且以集合债券融资，最高可融到相当于企业净资产40%的资金，而整个发行过程只需数月，在如今股市融资一时受阻、银行又惜贷的情况下，是一种非常可行的办法。目前，闵行区已“打包”20家区内优质中小企业，发行集合债券，通过债券市场融资近10亿元。

第二，鼓励担保公司为小微企业提供贷款担保，除担保费外不得另收取保证金、咨询费等其他费用。对企业贷款担保额达到全部贷款担保额60%以上，且担保费率不超过平均担保费率水平的依法经营的融资性担保公司，由同级财政按每年季末新增在保小微企业贷款平均余额的2%给予奖励，单户最高不超过100万元。

第三，鼓励引进技术性工人。对各类公共就业服务机构和民办职业中介机构，介绍技能型人才和职业院校、技工院校、高校毕业生，到本区小微企业就业并签订1年以上劳动合同的，经审核确认后，由区财政按每人300元的标准（含全省统一的职业介绍补贴）给予职业介绍补贴。对本市各类职业学校和技工院校组织当年毕业生（学制1年以上），到本区小微企业就业并签订1年以上劳动合同、用人单位足额缴纳社会保险费的，经审核确认后，由区财政按照每人300元的标准给予一次性补贴。

清镇市近年来支持小微企业发展的做法如下：长期以来，信用体系的不健全是小微企业融资过程中的一大“软肋”，因此从2006年开始，该市就开始建立政府、企业、农民“三位一体”信用体系。该体系是由政府牵头，根据企业生产经营情况、纳税及用工等，建立企业信用考核评级档案，信用社全程参与监控，为企业建立经济档案、诚信档案，录入征信系统，全面搭建起综合评价体系，构建良好监督机制，增强政府、信用社对企业情况掌握，规避资金发放风险。此外，清镇市政府每年将会拿出1000万，为获得贷款的涉农小微企业贷款贴息。并专门成立了企业诚信考核小组，诚信办公室和“诚信促进会”等组织机构，对清镇市小微企业考核评价、督促监督、宣传引导等，制定落实奖惩机制，把诚信考核作为小微企业获得贷款资金、政府贴息、政策扶持的重要指标。

2. 地方政府支持小微企业发展的财政政策措施分析

近年来，党中央、国务院针对小微企业经营困难问题，出台了扶持小微企业发展相关政策，各地也相继出台了支持小微企业发展的政策措施。《武汉市人民政府关于进一步深化全民创业大力推进微型企业发展的意见》（武政规〔2011〕9号，2011年9月1日起施行，有效期3年）、《合肥市人民政府关于印发支持小微企业健康发展若干意见的通知》（合政〔2011〕184号，2011年12月5日印发，执行时间1年）、《郑州市人民政府关于支持小型和微型企业发展的意见》（郑政〔2011〕106号，2011年11月21日发布）、《宁波市政府关于保增促调推进中小微企业平稳健康发展的若干意见》（甬政发〔2011〕112号，2011年10月29日施行）、《成都市人民政府关于大力扶持微型企业发展的意见》（成府发〔2010〕39号，2010年10月9日发布，自发布之日起30日后施行，有效期2年）进行了梳理归纳。

第一，加大小微型企业财税支持力度。

一是关于财政资金支持：从2012年起，郑州市市财政支持中小企业发展专项资金由3000万元增加到5000万元。各县（市、区）也要设立小型微型企业支持资金；宁波市市本级财政从2012年起3年内每年统筹安排1亿元中小微企业发展专项资金，其中用于小微企业的资金比例不低于三分之一。各县（市）区也要设立一定额度的专项资金；成都市从2011年起，市财政每年新增5000万元中小企业发展专项资金。各区（市）县也要增加微型企业扶持资金。宁波市在整合部分工业调整转型专项资金用于产业链扶持的基础上，市本级财政2012年起3年内每年新增安排2000万元共同设立产业链培育资金；武汉市和成都市免收微型企业设立登记费、变更登记费、年度检验费、补（换）证照及领取执照副本等收费项目。

二是关于税收政策支持：合肥市对工业增值税小规模纳税人认定标准降为年应征增值税销售额50万元（含50万元），商业增值税小规模纳税人认定标准降为年应征增值税销售额80万元（含80万元）；增值税小规模纳税人征收率降为3%。小微企业纳税人有特殊困难，不能按期缴纳税款的，按审批权限批准后，可以延期缴纳税款，但最长不能超过3个月；同时，经批准后减征或免征房产税和城镇土地使用税；郑州市自2011年11月1日起至2014年10月31日止，对金融机构与小型、微型企业签订的借款合同免征印花税。自2011年1月1日至2011年12月31日，对年应纳税所得额低于3万元（含3万元）的小型微利企业，其所得减按50%计入应纳税所得额，按20%的税率缴纳企业所得税。对从事国家非限制和非禁止行业并符合条件的年度应纳税所得额不超过30万元的小型微利企业，减按20%的税率征收企业所得税；宁波市提高小微企业增值税和营业税起征点，将小微企业减半征收企业所得税政策延长至2015年年底，并扩大范围。对经营困难、符合转型升级要求的中小微企业，经财税部门批准，可一次性缓交3个月税款，可减免中小微企业城镇土地使用税、房产税、水利建设专项资金、职教经费3个月。小额贷款公司缴纳的所得税地方留成部分和营业税3年内由同级财政给予全额补助。对企业股权转让过程中涉及的不动产、土地使用权转移行为不征收营业税；对被兼并企业将房地产转让到兼并企业中的，暂不征收土地增值税。对兼并重组过程中产生的地方行政事业性收费实行全免，对兼并重组过程中产生的地方新增财力，可由同级财政给予全额补助。

三是关于开拓市场的政策支持：成都市和武汉市对首次利用经认定的电子商务平台开展商务活动的，给予不超过年费用50%的一次性补助；合肥市小微企业参加省级以上政府举办的国家级大型会展或国外知名会展的，市财政给予参展的小微企业每个标准展位2000元补贴，单个企业最多补贴两个展位。小微企业开拓国际市场，申请国际认证、专利、商标等所发生的费用，市财政给予20%补贴；宁波市在保持并优化外贸专项资金的基础上，2012年市本级财政再增加3000万元，用于增加对企业出国（境）参展和出口信用保险费用的补助；郑州市鼓励小型微型企业自主创新，创建自有品牌，对获得国家名牌的奖励50万元人民币，获得中国驰名商标的奖励60万元人民币。

四是关于社会保险政策扶持：合肥市实施“五缓、三补贴”办法，对符合转型升级要求、暂时经营困难的小微企业，按审批权限批准后，允许缓缴应由企业缴纳的社会保险费；在同等条件下，优先批准小微企业社会保险补贴、岗位补贴和在职培训补贴的申请；宁波市实施“五缓、四减、三补贴”办法，对符合转型升级要求、暂时经营困难的企业，经统筹地人力社保、财税部门批准，允许缓缴应由企业缴纳的社会保险费；减征由企业缴纳的基本医疗保险、失业保险、工伤保险和生育保险四项社会保险费；实施社保补贴和岗位补贴；郑州市市和县（市、区）财政设立专项帮扶资金，用于支持特困小型和微型企业缴纳基本医疗保险费、生育保险费。

第二，着力缓解小微型企业融资难。

一是加大信贷资金保障力度：合肥、郑州和宁波确保小微企业贷款增速高于全部贷款平均增速，增量高于上年同期水平；合肥市地方法人银行机构对小微企业业务单独考核、单独核算、单独配置资源，全年小微企业贷款余额占全部企业贷款余额比重不得低于60%，小微企业新增贷款增速不得低于25%。对银行业金融机构新增的小微企业贷款，同级财政按季末平均增加额的0.2%给予奖励。对生产经营正常、符合转型升级要求、出现暂时性资金周转困难的小微企业，经确认后，由国资担保公司提供担保，企业贷款到期有关银行要允许其适当延期归还，实行企业贷款封闭运行，6个月后企业连本带息全额归还；郑州市对商业银行发行金融债所对应的单户500万元以下的小型微型企业贷款，在计算存贷比时可不纳入考核范围。允许商业银行将单户授信500万元以下的小型微型企业贷款视同零售贷款计算风险权重，降低资本占用。适当提高对小型微型企业贷款不良率的容忍度。

二是降低融资成本：对经市政府推介、符合产业政策要求的成长型工业小微企业，实行贷款贴息和担保费补贴。凡企业当年上缴各项税收比上年增长10%（含10%）以上的，给予当年新发生贷款同期基准利率利息金额70%的财政贴息，并对企业流动资金贷款担保费按担保额1%给予补贴。补贴资金，市与市辖各区按共享税分成比例分别承担；四县和巢湖市参照执行，所需资金由同级财政承担。对当年新招用各类登记失业人员达到企业在职职工总数30%（超过100人的企业达15%）以上、并与其签订1年以上劳动合同的劳动密集型小企业，经审核确认后，贷款额度在200万元（含200万元）以内的，按同期基准利率的50%给予贴息；贷款额度在200万元以上、500万元（含500万元）以内的，超出200万元部分由同级财政再另外按照同期基准利率的25%给予贴息；合肥市降低小微企业抵押评估登记费用，登记部门不得收取除登记费和工本费以外的其他费用。小微企业以土地使用权作为抵押物的，土地价格评估收费按规定宗地价格评估费标准的30%执行；以房屋产权作为抵押物的，评估收费减半（上下限分别加大50%）收取；以机器、设备及其他标的物作为质押物的，评估收费减半（中准价降低50%）收取；企业抵押权益期满，继续利用同一抵押物申请抵押贷款续期，且委托前次同一评估机构再次进行评估的，评估收费按不超过标准的20%收取；合肥市、郑州市禁止商业银行对小微企业收取手续费和承诺费、资金管理费，严格限制商业银行向小微企业收取财务顾问费、咨询费等费用；宁波市禁止存贷挂钩，禁止一切不合理收费，禁止搭售金融产品，禁止向民间借贷中介机构融资，禁止将银行自身考核指标压力转嫁给企业。开展金融专项检查，人民银行、银监局要加强监管和查处力度，实行举报奖励制度；郑州市对符合产业政策的中小企业，银行业金融机构的贷款利率上浮最高不得超过 30%，并不得与企业存款挂钩，不得强制贷款企业购买理财、保险、基金等金融产品，不得强制符合贷款条件的企业再到相关担保机构办理担保。

三是拓宽融资渠道。武汉市银行机构当年度向微型企业贷款总额每新增 1 亿元，给予 5 万元奖励，单户奖励最高不超过 30 万元；小额贷款公司当年度向微型企业贷款总额每新增 5000 万元，给予 3 万元奖励，单户奖励最高不超过 20 万元；郑州市银行及小额贷款公司年度对小型微型企业贷款总额每增加 5000 万元，将给予 10 万元奖励，单户奖励最高不超过 50 万元；成都市银行及小额贷款公司年度微型企业贷款总额每增加 2000 万元，将给予 10 万元奖励，单户奖励最高不超过 50 万元；合肥市担保公司除担保费外不得另收取保证金、咨询费等其他费用。对企业贷款担保额达到全部贷款担保额 60% 以上，且担保费率不超过平均担保费率水平的依法经营的融资性担保公司，由同级财政按每年季末新增在保小微企业贷款平均余额的 2% 给予奖励，单户最高不超过 100 万元；郑州市、合肥市对担保机构为小型微型企业提供的担保费率在 3% 以下、10 万元以内的小额贷款担保，给予 0.5%—2% 的保费补贴。担保机构为小型微型企业提供担保费率在 3% 以下担保业务的，可按规定申请担保资金补助，但最高不超过 50 万元；成都市对行业协会、商会、农村经合组织牵头新组建的面向微型企业服务的会员制担保机构，经年度考核担保业绩达到规定要求的，给予其注册资本金 5% 的奖励，单户奖励最高不超过 50 万元；武汉市、成都市对运作规范、成效显著的融资代理服务机构，经认定后可给予不超过 20 万元的一次性奖励。

四是建立贷款风险补偿机制。合肥市对经确认的小微企业延期贷款担保损失，由同级财政给予相应金融机构、国资担保公司损失额 20% 补偿，单户每年最高不超过 200 万元；对银行业金融机构、融资性担保公司针对小微企业开展的专利权、股权质押融资的贷款损失，由同级财政按损失额 20% 给予补偿，单户每年最高不超过 100 万元；宁波市市本级财政从 2011 年起，三年内每年新增 2000 万元用于中小微企业贷款风险补偿，新增 1000 万元用于融资性担保风险补偿。

五是创新融资担保模式：合肥市继续组织发行“滨湖春晓”小微企业集合信托产品，县（市）区财政资金认购部分产品并免取收益，降低发行成本，2012 年全市发行额度不低于 10 亿元。对成功发行集合债券和集合票据的中小企业，市级和同级财政分别给予发行费用 10% 的补贴；郑州市由政府出资设立再担保机构，充分发挥再担保公司放大作用，为中小微型企业提供融资服务平台，构建企业、金融、担保、再担保机构四位一体的信用担保体系；成都市大力推广“社区金融模式”和“资金池”融资模式。对各区（市）县设立的不低于300万元的微型企业资金池，一次性给予50万元的扶持资金，用于微型企业融资增信。

第三，加强小微型企业服务体系建设。一是整合社会服务：武汉市建立微型企业中介服务机构数据库，制定中介服务机构认定管理办法，每年认定100家、3年认定300家示范性服务机构，并给予其一定奖励；合肥市建设合肥市中小企业服务大厅，在网上“金融超市”的基础上，建立服务实体平台，为小微企业提供常态化服务。继续落实工业企业融资服务工作，各县（市）区、开发区2012年每季度开展一次银企对接活动；郑州市、宁波市将符合条件的国家中小企业公共技术服务示范平台纳入科技开发用品进口税收优惠政策范围；宁波市经认定的市级及以上中小企业技术服务平台，其所取得的技术转让、技术开发和与之相关的技术咨询、检验检测、技术服务业务收入，免征营业税。培育、扶持区域性和行业性电子商务服务平台，根据地方税收归属，对其实现的销售（营业）收入、利润总额形成的地方财力新增部分，可由同级财政给予50%的补助。联合电子商务龙头企业，推动建立宁波中小微企业电子商务专区；成都市对纳入年度培育计划的微型企业，一次性发放不超过1万元的企业服务券，用于抵扣微型企业向经认定的社会化服务机构购买管理咨询、人才培训、财税代理等服务费用的支出。建立中介服务机构数据库，进一步完善中介服务机构认定管理办法。对经认定的市级示范性服务机构，可给予不超过20万元的一次性奖励。（成都）

二是加快创业基地建设：武汉市建立适合武汉市情的创业项目库；武汉市、郑州市、成都市推进各类创业中心、科技企业孵化器、科技创业社区建设，积极打造大学生创业园、下岗职工创业基地等特色创业载体。鼓励发展各具特色的创业孵化园，努力为微型企业聚集发展搭建平台；宁波市推进小微企业创业基地建设，每个县（市）区和卫星城各建1个小微企业创业基地。鼓励各类投资主体利用闲置商务楼宇和工业厂房等改造建立小微企业创业基地；鼓励在开发区和企业集聚区建设一批适宜小微企业的标准化多层厂房，所需土地指标予以单列。

三是提高土地利用效率：合肥市2012年市辖四个城区分别建设20万

平方米标准化厂房（单栋不少于5万平方米）。按审批权限批准后，新建标准化厂房可减免城市基础设施建设配套费。鼓励小微企业入驻标准化厂房，对租驻标准化厂房的小微企业，同级财政给予租金补助；对购买标准化厂房的小微企业，缴纳房产税和城镇土地使用税确有困难的，按审批权限批准后，给予减征或免征房产税和城镇土地使用税；宁波市组织闲置用地清理，对因企业原因造成的闲置土地，闲置满一年不满两年的，土地闲置费按土地出让金额度或划拨价款的20%收取；闲置满两年的，由国土资源部门报经有批准权限的人民政府批准，依法收回国有建设用地使用权。

第四，切实做好小微企业用工保障。

合肥市对各类公共就业服务机构和民办职业中介机构，介绍技能型人才和职业院校、技工院校、高校毕业生，到本市小微企业就业并签订1年以上劳动合同的，经审核确认后，由同级财政按每人300元的标准（含全省统一的职业介绍补贴）给予职业介绍补贴。对本市各类职业学校和技工院校组织当年毕业生（学制1年以上），到本市小微企业就业并签订1年以上劳动合同、用人单位足额缴纳社会保险费的，经审核确认后，由市财政按照每人300元的标准给予一次性补贴。武汉市、成都市以微型企业为主要对象进一步扩大培训范围，对符合条件的创业者，按照相关政策规定实施免费创业培训或给予创业培训补贴和一次性创业补贴；对微型企业员工实施在岗职业培训和职业技能鉴定，对符合条件的人员，给予职业培训补贴和职业技能鉴定补贴。

第五，建立支持小微企业发展的工作机制。

郑州市、成都市建立支持小型微型企业发展联席会议制度，研究解决小型微型企业发展中的重大问题。将支持小型微型企业发展工作纳入对县（市、区）和市政府有关部门的年度目标管理。各县（市、区）也要建立相应的工作机制；武汉市、郑州市、成都市建立扶持小型微型企业发展工作考核奖励制度，按期对各县（市、区）新增小型微型企业个数、吸纳就业人数以及支持小型微型企业发展工作开展情况等进行综合考评，成绩突出的将予以表彰奖励。同时建立全市微型企业基础数据库，构建反映微型经济发展的统计指标体系，加强对微型企业的统计、监测和分析工作。市人民政府有关部门要及时向社会公开发布产业发展规划、支持政策、行业动态等信息，逐步建立起微型企业市场监测、风险防范和预警机制。如表3-3所示。

表 3-3　2015 年 12 月扶持小微企业发展的政策汇总

常州市	常州市现有小微企业 3 万多家，作为经济运行中最活跃的细胞，小微企业再次迎来国家新的利好政策：从本月起，月销售额不超过 3 万元的小微企业，都可以免缴增值税和营业税。
郑州市	据郑州市地税局相关负责人介绍，根据财政部、国家税务总局日前出台的相关文件的精神，自 2016 年 1 月 1 日起，全国范围内的中小高新技术企业以未分配利润、盈余公积、资本公积向个人股东转增股本时，全国范围内的高新技术企业转化科技成果、给予本企业相关技术人员的股权奖励的，需缴纳个人所得税的个人股东和相关技术人员一次缴纳确有困难，可根据实际情况自行制定分期缴税计划，在不超过 5 年度内（含）分期缴纳，并将有关资料报主管税务机关备案。
重庆市	减轻企业负担政策措施目录清单（第三批）。此次减负清单为企业减负的项目达到 40 项，涉及收费减免、税收减免、社会保险和简化行政审批等四大类和近 20 个行政部门，包括降低住房转让手续费、减免微企所得税、失业保险费率调整等。

资料来源：中国中小企业信息网 http：//www. smejs. com/zhuantizhuanlan/xwzcefagui/6322460612. htm.

（二）我国现行的支持小微企业发展的财税政策

目前我国小微企业发展的主要财政政策支持手段主要有几下几种：

1. 财政专项资金直接投入。

我国对中小企业的专项资金投入支持的规模逐步扩大，2012 年资金支持由上一年的 128.7 亿元增加到了 141.7 亿元，同时规定以后要逐年增加。资金重点向小微企业和中西部地区倾斜。同时对小微企业专项资金的投入要有针对性，要能保证连续若干年都对其进行资金投入以防小微企业出现资金断层，还要突出专项资金使用的范围，要将其投入急需发展的行业及地区。如将这些资金偏向于小微企业以及中西部地区。

根据中小企业发展的特点和薄弱环节，围绕国家宏观经济目标和产业发展规划，中央财政先后设立了科技型中小企业技术创新基金、中小企业发展专项资金、中小企业国际市场开拓资金等专项政策，采取无偿资助、贷款贴息等方式，促进中小企业技术创新和科技成果转化，加快转型升级，拓宽融资渠道，发展特色产业，开拓国际市场，以及改善公共服务环境等。近年来，中央财政支持中小企业资金规模实现了较快增长，由2008年的49.9亿元增至2013年的约150亿元。在加大专项资金规模的同时，中央财政加快完善资金政策，探索创新支持方式，调整支持重点，着力提高财政资金使用效率。如图3-2所示。

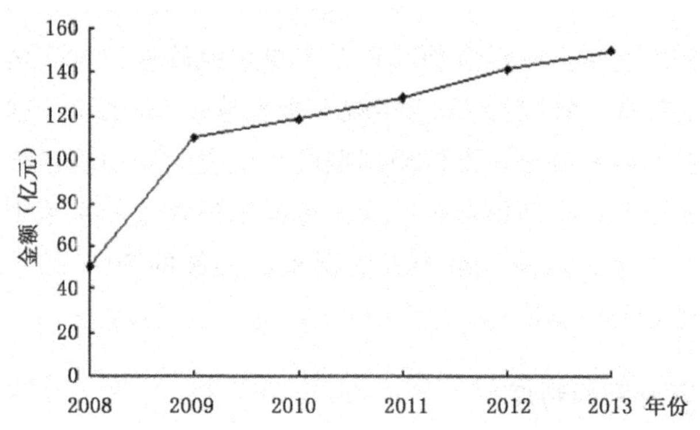

图3-2 中央财政支持中小企业资金增长趋势

2015年4月11日财政部、商务部、工信部、科技部关于印发《中小企业发展专项资金管理暂行办法》的通知。专项资金的宗旨是，贯彻落实国家宏观政策和扶持中小企业发展战略，弥补市场失灵，促进公平竞争，激发中小企业和非公有制经济活力和创造力，促进扩大就业和改善民生。专项资金综合运用无偿资助、股权投资、业务补助或奖励、代偿补偿、购买服务等支持方式，采取市场化手段，引入竞争性分配办法，鼓励创业投资机构、担保机构、公共服务机构等支持中小企业，充分发挥财政资金的引导和促进作用。

支持小微文化企业。2015年7月11日财政部、文化部、工信部发布《关于大力支持小微文化企业发展的实施意见》，对于小微文化企业的新的支持政策，将涉及市场准入、减轻税赋、信贷支持等方面。其中，针对小微企业用水、用电、用气、用热等成本较高的问题，意见明确将商业用价变为工业用价，相关花费将由此降低30%左右。该项政策发挥了财政杠杆作用，带动金融资本进入小微文化企业。在推动小微文化企业发展方面，将充分运用文化金融扶持计划，对符合条件的小微文化企业，在贷款贴息、保费补贴等方面继续予以支持，以发挥财政资金的杠杆和撬动作用。不断完善小微企业专项资金政策，促进实现多重政策目标。多年来，财政部会同科技部、工信部等部门及时贯彻落实中央文件精神，不断修订完善科技型小微企业技术创新基金、小微企业发展专项资金、地方特色产业小微企业发展资金和小微企业国际市场开拓资金等资金管理办法，已初步形成定位科学、布局合理、重点支持小微企业的资金政策体系。

2. 依法设立小微企业国家发展基金。

中央财政为小微企业提供预算资金，要求财政安排150亿元的资金来帮助小微企业发展，我国与2012年就安排发放了30亿元。这部分资金会持续投入发放5年来引导和支持初创期的小微企业，同时还鼓励社会其他团体通过捐赠的方式来筹集资金，这些筹集来的资金如果范围在企业年利润总额的12%以下，以及应纳个人所得税所得额的30%以下的可准予小微企业在税前扣除。

3. 完善政府采购制度①。

我国政府采购的编制部门规定，预算部门在进行预算时要安排不少于18%的预算资金专门用于小微企业的采购。政府采购在评审小微企业可以有资格进行采购时，可给予小微企业6%—10%的价格扣除。鼓励小微企业与大型中型组成联合体来参与采购，如果小微企业占整个联合体的30%份额以上，可给予2%—3%的价格扣除。

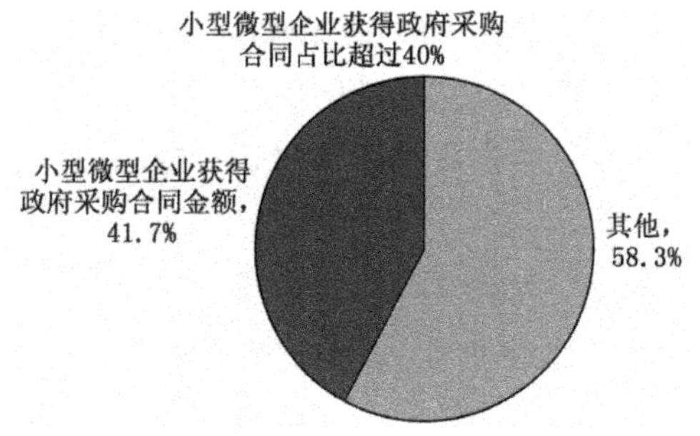

图3－3　企业获得政府采购合同比例

① 中央财经大学课题组：《谈政府采购如何扶持小微企业》，《中国横幅采购》，2012年2月。

此外，财政部还组织在中央本级和北京、黑龙江、江苏等地开展政府采购信用担保试点，仅北京市担保融资就达 21.2 亿元，有效地增强了中小微型企业参与政府采购的能力和积极性。

4. 扩大小微企业的税收优惠和清理收费力度。

我国自 2009 年 1 月 1 日开始就对全国的企业推行增值税改革，这其中小微企业肯定列于这个范围之内。其中规定了小微企业可以抵扣新进的设备包含增值税，同时将小微企业的增值税税率调整为 3%，这是我国对小微企业执行的最低税率。实行低税率之后，带动我国小微企业的投资意愿，降低了小微企业的投资成本，小微企业更加愿意参与到市场化的公平竞争。同时也有利于小微企业发展壮大，提高企业的自身发展能力。自 2012 年 1 月 1 日至 2015 年 12 月 31 日，对年应纳税所得额低于 6 万元的小微企业，其所得减按 50% 记入应纳税所得额，按 20% 的税率缴纳企业所得税。同时对个体工商户、个人独资企业和合伙企业自然人投资者的生产经营所得依法计征个人所得税。自 2011 年 11 月 1 日起至 2014 年 10 月 31 日止，对金融机构与小微企业签订的借款合同免征印花税。

（1）完善我国支持小微企业发展的税收优惠政策。

自 2010 年 1 月 1 日至 2011 年 12 月 31 日，对年应纳税所得额低于 3 万元（含 3 万元）的小型微利企业，其所得减按 50% 计入应纳税所得额，按 20% 的税率缴纳企业所得税。自 2009 年 1 月 1 日起施行的新修订的《增值税暂行条例》将小规模纳税人的征收率自 6% 和 4% 统一降至 3%。对符合条件的科技企业孵化器和国家大学科技园，自 2008 年 1 月 1 日至 2012 年 12 月 31 日免征营业税、房产税和城镇土地使用税等。四是对非营利性中小企业信用担保、再担保机构从事担保业务取得的收入，凡符合规定免税条件的，3 年内免征营业税。

2011 年下半年以来，根据中小企业发展过程中面临的新情况、新问题，按照国务院的统一部署，财政部会同有关部门及时完善相关税收政策，加大了小型微型企业发展的税收政策力度，对于进一步减轻小型微型企业和个体工商户的税费负担，缓解其融资难问题，增加劳动者收入，增强其应对市场风险的能力发挥了积极作用。具体包括：一是大幅提高增值税和营业税的起征点。增值税：将销售货物、应税劳务的起征点幅度分别由月销售额 2000—5000 元、1500—3000 元提高到 5000—20000 元；将按次纳税的起征点幅度由现行每次（日）销售额150—200元提高到300—500元。营业税：将按期纳税的起征点幅度由月销售额1000—5000元提高到5000—20000元；将按次纳税的起征点幅度由每次（日）营业额100元提高到300—500元。二是将小型微利企业减半征收企业所得税政策，延长执行期限并扩大范围。自2012年1月1日至2015年12月31日，对年应纳税所得额低于6万元（含6万元）的小型微利企业，其所得减按50%计入应纳税所得额，按20%的税率缴纳企业所得税。《财政部 国家税务总局关于金融企业涉农贷款和中小企业贷款损失准备金税前扣除政策的通知》（财税〔2009〕99号）规定的金融企业涉农贷款和中小企业贷款损失准备金税前扣除的政策，继续执行至2013年12月31日。对个体工商户业主、个人独资企业和合伙企业自然人投资者的生产经营所得依法计征个人所得税时，个体工商户业主、个人独资企业和合伙企业自然人投资者本人的费用扣除标准统一确定为42000元/年（3500元/月）。个体户向其从业人员实际支付的合理的工资、薪金支出，允许在税前据实扣除。投资者的工资不得在税前扣除。小微企业缴纳房产税、城镇土地使用税确有困难的，可按有关规定向省级财税部门或省级人民政府提出减免税申请。中小企业因有特殊困难不能按期纳税的，可依法申请在三个月内延期缴纳。自2012年1月1日至2015年12月31日，对年应纳税所得额低于6万元（含6万元）的小型微利企业，其所得减按50%计入应纳税所得额，按20%的税率缴纳企业所得税。三是免征金融机构对小微企业贷款印花税。2011年11月1日起至2014年10月31日，三年内免征金融机构与小型、微型企业签订的借款合同印花税。四是延长农村金融机构营业税优惠政策。将2011年年底到期的农村信用社、村镇银行、农村资金互助社、由银行业机构全资发起设立的贷款公司以及法人机构所在地在县及县（市）以下地区的农村合作银行、农村商业银行的金融保险收入，减按3%税率征收营业税的政策，执行期限延长至2015年年底。五是延长金融企业中小企业贷款损失准备金税前扣除政策。对金融企业涉农贷款和中小企业贷款进行风险分类后，按照规定比例计提的贷款损失专项准备金准予在计算应纳税所得额时扣除的政策，再延长执行三年，即延长执行至2013年年底。六是对符合条件的国家中小企业公共服务示范平台中的技术类服务平台纳入现行科技开发用品进口税收优惠政策范围。对其在2015年12月31日前，在合理数量范围内进口国内不能生产或者国内产品性能不能满足需要的科技开发用品，免征进口关税和进口环节增值税、消费税。

自2010年1月1日至2011年12月31日，对年应纳税所得额低于3万元（含3万元）的小型微利企业，其所得减按50%计入应纳税所得额，按20%的税率缴纳企业所得税。自2009年1月1日起施行的新修订的《增值税暂行条例》将小规模纳税人的征收率自6%和4%统一降至3%。对符合条件的科技企业孵化器和国家大学科技园，自2008年1月1日至2012年12月31日免征营业税、房产税和城镇土地使用税等。对非营利性中小企业信用担保、再担保机构从事担保业务取得的收入，凡符合规定免税条件的，3年内免征营业税。自2008年1月1日至2010年12月31日，金融企业对中小企业贷款进行风险分类后，按照规定比例计提的贷款损失专项准备金准予在计算应纳税所得额时扣除。创业投资企业采取股权投资方式投资于未上市中小高新技术企业2年以上（含2年），凡符合规定条件的，可按照其对中小高新技术企业投资额的70%抵扣该创业投资企业的应纳税所得额。对个人独资企业和合伙企业自2000年起停止征收企业所得税，其某一纳税年度的收入总额减除成本、费用以及损失后的余额，作为投资者的生产经营所得，比照“个体工商户生产经营所得”征收个人所得税。2008年起，合伙企业合伙人是法人和其他组织的，按照先分后税的原则计算缴纳企业所得税。对增值税小规模纳税人销售货物或者应税劳务，实行按照销售额和征收率计算应纳税额的简易办法。纳税人销售额或营业额未达到国务院财政、税务主管部门规定的增值税或营业税起征点的，免征增值税或营业税。对于应纳税额较小的增值税、消费税、营业税纳税人，经核定可以以1个季度为纳税期限。

受益主体主要是小微企业的税收优惠政策。鼓励自主创业的税收政策。除了上述专门针对小微企业的税收政策有利于自主创业外，目前，针对持《就业失业登记证》符合条件的人员、随军家属、自主择业的军队转业干部、城镇退役士兵等特殊群体的自主创业，也给予了税收优惠政策。发挥产业导向功能的税收政策。企业从事农、林、牧、渔业项目的所得，从事符合条件的环境保护、节能节水项目的所得等，可以免征、减征企业所得税；国家需要重点扶持的高新技术企业，减按15%的税率征收企业所得税；企业综合利用资源生产符合国家产业政策规定的产品所取得的收入，可以在计算应纳税所得额时减计收入；对为种植业、养殖业、牧业种植和饲养的动植物提供保险的业务免征营业税；对农林作物、牧业畜类保险合同，免征印花税；对直接用于农、林、牧、渔业的生产用地免征城镇土地使用税；新办软件生产企业经认定后，自获利年度起，可享受企业所得税“两免三减半”优惠政策；自主开发、生产动漫产品涉及营业税应税劳务的，暂减按3%的税率征税营业税；技术先进型服务等其他国家鼓励发展的产业，也可按规定享受相应减免税待遇。鼓励技术创新和技术成果转让的税收政策。企业为开发新技术、新产品、新工艺所发生的研究开发费用，可享受加计扣除或摊销的优惠政策；企业的固定资产由于技术进步等原因确需加速折旧的，可以缩短折旧年限或采取加速折旧的方法；一个纳税年度内，居民企业技术转让所得不超过500万元的部分，免征企业所得税，超过500万元的部分，减半征收企业所得税；从事技术转让、技术开发业务和与之相关的技术咨询、技术服务业取得的收入免缴营业税。改善企业投融资条件的税收政策。企业购置并实际使用优惠目录规定的环境保护、节能节水、安全生产等专用设备的，该专用设备的投资额的10%可以从企业当年的应纳税额中抵免；当年不足抵免的，可以在以后5个纳税年度结转抵免。促进农村金融发展的税收政策。为解决农民贷款难问题，自2009年1月1日至2013年12月31日，对金融机构农户小额贷款的利息收入，免征营业税；对金融机构农户小额贷款的利息收入在计算应纳税所得额时，按90%计入收入总额；对保险公司为种植业、养殖业提供保险业务取得的保费收入，在计算应纳税所得额时，按90%比例减计收入；自2009年1月1日至2015年12月31日，对农村信用社、村镇银行、农村资金互助社、由银行业机构全资发起设立的贷款公司、法人机构所在地在县（含县级市、区、旗）及县以下地区的农村合作银行和农村商业银行的金融保险业收入减按3%的税率征收营业税。此外，小微企业缴纳房产税、城镇土地使用税确有困难的，可按有关规定向省级财税部门或省级人民政府提出减免税申请。中小企业因有特殊困难不能按期纳税的，可依法申请在三个月内延期缴纳。

从2014年开始，对年应纳税所得额低于10万元（含10万元）的小型微利企业，其所得减按50%计入应纳税所得额，按20%的税率缴纳企业所得税；在“费”的方面，取消政府提供普遍公共服务或体现一般性管理职能的收费项目，建立涉企收费清单管理制度，对外公开，接受监督。这种“税费减法”的组合，实实在在为企业减负，帮助企业对冲总需求疲弱和成本持续上升带来的双重压力。今年出台的政策既有对所有小微企业的普惠，如减税减费；也有侧重点，突出对科技型、创意型小微企业的支持。如引导民间资本投资文化创意、设计服务领域；对科技型中小企业创新项目按照不超过相关研发支出40%的比例给予资助；科技型小微企业招收高校毕业生达到一定比例的，可申请不超过200万元的小额贷款，并享受财政贴息等。企业的发展最终要靠自生能力和“造血”功能。2014年9月17日国务院总理李克强主持召开国务院常务会议，部署进一步扶持小微企业发展推动大众创业万众创新，决定全面建立临时救助制度、为困难群众兜底线救急难。

2015年国家扶持小微企业的所得税优惠政策。小微企业面临的困难比较大，需要国家进一步给予政策支持。因此，2015年4月8日财政部、税务局、国家税务总局联合发布《关于小型微利企业所得税优惠政策有关问题的通知》。小型微利企业，无论采取查账征收还是核定征收企业所得税方式，凡符合小型微利企业规定条件的，均可按规定享受小型微利企业所得税优惠政策。包括企业所得税减按20%征收，以及自2014年1月1日至2016年12月31日，年应纳税所得额低于10万元（含10万元）的，其所得减按50%计入应纳税所得额，并按20%税率缴纳企业所得税。该项政策将优惠范围扩大到年应纳税所得额低于10万元（含）的小型微利企业，体现了国家继续加大对中小企业扶持力度的精神，也进一步降低了小微企业的税负。营业税增值税减免政策。2015年9月25日财政部发布《关于进一步支持小微企业增值税和营业税政策的通知》。为进一步加大对小微企业的税收支持力度，经国务院批准，自2014年10月1日起至2015年12月31日，对月销售额2万元（含本数，下同）至3万元的增值税小规模纳税人，免征增值税；对月营业额2万元至3万元的营业税纳税人，免征营业税。该项政策调整能为小微企业带来直接实惠，有利于鼓励创业，对提振小微企业的发展信心具有积极作用；同时也能更好地发挥小微企业在稳增长、扩就业等方面的作用。借款合同免印花税。我国对金融机构与小微企业签订借款合同免征印花税，以鼓励金融机构对小型、微型企业提供金融支持，进一步促进小型、微型企业发展。10月24日财政部发布《关于金融机构与小型微型企业签订借款合同免征印花税的通知》，自2014年11月1日至2017年12月31日，对金融机构与小型、微型企业签订的借款合同免征印花税。

2016年小微企业优惠政策。企业所得税优惠政策：《中华人民共和国企业所得税法》规定，符合条件的小型微利企业，年应纳税所得额在

30万元以下的，减按20%的税率征收企业所得税；其中：自2015年1月1日至2017年12月31日，对年应纳税所得额低于20万元（含20万元）的小型微利企业，其所得减按50%计入应纳税所得额，按20%的税率缴纳企业所得税。印花税优惠政策：《财政部 国家税务总局关于金融机构与小型微型企业签订借款合同免征印花税的通知》（财税〔2014〕78号）规定：自2014年11月1日起至2017年12月31日止，对金融机构与小型、微型企业签订的借款合同免征印花税。增值税、营业税优惠政策：《财政部 国家税务总局关于进一步支持小微企业增值税和营业税政策的通知》（财税〔2014〕71号）、《国家税务总局关于小微企业免征增值税和营业税有关问题的公告》（2014年第57号）、《财政部 国家税务总局关于对小微企业免征有关政府性基金的通知》（财税〔2014〕122号），明确对月营业额不超过3万元的纳税人，免征营业税及政府性基金。其中，以1个季度为纳税期限的营业税纳税人，季度营业额不超过9万元的，免征营业税。个人所得税优惠政策。政府性基金优惠政策：《财政部 国家税务总局关于对小微企业免征有关政府性基金的通知》财税〔2014〕122号规定：自2015年1月1日起至2017年12月31日，对按月纳税的月销售额或营业额不超过3万元（含3万元），以及按季纳税的季度销售额或营业额不超过9万元（含9万元）的缴纳义务人，免征教育费附加、地方教育附加、水利建设基金、文化事业建设费。自工商登记注册之日起3年内，对安排残疾人就业未达到规定比例、在职职工总数20人以下（含20人）的小微企业，免征残疾人就业保障金。

（2）免征小型微型企业部分行政事业性收费。2012年以来，财政部按照国务院要求，会同有关部门进一步加大收费清理力度，累计取消和免征307项行政事业性收费，涉及金额290亿元。具体包括：一是从2012年1月1日至2014年12月31日，对小型微型企业免征管理类、登记类、证照类行政事业性收费，具体包括企业注册登记费、税务发票工本费、海关监管手续费、货物原产地证明书费、农机监理费等22项，每年可减轻小型微型企业负担约50亿元。二是自2012年2月1日起，取消253项各省、自治区、直辖市设立的涉及企业的行政事业性收费，每年可减轻企业负担约100亿元。三是自2012年10月1日起，取消海关监管手续费；自2012年10月1日起至2012年12月31日止，对所有出入境货物、运输工具、集装箱及其他法定检验检疫物免收出入境检验检疫费，以上两项措施可减轻外贸企业负担约35亿元。四是自2013年1月1日起，取消和免征税务发票工本费、户口簿工本费、户口迁移证和准迁证工本费、企业注册登记费、房屋租赁管理费等30项涉及企业和居民的行政事业性收费，每年可减轻企业和居民负担约105亿元。2013年，为落实国务院转变政府职能的要求，财政部将会同有关部门再清理取消一批不合法、不合理的行政事业性收费和政府性基金项目，切实减轻企业负担，优化企业生产经营环境，促进经济平稳较快发展。

小微企业作为经济增长的内在动力，它具有发展潜力大、投资灵活、持续发展能力强等特点，发展小微企业有利于快速实现我国经济发展的这一重要目标。同时小微企业的发展还可以促进企业内部的科技创新、增加社会闲散人员的就业。但是在发展过程中也存在着诸多的问题和困难，面对这些问题，解决的方法主要有：首先要加强企业的自身能力建设，自身发展壮大有利于企业未来进行转型升级，这也属于小微企业发展的内部动力；其次还需要政府采用财政政策来支持小微企业的发展，这属于小微企业发展的外部动力，这会为企业建立一套财政政策支持体系打下基础。

2014年8月14日，《国务院办公厅关于多措并举着力缓解企业融资成本高问题的指导意见》发布，提出来的十项措施划归一行三会和财政部、发改委、外汇局、工信部等具体落实，可见，企业融资难、融资贵的破解需要多部门配合。今年以来，央行两次定向降准扶持“小微”和“三农”，效果已显现。数据显示，上半年年末小微企业贷款余额14.17万亿元，同比增长15.7%，比同期大型和中型企业贷款增速分别高5.6个百分点和2.3个百分点。同时，财政政策精准发力，营改增全面推行的第一年，小微企业获益明显。

从2014年开始，对年应纳税所得额低于10万元（含10万元）的小型微利企业，其所得减按50%计入应纳税所得额，按20%的税率缴纳企业所得税；在“费”的方面，取消政府提供普遍公共服务或体现一般性管理职能的收费项目，建立涉企收费清单管理制度，对外公开，接受监督。这种“税费减法”的组合，实实在在为企业减负，帮助企业对冲总需求疲弱和成本持续上升带来的双重压力。今年出台的政策既有对所有小微企业的普惠，如减税减费；也有侧重点，突出对科技型、创意型小微企业的支持。如引导民间资本投资文化创意、设计服务领域；对科技型中小企业创新项目按照不超过相关研发支出40%的比例给予资助；科技型小微企业招收高校毕业生达到一定比例的，可申请不超过200万元的小额贷款，并享受财政贴息等。企业的发展最终要靠自生能力和“造血”功能。今年以来的政策从三个层面着力培育小微企业的“造血”功能：一个层次是“输血”。减税减费、定向降准等可以缓解企业暂时的资金困难；二是着力营造公平的市场竞争环境。如简政放权、新设企业注册公司“零门槛”、建立全覆盖的社会信用信息记录等；三是发挥信贷和财政资金“四两拨千斤”的效用，建立扶持小微企业的长效机制。如鼓励和引导企业自主创新、建立金融支持中小企业发展的政策体系、税制改革等。

2012年以来，财政部按照国务院要求，会同有关部门进一步加大收费清理力度，累计取消和免征307项行政事业性收费，涉及金额290亿元。具体包括：一是从2012年1月1日至2014年12月31日，对小型微型企业免征管理类、登记类、证照类行政事业性收费，具体包括企业注册登记费、税务发票工本费、海关监管手续费、货物原产地证明书费、农机监理费等22项，每年可减轻小型微型企业负担约50亿元。二是自2012年2月1日起，取消253项各省、自治区、直辖市设立的涉及企业的行政事业性收费，每年可减轻企业负担约100亿元。三是自2012年10月1日起，取消海关监管手续费；自2012年10月1日起至2012年12月31日止，对所有出入境货物、运输工具、集装箱及其他法定检验检疫物免收出入境检验检疫费，以上两项措施可减轻外贸企业负担约35亿元。四是自2013年1月1日起，取消和免征税务发票工本费、户口簿工本费、户口迁移证和准迁证工本费、企业注册登记费、房屋租赁管理费等30项涉及企业和居民的行政事业性收费，每年可减轻企业和居民负担约105亿元。

2013年，为落实国务院转变政府职能的要求，财政部将会同有关部门再清理取消一批不合法、不合理的行政事业性收费和政府性基金项目，切实减轻企业负担，优化企业生产经营环境，促进经济平稳较快发展。

从2012年1月1日至2016年12月31日，对小型微型企业免征管理类、登记类、证照类行政事业性收费，具体包括有企业注册登记费、税务发票工本费、海关监管手续费、货物原产地证明书费、农机监理费等22项收费。

国务院在总结近年来现有政策实施的基础上制定的，对各地区、各部门提出明确要求，要把有关的政策明确细化了，对有关政策实施的流程、程序进行优化和简化。2015 年 11 月 20 日国务院印发《关于扶持小型微型企业健康发展的意见》（52 号文件），小型微型企业从事国家鼓励发展的投资项目，进口项目自用且国内不能生产的先进设备，按照有关规定免征关税。从财税优惠等方面提出一系列政策措施，扶持小微企业（含个体工商户）健康发展。

2014 年 9 月 17 日国务院总理李克强主持召开国务院常务会议，部署进一步扶持小微企业发展推动大众创业万众创新，决定全面建立临时救助制度、为困难群众兜底线救急难。重点推出以下几点新政策：

加大进一步简政放权力度。加快清理不必要的证照和资质、资格审批，为小微企业降门槛、除障碍。二是加大税收支持。在现行对月销售额不超过 2 万元的小微企业、个体工商户和其他个人暂免征收增值税、营业税的基础上，从今年 10 月 1 日至 2015 年年底，将月销售额 2 万—3 万元的也纳入暂免征税范围。对小微企业从事国家鼓励类项目，进口自用且国内不能生产的先进设备，免征关税。三是加大融资支持。采取业务补助、增量业务奖励等措施，引导担保、金融和外贸综合服务等机构为小微企业提供融资服务。鼓励银行业金融机构单列小微企业信贷计划，鼓励大银行设立服务小微企业专营机构。推动民间资本依法发起设立中小银行等金融机构取得实质性进展。四是加大财政支持。对吸纳就业困难人员就业的小微企业，给予社会保险补贴。政府以购买服务等方式，为小微企业免费提供技能培训、市场开拓等服务。高校毕业生到小微企业就业，由市、县公共就业人才服务机构免费保管档案。五是加大中小企业专项资金对小微企业创业基地的支持，鼓励地方中小企业扶持资金将小微企业纳入支持范围。六是加大服务小微企业的信息系统建设，方便企业获得政策信息，运用大数据、云计算等技术提供更有效服务。会议要求，各地各部门要确保政策尽快落实，并适时提出进一步措施，帮助小微企业赢得“大未来”。

从中国目前的实践情况看，要化解小微企业融资难融资贵，关键在于要有顶层设计，而不是让各部门从部门利益的角度设计方案。举例来说，中小银行的设立直到今年才有所举动，但也只有有限的几家，远远不能满足需求；再比如说，对存款偏离度的管理，并不利于资金放贷。

三、财政政策支持小微企业发展存在的缺陷

（一）支持小微企业发展专项财政资金投入不足

政府对企业发展的主要集中在大中型的企业中，因为这些企业发展规模大、创造的利润可观，规模大可引起政府对其重视程度。而小微企业没有这种天然的独特优势，在发展过程中举步维艰。但是小微企业对市场的贡献率也很大，这部分也不容忽视，今年来我国重视小微企业的发展，但是用于小微企业发展的专项资金投入不多，并存在落实不到位的情况。

今年来中央财政虽然增加了对小微企业的资金专项投入，但是由于小微企业规模众多，分配到每个符合条件的小微企业身上也没有多少资金，几乎平均下来对小微企业的总投资总额每年在一百亿元左右①。同时资金的拨付还缺少监管的力度，这样还会滋生不利于市场经济发展的腐败问题的出现。我国财政资金支持小微企业发展还有待于进一步完善发展。

据中国经济时报组织的调查显示，不少小微企业对于国家出台的支持小微企业发展的政策并不了解，或者根本不知道有这些政策。另外，很多小微企业主表示“很多地方的政策是雷声大雨点小”，国务院出台的扶持政策和指导意见在地方根本无法落实。调查结果还表明：处于不同区域或从事不同行业的小微企业对政策扶持和税费减轻的感知有所不同，仅有极少数的小微企业认为扶持政策对企业经营有较大帮助，而且这些企业大多是科技型小微企业，大多数的小微企业反映“从未享受甚至不知道这些扶持政策”。对于扶持政策的落实结果也没有细究，山东河南商会会长马怀山说：“政策出台过于密集，某种程度上影响了政策的落实和实际作用的发挥。往往第一个政策刚颁布还没落实，还没有追究第一个政策落实情况，第二个政策就出来了。”

---

① 杨林、彭彦彦：《促进中小企业发展的财政政策选择》，《工业技术经济》，2010 年 11 月。

政策落实过程中，部分手续比较繁琐，不够透明，申请的成本太高，使得很多小微企业不愿花大力气去争取。接受《中国经济时报》采访的一部分小微企业主反映，“目前一些行政审批、许可证件的办理手续比较繁琐，证照使用期限偏短，一些行政性收费较高，程序不够透明”。

近年来，虽然国家不断加大对促进小微企业发展的财政资金政策的投入力度，但在资金的拨付过程中，由于存在着财力有限，财政扶持资金涉及的领域较广，最终切块到扶持小微企业发展的项目上的资金就十分有限；并且资金管理部门对于财政资金的利用缺乏长期、系统的规划，以及资金分配的制度不够完善等原因，小微企业中实际能享受到资金扶持的企业很少，多数小微企业没有享受到财政资金政策的扶持。因此，财政扶持资金规模较小，无法满足目前众多小微企业的实际发展需求，限制了财政资金扶持政策的实施效果。

在对促进小微企业发展的相关财政扶持资金的审批与管理中存在着多种问题，制约着财政扶持资金对于促进小微企业发展的效果。首先，在立项的审批过程中，涉及部门过多，审核程序复杂，审批流程多、周期长。其次，政府部门对财政扶持资金的管理大多都存在着“重分配、轻管理”的问题，缺乏对财政扶持资金使用的监管力度，导致财政资金扶持效率不高。最后，从小微企业对财政扶持资金使用的角度来看，由于小微企业的会计制度不健全等原因，使得一些中小微企业没有遵照各专项资金的财务管理规定建立项目经费专项账户，对各项财政扶持资金进行单独核算和统一管理，从而导致资金用途与立项目的不一致，降低了财政扶持资金的扶持效果。

（二）小微企业的生产经营成本较高，税收负担过重

近年来，随着我国经济的快速发展，出现了通货膨胀的趋势，同时企业的生产成本增加，产品所需原材料价格上涨，企业劳动者的工资也会随之增加，这都无形中给小微企业造成了经营上的压力。我国小微企业的生产大多还处于没有自用厂房的阶段，据统计，我国大约有60%或者70%的小微企业都处于租用厂房进行生产的阶段[①]。

① 焦桂芳：《对当前小微企业发展状况的研究和分析》，《经管空间》，2012年4月。

目前我国对小微企业征收的税收种类繁多，其中主要有增值税、所得税、营业税、教育附加、社会保险费等多个税种，小微企业的税负过重，给小微企业自身发展的带来压力。我国税制结构主要以流转税为主，这其中小微企业需要缴纳的增值税和营业税的比重就超出了整个税收比重的60%以上。同时我国对小微企业的税收征管并没有过多的法律法规来进行规范和约束，其中对小微企业的规定并没有采用固定不变的规定，并且随时可以随着政策的调整而发生变化。

针对政府已出台的不少针对小微企业的税收优惠政策，但税收优惠政策效果不明显。对小微企业的问卷调查发现，许多小微企业主表示："限制条件太多，没有享受到税收优惠政策。"接近2/3的小微企业主认为，当前的税费负担已经对企业的经营造成了影响。政府对小微企业支持的标准不清晰，政府提供支持有很多的限制条件，政策操作性不强等问题，是小微企业争取扶持成功率很低的主要原因。

由于地方政府为了保证财政收入要求税务部门完成征收的目标，还让一些小微企业多交税费，帮助完成任务，这与促进小微企业的发展的理念有相互矛盾。中央的政策在地方的实施大多缺乏配套的具体措施，即使有具体的配套细则，在执行过程中，执行方法往往也非常的僵化，不够灵活。此外，目前的困难状态应该是分区域、分类型的，不同行业、不同地区、不同发展阶段的小微企业的情况是不一样的，不能对所有的小微企业的问题采用"眉毛胡子一把抓"，而应该分别对待，分类指导①。

针对上海市财政局2012年的一项专项调查结果可以看出，企业对减税政策的认可仍低于预期水平。企业认为现有财税政策的不足主要依次为"政策普惠性不够"（62.5%的企业选择）、"税费负担仍然较重"（52.08%的企业选择）。对于政策普惠性不够、减税摸不足这个研究从总量上看，小微企业税负仍然偏重且税种繁杂。中央近年来力推结构性减税，逐步推进增值税转型、"营改增"试点等税制改革，但数据显示，全国税收总收入占GDP的比重从2000年的12.8%逐年上升，2011年已超过19%，结构性减税的力度仍然不够。小微企业仍需要缴纳增值税、营业税、企业所得税、城市维护建设税、教育费附加、地方教育发展费、价格调节基金、堤防费、房产税、土地使用税、印花税、工会经费、残疾人

① 许宝健，李慧莲：《中国小微企业生存报告》，中国发展出版社，2012年第121—122页。

保障金等税费，实际税负超过30%。

针对结构性减税来讲，小微企业的政策实施效果有限。将小微企业、个体工商户缴纳营业税起征点提高到2万元的政策实际作用有限，因为多数小微企业的月营业额都超过2万元，不在政策适用对象范围。符合年应纳税所得未达标准按20%税率减半征收企业所得税条件的小微企业则大都没有专门的财务人员、账证不太健全，采取的核定征收方式也很难销售到优惠。从现行个人所得税税率表中可以看出，个体工商户等减除费用标准虽然与个人工资薪金相同，但税率增长明显快于工资薪金所得，形成“创业不如就业”的逆激励。

（三）支持小微企业发展的财政补贴力度不够

财政补贴作为支持小微企业发展的一种手段，可直接为小微企业提供就业、科技研发以及出口补贴。这其中主要规定的政策措施有，政府通过设立专项研发基金来对符合条件的小微企业给予补贴。如美国就设立了向小微企业投入研发经费等补贴来支持小微企业的发展。目前我国对小微企业的发展政策落实不到位。小微企业在发展过程中遇到的资金短缺问题越来越严重，导致很多小微企业无法生存而造成巨大的损失。

我国政府对小微企业进行财政补贴也没有专门的法律对其进行约束，同时国家对其进行的补贴额度会因小微企业发展的不同情况而有不同的规定，通常对享受补贴的小微企业进行资格审查时比较严格，这就从提高了享受对象的门槛，导致了很多小微企业不具有享受的资格。

（四）政府采购对小微企业的支持作用不明显[①]

我国2003年通过的《政府采购法》第二十二条就对小微企业是否可以进入采购项目进行了明确规定。为了保证小微企业可以中标，企业可以提前缴纳一定的保证金，这样可以提高小微企业的中标比例。但是目前我国小微企业一般都存在资金短缺的现象，融资还比较困难，这无形中就增加了小微企业中标的难度。政府在进行政府采购的过程中，最首要的是考

① 中央财经大学课题组：《谈政府采购如何扶持小微企业》，中国政策采购，2012年2月。

虑小微企业是否有足够的资金来进行产品的生产，而非是对小微企业的扶持发展政策。

我国政府采购往往没有明确的计划去支持小微企业的发展，小微企业的产品不能纳入到政府采购的目录范围内，这使得小微企业缺少了很大的发展空间。近年来，我国的《政府采购法》和《中小企业促进法》虽然对小微企业参与政府采购做出政策规定，但多属于原则性条款，具体的操作性不强，虽然我国制定了向小微企业的倾斜政策，并规定了具体的采购份额，但是由于政府部门希望多采购高质量的产品和劳务而基本不选择小微企业。由于我国大部分小微企业的技术水平落后，尤其是工业型的小微企业高污染、高能耗、低产品附加值，所生产的产品不符合政府采购所规定的标准，这使得政府采购对小微企业的支持作用不明显。

（五）小微企业税收扶持政策缺乏系统性和规范性

目前，促进我国小微企业发展的税收扶持政策主要以税收优惠手段为主，税收优惠政策较为零散，大多散见于各税种的单项法规中、文件以及相关的补充规定中，还未形成系统规范的专门针对小微企业的税收优惠政策，出台的各类税收政策适用范围较广、覆盖面较宽，小微企业的税收政策和大企业的税收政策相差无几，对小微企业的税收扶持和保护作用十分有限。当前的税收优惠政策调整相对比较频繁，虽利于税收优惠政策灵活机变的实施，然而以未立法的形式实施，在实际操作过程中往往缺乏法律保证，政策执行过程易受到人为的影响，政策的执行效果不强。当前的税收优惠政策内容繁杂，适用多种税种，税制复杂，难以准确计算税额，不利于正确运用，达到扶持小微企业发展的目标。另外，内容繁杂、调整频繁、目标不清的各项税收优惠措施也会影响到国家对小微企业长期发展战略的制定，不利于实现公平稳定的税负和平等竞争。

在享受企业所得税优惠政策上，财会〔2011〕20 号文件中规定对符合查账征收的条件和“小型微利企业标准”的小企业可以依法享受企业所得税优惠政策，且财税〔2009〕69 号文件中明确规定了核定征收企业不能享受此优惠政策。但从税收公平和实质课税的角度，无论是查账征收还是核定征收都应享有同等的税收优惠资格，不应以征管方式的不同加以区别。

现行增值税制对纳税人的划分标准中，按照2009年1月1日起实施的《增值税实施细则》中第二十八条一般纳税人的认定标准对小微企业显得较高，一方面，小微企业销售额有限，另一方面，小微企业正是出于节省开支的思考虑才没有聘请专业会计人员进行会计核算的。大多数小微企业都是增值税的小规模纳税人，采用征收率征税，不能领取和使用增值税专用发票，不实行扣税制，无法抵扣进项税额，从而加重了小微企业的税收负担。另外，小规模纳税人不得使用增值税专用发票，致使购货方因不能足额抵扣进项税额而不与小规模纳税人进行交易，严重影响到小微企业的经营交易量。

现行税法规定公司制的企业需缴纳企业所得税，股东按其所得缴纳个人所得税，个体工商户、个人独资企业和合伙企业仅需要缴纳个人所得税。投资者创立企业之初，若注册为公司，以后企业不仅要缴纳企业所得税，企业主还要缴纳个人所得税。若选择登记为个体工商户等形式，则不用缴纳企业所得税。另外，税法规定增值税、营业税起征点的优惠仅适用于个人，微型企业在2013年8月1日之前无论销售额多少均不能享受起征点的优惠（自8月1日之后小微企业中月销售额不超过2万元的增值税小规模纳税人和营业税纳税人，暂免征收增值税和营业税），同等规模的企业，因组织形式的差别，却承担了不同的税负，违背了税收“横向公平”和实质课税的原则，也不利于小微企业选择合适的组织形式。

由于我国经济发展的区域差异较大，对不同区域和不同行业的小微企业采取统一的认定标准和统一的税收扶持政策，也是税收“纵向公平”缺失的体现，势必会造成“马太效应”，不利于区域协调发展和经济结构的调整。

我国现行促进小微企业发展的税收优惠政策局限于税率优惠和税收减免等直接优惠方式，而像国际上通行的延期纳税、专项费用扣除、加速折旧、投资抵免等间接方式运用较少。不能适应不同情况的小微企业的发展要求，缺乏对小微企业降低投资风险、筹集资金、缓解就业压力、引导人才流向、鼓励技术创新、提高核心竞争力等方面的税收优惠政策。

目前，我国国税、地税两套机构使得征管工作存在大量重复交叉，信息的不充分和协调沟通机制的不畅，给纳税人造成诸多的不便。虽然，在纳税申报上对于所有企业均采用按同一纳税期限和纳税程序进行管理。相对于大中型企业具有规模大、信息化程度高、对税收优惠政策运用程度高的特点，规模小、信息化程度低、对国家扶持政策认知度低的小微企业难以像大中型企业一样按同一纳税期限、纳税程序进行纳税。与大中型企业一致的税收征管方式，增加了小微企业纳税遵从成本，在税收遵从成本上不能体现对弱势企业的扶持。

CHAPTER 4

第四章

财政政策支持小微企业发展国际经验及启示

国际上对中小企业进行专职管理的机构主要有两种类型：一种是综合管理型，设立专门机构对中小企业进行统筹管理，职责相对集中，如美国设立了隶属联邦政府的中小企业管理局（Small Business Administration），它是美国中小企业的最高政府管理机构，局长由总统任命，并直接向总统负责和汇报工作，主要负责帮助中小企业融资，就保护中小企业权益向政府提出政策建议，并为中小企业提供培训、信息和技术支持。韩国设立了总统中小企业委员会（The Presidential Commission on Small and Medium Enterprises）和中小企业管理局（Small and Medium Business Administration），负责制定和实施中小企业相关政策，为中小企业发展提供支持。另一种是分散管理型，中小企业管理职责分属不同部门，管理相对分散，但管理权限明确，部门间有良好的沟通协调机制，如德国在联邦政府经济部、财政部、研技部等政府机构中都单独设立了负责中小企业事务的机构，各州政府、工业协会、工商会也都设有专职负责中小企业事务的部门。

一、美国支持小微企业发展的财政政策分析

(一) 美国的小微企业发展现状

美国虽然对小微企业没有严格的界定，但政策关注更多是小企业。美国《小企业法》对小企业做了明确的规定，而美国小企业管理局对小企业做了明确的规定，分别从资产和雇员人数两方面做了进一步的规定。美国支持小企业发展财政策突出特点是以立法为基础、以小企业管理局为行政保障，强调府与市场机制互动。

根据美国在官方小企业管理局上（SBA）的定义，美国的小企业主要是指雇员少于 500 人的企业。同时为区别制造业以及服务业两种不同的情况，SBA 将制造业中的小企业雇员人数规定在 500 人以下，并将服务业的小企业的雇员人数规定在 100 人以下。根据这个标准，美国目前拥有小企业 2700 多万个，这占美国企业总数的 99% 左右。美国政府设立了种类众多的针对中小企业的财政援助基金，包括针对专项科技成果的研究与开发基金、产品采购基金、中小企业创业基金、失业人口就业基金、风险补偿基金、财政专项基金、特殊行业再保险基金等，从而鼓励中小企业创新发展、降低中小企业融资成本。

(二) 美国支持小微企业发展的财政政策

美国颁布的《小企业法》中提出过：在独立的情况下，小微企业不能顺利完成产品的研究与开放项目，这样就不能从当前的政府中获得利益，从而使小微企业的发展处于不利的地位。最终不会对国家的工业和经济的良好发展做出贡献。如果通过放任小微企业进入市场，使其进行自由的竞争发展，这样也不利于经济健康平稳的发展。根据以上两种情况，美国的国会就想方设法助力小微企业发展，让小微企业获得更多的研究与开发经费，这样小微企业有资本去与大中企业进行竞争，从而促进小微企业

自身以及国家经济的共同发展①。

美国小微企业在数量上占美国企业的绝大多数，小微企业是美国经济重要组成部分，同时也是最具有活力和创新精神的一部分企业。同时美国的小微企业在商业和服务业中也占据绝大部分的比重，同时为商业和服务业创造了大量的就业机会。因此在某种程度上说，小微企业和大中型企业一样，也创造了大量的就业机会。1997 年出台的《纳税人税收减免法》就本着降低小微企业税收负担的原则，规定在未来的发展中为小微企业提供数十亿元的减免税收额。

美国支持小微企业发展的财政政策的政策支持可以分为以下几个方面：

1. 为小微企业提供财政资金的直接投入。

政府资金以转向补贴、计划资金下达等形式直接拨付给所要支持的目标企业，主要用于小微企业进行社会就业、提高社会就业水平、通过产学研合作提高小企业创新能力。美国政府制定各项规章政策，主要通过资金专项补贴以及为小微企业优先发放计划资金等方式来支持小微企业的发展。

2. 政府采购政策支持。

政府采购是美国国家预算支出管理的重要组成部分。在政府采购市场中，大型企业的特点是资金实力强、劳动生产率高、信息灵敏和市场渠道广，优势一般比小型企业大，小企业则存在信息不畅和招标受到排挤等不公平现象。美国政府为防止在政府采购中出现不公平现象，通过制定相关法律、政策扶持和组织推进等多方面措施，以保护、支持小企业的利益。

1953 年《小企业法》规定，政府应该保证在“在政府财产和劳务的购置和各种合同中给小企业以公平的比例”。小企业管理局的一项重要任务就是帮助小企业在联邦政府采购中占有相应的份额。《联邦政府采购法》规定，政府采购部门要将一切政府采购合同透明、公开，将更多的企业纳入政府采购市场，力争为小企业得到政府采购的机会，支持其成长

① 李广舜：《国内外促进中小企业发展的财税政策研究综述》，《学术综述与动态》，2008 年 8 月。

和发展。《购买美国产品法》也要求美国政府给小企业更多的优惠，对小企业可以得到12%的价格优惠，以提高小企业在美国政府采购市场中的竞争力。1996年在联邦政府2000亿美元的采购合同中，小企业所接合同金额为411亿美元，占20%以上。

3. 享受政府提供的税收优惠政策。

在支持小企业的创新发展过程中，美国政府制定了很多减、免、抵等税收政策，其主要目标是为了鼓励对小企业的资本投资、促进高新技术小企业研发创新能力的提高等。税收政策与创业投资、资本市场等相结合，完善了美国支持小企业政策体系。

美国政府对小微企业的税收优惠有如下几个方面的规定：一是投资总额小于500万美元的小微企业实行不予征收投资税；二是企业员工人数小于25人的小微企业不采取企业所得税的税率进行征税，而是利用个人所得税的税率对其征税；三是对于企业股本收益的征税原则，符合条件的小微企业可免除一定时期的股本收益。

2008年金融危机以后，美国政府制定了小企业减税的特别规定。“经济刺激法案”规定为美国企业提供50%的特别资产折旧，以降低企业的税负。该法案允许企业将购置机器设备等资本支出的从营业收入中一次性减除。“经济复兴和再投资计划”延长了该计划的实行时间，并对折旧资产进行了详细规定，如符合修订的加速资产折旧制度的新置资产、折旧超过一年的电脑软件以及租赁改善资产和使用率超过50%的客车等。

二、日本支持小微企业发展的财政政策分析

（一）日本小微企业的发展现状

在日本，小微企业对于实现企业内部的科技创新以及为闲置人员提供就业岗位等方面发挥着重要作用。在日本，包括小微企业在内的中小企业大约有469万家，占日本企业总数的99.7%，企业从业人员大概占企业总数的80%。在日本的第三产业发展中，小微企业的占比居然

高达99%[①]，在第二产业的发展中，小微企业也达到了98.9%的比例。同时日本的经济产业重点发展的地域还规定向提供创业的企业给予数百万日元左右补贴的扶持制度，这种制度的扶持对象是员工人数为数人至十数人的企业，日本计划在5年内将援助约1万家这种小微企业。这样小微企业最终实现了促进国民经济生活水平提高，经济平稳健康发展的目标。

日本小微企业的内涵界定有明确的标准，根据新《中小企业基本法》规定：一是小微企业的经营者从事的行业隶属于工业、运输业、矿业等；二是企业的资本额或出资总额小于1亿日元的公司及长期雇用的从业人员数少于300人的公司或个人；三是小微企业的经营者如果属于零售行业以及其他服务业的范围内，同时企业的注册资本金在500万日元以下、企业的职工少于20人以下为小微企业；四是小微企业的经营者从事批发行业，并且资金总额少于1000万日元、企业的职工少于50人则为小微企业。日本小微企业的预算金额都要占到整个社会的预算资金的0.25%左右。

日本政府在中央财政预算中设立小企业科目，专门用于对小企业的支持。支持小企业发展的财政政策主要有三种类型，即以财政补贴为主的对中小企业的直接资助，支持建立中小企业服务体系，推动小企业技术进步和扩大出口，如提供就业补贴、研发补贴和出口补贴等；建立支持小企业发展的政府金融体系和信用保险体系，间接支持小企业；采用税收政策支持小企业。

（二）日本支持小微企业财政政策

日本政府在中央财政预算中设立专门用于支持小微企业的相关科目。并且对于不同行业不同规模的小微企业的财政政策支持手段也是不同的。但是日本扶持小微企业发展最主要的特点是进行财政以及税收政策上的支持，保持小微企业和大中型企业的利益均衡，最终使小微企业健康顺利的发展。

1963年7月颁布的《中小企业基本法》中明确指出了要克服小微企业在国民和社会经济发展中不利制度，要尽量缩小各个企业之间的产品生

① 日本中小企业基本法。

产率的差距，寻找更多适合小微企业发展的各种方法，从而促进小微企业的健康发展。这些规定都与小微企业作为国民经济发展的重要支柱以及所肩负的重要使命相符合。

日本采取的支持小微企业发展的财政政策主要有以下几种方式：

1. 为小微企业提供直接的财政资金支持。

财政专项资金直接用于支持小微企业的发展，这其中包括小微企业的研发补贴、出口及就业补贴等几种形式。其中对于小微企业进行技术创新的情况给予研发资金补助支持，要求给予技术研究小微企业50%的资金支持，但是资金支持的总额在500万日元至2000万日元之间，同时对于科学技术的重点开发利用领域的资金支持可按照实际开发总额的50%到75%之间给予优惠。对于小微企业处于创新发展阶段所进行的产品试验和研究，如果费用总额超过了产品最终销售额3%的企业可实行对企业的设备进行投资抵免。

2. 对于高新产品的技术研发的优惠政策。

日本政府对符合研究和开发高新技术产品的小微企业的贷款给予低于市场上的基本利率的优惠政策，同时如果该项技术最终获得成功，为市场带来经济收益，还可以享受更低的税率进行偿还本息，但是如果研发失败，则可以按照无息贷款的方式来直接偿还本金。小微企业如果从事的是软件研发、电子信息科技的研发、制造新材料以及开发生物工程等高新技术产业，则会享受到更加优惠的政策措施。

3. 日本支持小微企业的发展通常采用一般措施和基于个别法律措施税收政策。

具体如表4－1所示。

这其中对土地的使用还开设了特别保护条款，如果小微企业利用土地是用来进行企业的未来发展，为企业创造更多的价值，则可以对该小微企业免征土地的取得和保有这两种税。

表 4 - 1 日本小微企业税收优惠税率

企业性质	资本金（日元）	总所得（日元）	税目	税率（%）
法人企业	1 亿以上		法人税[①]	37.5
	1 亿以下	800 万以下	法人税	22
		800 万以上	法人税	30
小商业	—	—	法人税	27
小规模企业	—	—		免征

资料来源：日本小微企业网站整理得出。

三、欧盟小微企业发展的财政政策支持分析

（一）欧盟成员国中小微企业发展现状

欧盟政府与波兰政府签署了一项价值 3500 万欧元的援助协议，以推动波兰小微企业发展。波兰经济与公共财政部长 Arce 认为该协议将帮助国民经济减轻对原材料出口的依赖，推动工业化进程，创造更多就业，增加生产者收入。

欧盟成员国中法国十分重视小微企业在国民经济发展中的地位。目前法国的小微企业大约有 250 万户左右，同时小微企业的销售额占到全部企业销售额的 65% 左右，出口额占到总出口额的 50% 左右，投资额占全社会总投资额的 62% 左右。法国的小微企业为 10 人以下以及 50 以下的企业提供就业机会分别占到了 46% 和 76%，这对解决就业有很大的作用。欧盟由欧洲投资银行和欧洲投资基金合作建立了“欧洲技术便捷启动基金”，通过介入中介风险资本基金 25% 股本的方式，支持风险资本基金投资于有新研发成果的研究中心和科学园区的中小企业。德国设立了“欧洲复兴计划特殊资产基金”，对新成立

① 法人税根据各个法人的定款所定的经营年度来作为计算期间的，最终应缴税额 = 所得金额 × 税率 + 特别课税额 - 税额扣除额 - 中间已缴纳税额。

的中小企业可按贷款方式获得资金援助，贷款金额为4万马克，前两年免付利息，从第三年开始享受2%、3%、5%的优惠利率，五年后按市场利率计算。

英国大概有400多万家的小微企业，这些小微企业在促进经济发展以及鼓励产品出口等方面都发挥了重要的作用。其中每年都会为社会提供1000个左右的就业岗位，使小微企业的职工数达到了整个国家全部企业总数的50%左右。

1970年德国颁布的《中小企业结构的政策原则》中就对小微企业做出了界定，这其中就包含了一些对小微企业的财政政策支持方面的规定，如小微企业进行改扩建或者使用现代化技术缺少资金就可通过政府进行地区补助措施来获得资金支持。

1991年意大利颁布《扶持小企业创新发展法》中也明确规定了对小微企业应该采取的重要措施来保证其健康平稳的发展，从而为社会做出贡献。重视小微企业的发展过程中遇到的合作、争优、创新等，要求小微企业逐步提高自己产品的竞争力，这样可以获得政府更多的财政政策支持和扶持。

在间接融资方面，建立了包括政策性银行、大型银行、中小型银行和社区银行等在内的多层次差异化中小企业金融服务体系。如欧盟设立了专职为中小企业提供融资服务的政策性银行——欧洲投资银行（European Investment Bank），德国复兴开发银行也承担了为中小企业投资提供长期贷款支持的职责。在直接融资方面，很多国家开辟了专门针对中小企业特别是科技型中小企业的二板市场，最为著名的是美国的全国证券交易协会自动报价系统（The National Association of Securities Dealers Automated Quotation system，NASDAQ），英国也设立了伦敦股票交易所另类投资市场（The Alternative Investment Market of the London Stock Exchange）和为上市公司股票交易市场（Off - Exchange）等二板、三板市场。

（二）欧盟支持小微企业财政政策

欧盟成员国为小微企业提供的财政政策中包含了对小微企业的税收优惠措施，这些税收优惠措施主要从税率、税基以及纳税期限来考虑小微企业的应纳税所得额，从而为小微企业的发展提供一些税收政策上的支持。各个国家会因实际情况的不同而制定不同的税收优惠政策。

支持小微企业财政政策包括以下几个方面：

1. 税收优惠措施方面。

如表 4－2 所示：

表 4－2　　欧盟成员国税收优惠具体措施

国家	税收优惠
英国	优惠的所得税税率，小企业实行低税率。
德国	降低小企业所得税率上、下限，符合条件的小企业免征营业税或流转税，新建小企业免 3 年所得税，某些地区期满后仍享受 50% 税收优惠，营业税设置较高的起征点，固定资产折旧率较其他行业高 10%。
法国	新建小企业免 3 年所得税，某些地区期满后仍享受 50% 的税收优惠，实行 8 个月的纳税宽限期，固定资产折旧率较其他行业高 20%。

资料来源：通过欧盟成员国中小微型企业数据整理得出。

2. 直接的财政补贴措施。

具体措施如表 4－3 所示：

表 4－3　　欧盟成员国财政补贴措施

国家	财政补贴
德国	对符合条件的小微企业提供的补贴为总投资额的 30%，德国政府提供 1.2 万欧元的创业启动资金，每招收一名失业者政府资助 1 万欧元，设立小企业研究与技术专项基金，在落后地区新建的小企业可免交 5 年营业税，期满后享受比其他地区小企业更高的营业税起征点。
意大利	对符合条件的小微企业提供的补贴为总投资额的 50%，对落后地区的小企业，一年提供比其他地区高的一般性资本项目补贴。
法国	法国政府为小企业主负担第一年 50% 的专业人才聘用费用提供人力资本投资补贴，小企业雇用学徒和单身妇女给予补贴。对小微企业研发经费，给予 25% 的财政补贴。

资料来源：通过欧盟成员国中小微型企业数据整理得出。

3. 间接的财政政策支持小微企业发展的措施。

小微企业的发展不仅仅是通过直接的财政资金支持以及税收减免和税收优惠进行的，它还可以通过为企业提供低息贷款以及政府采购措施向小微企业倾斜等方式对其进行支持。例如德意志银行就采取了低息短款的方式为小微企业在创业期间遇到的各种困难提供资金支持，同时联邦政府还作为担保人为小微企业获得贷款提供前提条件。意大利政府通过对该国能源发展情况以及道路的交通运输方面给予小微企业一定的政策优惠。

4. 地方政府采取的财政扶持措施。

例如法国的政府就依托本国的实际经济发展情况，给予小微企业一定的财政政策扶持。法国政府根据各个地区不同的就业情况设定了就业发展补贴，其中规定小微企业如果企业 3 年内投资总额增加 5 万欧元以上并且职工增加 6 人以上的，可以按照每位新增职工补贴 2000 到 2500 欧元的标准来进行地方补贴。如果属于服务性行业的小微企业在 3 年内增 30 人以上就可以按照每位新增员工补贴 1500 至 2000 欧元的标准来进行地方补贴。

四、金砖国家促进小微企业发展的财税扶持政策

（一）俄罗斯促进小微企业发展的财税扶持政策

俄罗斯促进小微企业发展的财税扶持政策的特殊之处主要体现在简化小微企业的税收征管程序上。2002 年 7 月，俄罗斯通过立法对小微企业实行“五税合一”，将原来的利润税、财产税、增值税、社会税和销售税合并为小企业统一税，大大降低了小微企业的纳税负担。凡年营业额不超过 1500 万卢布、雇员少于 60 人的小微企业，都可改为缴纳小企业统一税；小企业统一税的纳税方式分两种，或缴纳营业额的 6%，或缴纳利润额的 15%，业主可自愿选择其一。另外，俄罗斯还规定各联邦主体必须从地方预算中拿出配套资金，采用竞标的形式参与俄联邦共同支持国家扶

持小微企业的计划；在政府采购上，俄罗斯也通过立法的形式明确规定政府面向小微企业的订单比例。

（二）巴西促进小微企业发展的财税扶持政策

巴西为扶持小微企业的发展，早在42年前就设立了巴西小微企业支持服务站，该服务站目前在巴西全国设立了近八百个接待点，为国内的小微企业提供有针对性的“保姆式”服务，服务站通过举办创业课程、作为中介平台协助小微企业联系合作伙伴，为小微企业联系融资机构等方式帮助小微企业获得资金、技术的支持，扩大小微企业市场份额。巴西还通过法律的形式对小微企业在税收、社会保障和劳动力使用方面予以照顾，巴西于2004年出台了《小企业法》，规定了对小微企业简化征税手续和行政管理程序，减轻小微企业的税收负担；并鼓励融资机构向小微企业提供低息贷款，便于其融资。

五、国外政府支持小微企业发展的经验总结

小微企业作为世界各国经济的重要组成部分，各国对促进小微企业发展做了许多积极的探索，形成了丰富的税收政策体系，对我们进一步改进税收政策，促进小微企业发展，具有重要的借鉴意义。

从法律效力看，保障税收优惠的法律层次较高。对小微企业支持的税收优惠政策，很多国家用法律的方式进行了固定和明确。意大利1982年后对小微型企业扶持思路发生变化，选择性更加强化，但每一次、每一个政策调整都是通过法律形式进行的。日本先后制定了《小微企业厅设置基本法》、《新小微企业基本法》等，从而有力地推动了微型企业发展。美国1953年制定《小企业法》奠定了扶持微型企业发展的政策基础，1964年制定《机会均等法》向微型企业提供资金援助的机制，1980年制定《小企业经济政策法》等等。同时，通过司法审查机制保证税收优惠的合法性。从发达国家经验看，税收法定主义的重要保障机制是司法审查或者违宪审查，税收优惠也是违宪审查的对象，其目的就是防止税收优惠缺少合理的基础、违反税收平等原则。美国建立了税式支出制度，强化对

税收优惠的绩效考评，也为法学家如何贯彻和实现管制性税收优惠的比例原则提供了测量工具和实现途径。

从服务举措来看，实行宽期限和简化征收。对小微企业实施延期纳税和加速折旧，如美国、法国、日本对小微企业分别实行 6 个月、8 个月、10 个月的纳税宽限期；加拿大特别小的企业不需要按月缴纳税款；德国、法国对小微企业的固定资产折旧率较其他企业分别高 10% 和 20%；日本对小微企业新购机器设备在第一年里给予 30% 的特别折旧。为方便小微企业纳税，一些国家也简化了纳税方式，如俄罗斯将利润税、销售税、财产税、社会税和增值税合并简化为小企业包定收入统一税，将纳税额降低了一半左右；巴西对微型和小型企业征收一种“超简单税”，以此扶持微型企业发展。

从支持领域来看，不同时期重点不同。每个国家根据自己国家的不同情况，在不同时期选择不同的领域进行重点扶持。如 20 世纪 70 年代中期以前的意大利不管进行哪一类投资，都能得到优惠贷款，20 世纪 70 年代中期后开始专门扶持小微企业某些特定的投资项目，如进行现代化改造、扩大规模、调整结构、实行转产方面的投资等。

日本政府在鼓励个体经营者发展、鼓励合作研发与创新、促进设备投资等方面制定税收优惠政策，进入 20 世纪 90 年代，税收优惠政策转移到以电子信息、生物医药等为代表的高新技术产业。

从优惠总额上看，大多都合理确定了限额。日本为鼓励小微企业资本性投资，对购进设备的 7% 进行特别税额扣除或者 30% 提取特别折旧，但最大限额为法人税额的 20%；为鼓励研发，允许从法人税额中扣除年度研发费用，扣除率为研发费的 10%，限额是法人税额的 12%—14%。意大利对小微企业的各项税收优惠也都做了总额上的限制。例如，对于创新投资，提供 25% 或者 20% 的税收优惠，但优惠总额不超过 4.5 亿里拉。为提高生产效率、引进技术、开发质量系统和寻找小市场而购买的劳务，可享受减税，但每个企业优惠总额不超过 8000 万里拉。对技术改善或者出口有重大意义的领域的小微企业，均可以享受相当于研究费用 30% 的减税优惠，但是每个税收期间享受此项优惠总额不得超过 5 亿里拉。

通过以上研究分析，国外支持小微企业发展的具体经验可以总结为如下几点：

1. 财政资金直接投资。

财政的直接投资对于小微企业具有明显的针对性，可以直接为其提供资金支持，是政府在进行国家宏观调控，实现经济稳定发展所采取的手段。小微企业能够发展壮大其中重要的问题就是资金问题，政府可以对小微企业提供融资的机构。小微企业的财政投资可以促使小微企业进行机构内部的调整与组合，加强小微企业的自身发展潜力。支持小微企业发展的政策扶持要突出重点，使小微企业能够较快地利用政策支持来发展。

国外小微企业的发展根据不同的地域以及小微企业所处的不同阶段，支持小微企业发展的财政政策随着市场环境的变化而变化。这样做的好处是可以规避小微企业在发展过程中的低水平重复建设以及防止资源的过度开采与浪费，还可以优化小微企业的产业升级。各国都是借鉴小微企业发展的先进经验来对本国的小微企业的发展进行优化。通过对落后地区的小微企业的产业扶持，从而为各国制定未来小微企业发展的战略规划以及选择出适合企业发展的重点发展领域和重点行业。

2. 税收优惠政策扶持到位。

先进国家的政府在制定小微企业发展的政策时，都是以公平的方式来让小微企业加入到市场的竞争中去的。对于支持小微企业发展的税收优惠政策都明确表明了企业的经营情况及企业目前所处的经济发展阶段。对参与小微企业市场竞争并符合当地地方发展的要给予一定条件的税收政策支持。

综合各国对小微企业所采取的税收优惠政策可以看出，通常对企业所得税等直接税的比重要进行下调，一般下调的幅度为低于现行税率的5%—15%。同时对新注册的小微企业以及以出口为主要生存手段的企业采取了全额减免，部分减免等措施。还有一些国家提高了企业所得税和营业税的起征点、提高了企业的固定资金折旧率，切实从根本减轻小微企业的负担。

3. 直接的财政补贴政策。

世界各个国家的小微企业在发展的过程中处于弱势的地位。由于小微企业缺少资金的支持，这使得我国政府在制定政策时会优先考虑对小微企业发展的资金支持或者采用间接的财政补贴方式来对其进行支持。通过财政补贴方式促进小微企业在国民经济中更好地发挥作用，可以更好地鼓励小微企业吸纳就业、促进科技进步等。例如企业是为社会吸纳实业者，为他们提供就业岗位，这个时候政府就可以优先考虑采用就业补贴的方式对小微企业进行支持。

国外各个国家采用财政补贴的政策是一种常用的手法，在确定小微企业符合补贴的范围之内，就会对其进行考察，以及后期的资金发放，如英国政府就对没有工作的人员来鼓励他们自行创业，就规定对于主动采取创业措施的规定：如果可以吸纳社会上失业人员，这些人员来创建一个新的小微企业，这时可以根据失业人员的数量来补贴小微企业，如果多吸纳一人就业，就可每个月从政府获得160英镑的资金补贴。德国政府也规定了对特殊的失业人群联合起来进行自主创业的，可给予每个人20000马克资助。

4. 专门的政府采购制度。

国外先进的国家对政府采购的规定有些已经设立了专门的立法来支持小微企业的发展。对于实行科技创新的小微企业，政府会在采购合同和项目中优先考虑这些小微企业，并且会为小微企业分配出一定的采购比例来支持小微企业的发展。

政府采购偏向于优先采购符合条件的小微企业，这样可以更好地带动小微企业开拓市场的积极性以及会加大对企业生产出产品的竞争力，从而促进企业的进步，以及使企业有能力去进行产品的更新换代和企业结构的调整，使企业适应市场经济的发展，最终使国民经济平稳地发展。

六、国际经验对我国的启示

通过对国际经验的总结，我国小微企业在发展过程中可以借鉴到国外的一些成效显著的做法来促进我国小微企业的发展。对我国小微企业的发展启示有如下几点：

1. 应建立健全小微企业发展的公共服务体系。

通过对国外小微企业发展的经验总结，国外通过立法对小微企业有着较明确的法律保障其发展。同时国外的公共服务体系较健全，对小微企业发展的各个环节都有较详细的支持及优惠服务政策。政府与企业间的交流合作密切，对小微企业的发展政府对其提供了一站式、综合性、公益性的服务。

2. 小微企业发展的财政专项资金支持要落实到位。

我国对小微企业发展的专项资金支持起步较晚，同时相关的扶持政策办法等还不健全，应充分借鉴国外支持小微企业发展的优秀经验，对小微企业发展过程中需要资金的使用范围、补助对象的范围、补助的重点应该在哪里、资金拨付以及到位情况、后续的监督管理等程序要做一个明确系统的保障。这样才可以使资金用到每一个有需要的小微企业的身上。

3. 直接财政支持和间接财政支持的搭配使用。

国外对小微企业的发展支持不仅仅从单一的手段进行支持，有财政补贴的同时还进行政府采购项目的优惠利用。从多个方面来对小微企业的发展进行支持，我国对其发展支持大多数是从单一的手段出发，如对小微企业进行了财政补贴，或者是对其进行政府采购优惠比例，没有将这些优惠结合起来。对于这种发展可以很好地借鉴国外的发展经验，这样更有利于我国小微企业的健康发展。

4. 国家应加快制定财政政策优惠的法律法规。

通过对国外小微企业发展先进的国家经验总结可以看出，小微企业发展较快的国家都通过法律法规的政策来明确表明小微企业发展过程中，要将税收优惠政策等一系列财政政策列入专门的条例中。并将各种优惠的税收方式都列入到了税法体系中。这样对于支持小微企业的发展有了立法保障，才可以真正实现小微企业的各项财政政策措施的监管。

目前我国对小微企业的税法规定中，缺少明确支持小微企业发展的优惠手段及优惠方法。税法中规定涉及小微企业发展的税种只是简单地列出，还有待于进一步地补充和完善。一是提高法律层次。目前，支持小微企业健康发展的相关税收政策，大多是财政部发的文件，法律层次不够高。因此，建议及时将相关税收优惠政策上升到更高的法律层次，增强其执法刚性。二是统一相关政策。虽然制订了《小微企业促进法》、《乡镇企业法》、《城镇集体所有制企业条例》、《企业所得税法》等一些法律、法规，为改善小微企业经营环境，促进小微企业健康发展发挥了重要作用。但按所有制的不同分别立法，难以支持小微企业的发展；再者有些法律没有覆盖到微型企业，导致各种经济成分的小微企业处在不同的竞争起跑线上，法律地位与权利也不平等，不利于小微企业健康快速的发展。因此，建议对有关政策进行修订完善。

5. 中央政府和地方政府对小微企业的发展应分别尽到责任。

国外地方政府对小微企业发展过程中出现的问题要承担相应的奖惩机制，如日本各县政府设立利息补助制度，为微型企业提供地方性财政贴息。由于我国国家政体的不同，中央政府有着政策法规的统一制定权，但是对于小微企业的发展，各个地区有不同的发展渠道，中央政府适当放宽权限，对当地小微企业的发展会形成个性化的良好支持效果。一是破解融资难的问题。尽管现有的有关税收政策对缓解融资难具有一定积极作用，但仍无法触及小微企业融资难的根本原因，小微企业还需要民间借贷，从而容易引起债务偏向问题。因此，对金融机构向小微企业发放贷款取得的利息收入应免征营业税。作为间接融资的小额贷款公司，在税收政策上也要视同金融企业对待，准许企业提取坏账准备金，加大这些直接面向小微企业的贷款公司的融资力度；小微企业只要是经营借款，在法律准许的前提下，借款利息按照合同约定的利息执行会计准则规定准许作为财务费用列支。二是破解“用工难”。对于小微企业按照规定应该支付但又没有支付的工资准许税前列支；对于安排失业人员或失业人员就业的微小企业，可将失业人员一年的生活救济费一次性拨付给企业使用的基础上，在税收政策上给予安置失业人员用工在三年以上支付的工资实行加计扣除，出现亏损的实行在五年内允许弥补亏损，特别是安置待业大学生就业的企业；对于高科技人才的个人所得税，提高其个人所得税费用扣除额，引导高科技人才流向小微企业，留在小微企业。三是鼓励技术革新和研发。企业的技术革新能力是小微企业保持长久生命力的关键，也是小微企业可持续发展的核心。

6. 不断优化小微企业发展环境，加大扶持力度。

一是降低小微企业的税收遵从成本。简化税制，从构建简单、明确和高效的税制体系入手，进一步明晰小微企业的纳税权利和义务，减少其在纳税过程中的不确定性风险；有针对性地出台劳动密集型小微企业的税收优惠政策，加大税收扶持力度，有效降低其实际税负。二是公平税收环境。放宽增值税一般纳税人的认定标准，按照“小规模纳税人为例外，一般纳税人为普遍”的原则，将绝大多数纳税人认定为增值税一般纳税人，建立公平的税收环境，促进小微企业健康发展。三是不断优化税收征管举措。进一步推进税源专业化管理，按照企业划型标准，成立相应的小微企业税收管理分局，积极推行简并征期、简化程序、电子申报、网上办税等手段，方便小微企业办理涉税事宜。

CHAPTER 5

第五章

财政政策支持小微企业发展的实证分析

一、我国小微企业财税扶持政策现状的调研

为了更加准确地了解和反映小微企业的发展情况，以及政府财税政策对小微企业的实施情况和企业对财税政策的效果评价，从而更加科学合理，更有针对性地提出进一步完善措施。通过问卷调查和分析的方式来研究政府财税政策对小微企业发展的影响及小微企业和政府财税政策之间的关系。

（一）问卷设计和调研的基本情况说明

此次问卷调查的目的主要在于了解小微企业发展的基本情况；评价政府财税政策对小微企业发展的影响程度；对政府扶持小微企业的财税政策进行满意度分析。我国目前对小微企业的财政政策支持主要是依据国家制定的各项法规政策。我国小微企业的发展还处于刚刚起步，趋于成熟的阶段，财政政策的支持力度还有待进一步提升，同时对小微企业的财政政策支持要落实到位，进行有效的调节才能达到事半功倍的效果。

本着此次调研的目的，在借鉴类似学术调研文献的基础上，初步设计了调查问卷。此次研究采用了随机抽样法和典型抽样法相结合的方式，首

先选择了内蒙古自治区小微企业比较密集、经济发展水平较高的呼和浩特市、赤峰市、鄂尔多斯市作为调查城市。同时通过随机抽样的方式，笔者对 220 家小微企业进行了问卷调查，并对其中的 100 家进行了实地走访，深入了解企业的生产、经营、融资情况以及政府财税政策的扶持力度，在拥有原始数据的同时，对企业所存在的问题和企业人员所提出的意见有了更加感性的认识。另外 60 家企业采用了发放问卷的形式，但由于问卷回收率及有效率不高，共回收 30 份问卷，有效问卷 18 份，回收率 50%，有效率 60%。

调研问卷内容主要分为三个部分：第一部分是小微企业的基本情况，主要包括企业规模、企业性质、资本构成、从业人员、发展阶段等；第二部分是企业财务及信用情况，包括企业的资产规模、负债情况、管理情况、信用情况、纳税情况等；第三部分是企业发展受政府行为的影响，包括金融扶持、财税扶持和其他政策扶持。

（二）小微企业的基本情况及特征分析

此次调查的小微企业共计 178 个有效问卷，同时调查的小微企业涉及的行业主要有农林牧渔业、工业、建筑业、批发零售业、住宿和餐饮业以及房地产开发及经营及物业管理、信息传输业等。

根据调查报告显示，小微企业的发展模式有如下特征：

1. 发展期限短。

调查中，小微企业经营年限在一年以内的占到样本数的 4.5%；经营年限为 1—5 年的占样本总数的 41%；经营年限在 5—10 年的占样本总数的 36%；其余为十年以上经营期限的小微企业。

2. 企业规模小。

其中从业人数在 10 人以下的占样本总数的 28%；从业人数在 10—50 人的占样本总数的 47.2%；从业人数 50—100 人的占样本总数的 9%；从业人数 100 人以上的占样本总数的 16%。同时营业额在 10 万元—50 万元之间的占样本总数的 26%；营业额在 50 万元—100 万元占样本总数的 44.4%；营业额在 100 万元以上的占样本总数的 27%。因此从从业人数和营业额来看，小微企业比大中型企业的指标都低很多，因此这也是小微企业创新性高，经营灵活、见效快的优势，适应市场需求变化的能力较强。

3. 高层次人才缺乏。

根据问卷调查显示，小微企业经营者文化程度中，小学以下的占样本总数的0.06%；初中文化程度的占样本总数的16%；高中文化程度的占57%；大学学历的有22%。因此从调查中可以看出，小微企业大部分的经营者为高中文化，并且大多数企业都认为企业人才缺乏。小微企业大多属于自我就业型，其从业人员主要由下岗失业人员、外来务工人员、退休工人、高校毕业生构成。

4. 管理制度不健全。

在企业治理中，没有治理概念的企业家占样本总数的9.6%；有概念无制度的占55%；治理状况良好的占32%，极大运用治理理念的占4%。大多数小微企业都缺乏健全的管理制度。一方面，小微企业的结构简单，便于管理。与中大型企业相比，小微企业的财务制度和管理手段比较原始和简单，主要由创建者进行管理。另一方面，小微企业缺乏良好的企业文化，不能针对不同的部分、人才进行绩效考核，相关配套改革往往滞后，社会保障不到位，导致激励作用差，人才流失。

5. 税费负担过重。

在调研过程中，认为税费负担非常重的占4.5%；认为税费负担比较重的占44.4%；认为税费负担还好的企业占28%。在规避税收的调查中，有136家企业都有规避税收的行为，占样本总数的77%。可见，大部分企业都存在较大的税费负担和纳税问题。在我国现行税费体制下，企业的税费负担主要由四部分构成：一是税收，包括增值税、营业税、企业所得税、消费税等；二是对全部或部分行业无偿征收的收费或项目基金，包括教育附加费、就业保障金等；三是企业需承担的各类社会保险金，包括养老、失业、医疗、工伤、住房公积金等；四是政府行政事业性收费，包括各种管理类、登记类和证件类的收费。并且小微企业与大企业适用的税率相同，企业涉税种类多，个别税种设置不合理。小微企业创业初级利润极低，大部分企业不偷税漏税就可能面临倒闭风险。此外，我国流转税比例过高，税收结构不完善，都从不同程度加重了企业的税费负担。

（三）小微企业财税扶持政策的评价

为减轻小微企业发展过程中的税收负担，中央财政在近年来相继出台了一系列扶持小微企业发展的财税政策。其中力度最大的仍属前国务院总理温家宝主持召开国务院会议中支持小微企业发展的各项政策措施，其中财税支持有几项，包括加大小微企业税收扶持力度、扩大小微企业专项资金规模、更多运用间接方式扶持小微企业。为了更好地了解政府财税政策对小微企业的扶持情况，笔者采用李克特式量表中五点量表的记分模式，对财税政策的扶持效果进行评价。

1. 小微企业对政府各项财税政策扶持政策了解程度评价。

根据调查结果显示，对各项财税政策措施非常了解的企业占样本总数的4.5%；比较了解的企业24%；一般了解的企业占比37%；不太了解的占22.5%；完全不了解占11%。总体来看，企业对政府各项财税政策的了解程度不高，评价在“一般了解及以下”的占54%。一方面，小微企业经营者文化程度不高，信息资源来源受限，对扶持小微企业发展的财税政策关注度不高。甚至出现政策出台很久，小微企业主却从未听过，这种现象在调查中普遍存在。另一方面，由于信息不对称、政府与小微企业沟通不及时、社会环境和政府财税政策公开度和透明度低等原因，造成小微企业对政府信息不足，缺乏主动了解政府财税政策的积极性。

2. 政府财税政策与小微企业发展的契合程度评价。

根据调查结果显示，认为政府财税政策与企业发展的契合程度非常高的占样本总数的8.4%；认为比较高的占20%；认为一般企业的占37%；认为低的25%；认为非常低的企业占样本总数的8.9%。根据调查显示政府财税政策与企业发展的契合程度还偏低，政府难以详实、准确地把握小微企业的实际发展情况；再加上政府缺乏规范化的调研渠道和沟通方式，无法及时、全面掌握小微企业发展的真正需求，所以造成了政府财税政策时效性差，滞后性严重等问题的出现。二是政府目前出台的很多财税扶持政策都倾向于新型、科技含量高的小微企业，而我国小微企业大多数为传统行业，无法享受到政府的专项扶持政策。三是地方政府出台的财税扶持政策仅限于追随国家政策的脚步，缺乏有针对性的地方政策。

3. 小微企业从税收见面中得到的实惠程度评价。

根据调查结果显示，认为税收减免的实惠程度非常高的企业占样本总数的5%；认为比较高的占29%；认为一般的企业占39%；认为低的占16.85%；认为非常低的占9.5%。总的来说，大部分小微企业都从税务减免中得到了实惠，评价在“一般及以上”的占比。税费过高一直是阻碍小微企业发展的重要因素，政府通过税收优惠和税收减免政策在一定程度上促进了小微企业的发展。但是，政府许多税收政策的规定当中，对企业的资本总额和项目投资额做出了限定，而小微企业往往达不到这些标准，所以还有一部分小微企业并未真正从税收减免中得到实惠。

4. 小微企业对政府财税扶持政策的满意度评价。

根据调查显示，对政府财税扶持政策非常满意的占样本总数的11%；比较满意的占32.6%；基本满意的占样本总数的29%；不太满意的占样本总数的21%；完全不满意的占6.7%。可见，企业对政府的财税扶持政策基本满意，评价在“基本满意及以上”的占比。政府扶持小微企业发展的财税政策出台以来，在一定程度上适应了小微企业的发展需要，得到大多数小微企业的肯定。

二、政府财税扶持政策满意度影响因素的实证分析

通过上述的分析，小微企业对于政府财税政策扶持的评价，但是不能看出各项指标之间有什么具体的相互影响作用。因此进一步采用回归分析方法，对政府财税扶持政策的满意度进行影响因素分析。

（一）变量选取

本书在分析的过程中，因变量主要有对于政府财税政策实施的效果评价，本书以小微企业对政府财税扶持政策的满意度进行衡量。企业非常满意，即财税政策实施的效果非常好；企业比较满意，即财税政策实施的效

果比较好；企业基本满意，即财税政策实施的效果一般；企业不太满意，即财税政策实施的效果比较差；企业非常不满意，即财税政策实施的效果非常差。自变量主要为有效体现企业对政府财税政策的满意度情况，需要确定建模中的影响因素。本课题考虑到小微企业的特点与调研的情况，最终选定地域因素、企业发展阶段、企业要素类型、企业主对政府财税政策的了解程度、税负繁重程度、企业资产规模、融资难度各方面作为影响因素进行研究。具体赋值见表 5－1：

表 5－1　　模型解释变量与处理说明

变量	变量定义描述与取值
企业的满意程度	完全不满意＝1；不太满意＝2；基本满意＝3；比较满意＝4；非常满意＝5
企业发展阶段	创业期＝1；成长期＝2；成熟期＝3；衰退期＝4
企业要素类型	技术密集型＝1；资本密集型＝2；劳动密集型＝3；其他＝4
税负繁重程度	非常轻＝1；比较轻＝2；还好＝3；比较重＝4；非常重＝5
企业主文化程度	小学及以下＝1；初中＝2；高中＝3；大学或大专＝4；硕士及以上＝5
企业资产规模	小微企业年资产规模（万元）
企业对政府财税政策的了解程度	完全不了解＝1；不太了解＝2；一般了解＝3；比较了解＝4；非常了解＝5
地域因素	经济发展水平较低地区＝1；经济发展水平一般＝2；经济发展水平较高＝3

（二）模型建立

由于因变量—企业的满意程度为多项有序的离散变量，我们采用 Ordered Logistic 模型进行分析，形式如下：

采用 stata12.0 对因变量和解释变量进行 OL 回归分析，结果见表 5－2。从模型的回归结果来看，P 值检验＝0.0007，表明所有估计系数为零的假设无法成立，即回归方程中估计系数整体是有效显著的，极大似然估计值为－186.8。

表 5-2 企业对政府财税扶持政策满意度影响因素的回归分析结果

变量	系数	标准误差	Z 统计量	显著性水平
企业要素类型	-0.3372	0.16859	-2	0.045
企业发展阶段	0.2286	0.19611	1.17	0.244
企业资产规模	-0.13089	0.137429	-0.95	0.341
企业主文化程度	-0.23169	0.18834	-1.23	0.219
企业对政府财税政策了解	0.2894	0.0986	2.93	0.003
地域因素	0.27183	0.0964	2.82	0.005
税负繁重程度	-0.3510	0.19417	-1.81	0.071
Log Pseudolikelihood		-186.80772		
Pseudo R2		0.0528		
Prob		0.0007		
样本量		178		

（三）结果解释

企业对政府财税政策的了解程度通过了显著性检验，且回归系统为正。说明由于市场经济中的信息不对称，企业生产者对政府财税扶持政策的了解程度越高，越容易根据政策投资专项基金项目，争取财政补贴；扩大生产规模，发展能够享受税收优惠和减免的项目，企业对政府财税扶持政策的满意度就越高，政府财税政策实施的效果也就越好。

地域因素通过了显著性检验，且回归系统为正。说明不同地区的小微企业，获得政府财税扶持的力度也有所区别。经济发展水平比较低的邵阳地区，企业对政府财税扶持政策的满意度低；而经济发展水平较高的长沙市，企业对政府财税扶持政策的满意度较高。可以解释的是，经济发展水平高的地区，政府财政资金更为充裕，对小微企业扶持力度和税收减免力度也就越大；再加上这些地区小微企业起步较早，地方政府财税政策的制定就比较完善、更有针对性、更加契合当地小微企业的发展，所以企业对政府财税扶持政策的满意度也就越高，政府财税政策实施的效果也就越好。

企业要素类型通过了显著性检验，且回归系统为负。说明技术密集型企业对政府财税扶持政策的满意度比资本密集型企业和劳动密集型企业要高。我国正处于经济转型的关键时期，传统高投入、低效益的经济模式已经走到尽头。发展技术密集型小微企业是促进科技创新和经济转型的需要，国家不但设立了科技型小微企业创新基金，还设立了科技型小微企业创业投资引导基金，鼓励初创期科技小微企业的发展。所以技术密集型企业享受的财税扶持政策较多，对政府财税扶持政策的满意度也就越高。

税负繁重程度通过了显著性检验，且回归系统为负。说明税负问题是影响小微企业发展的重要因素，由于税收起征点还过低，不合理的行政管理收费仍然存在，影响了小微企业的快速发展。所以税负繁重程度越低，企业对政府财税扶持政策的满意度就越高，政府财税政策的实施效果也就越好。

因此，针对上述分析得出拓宽政府和企业之间的沟通渠道，提高政府财税政策的公开度和透明度有利于提高企业对财税扶持政策的满意度。不同地区的小微企业，其获得政府财税扶持政策的力度是不同的。契合企业发展的，有针对性的财税扶持政策有助于解决区域发展差异，提高企业对财税扶持政策的满意度。技术密集型企业得到政府更多的政策倾斜，对财税扶持政策的满意度更高。地方政府应该结合实际，发展新型科技小微企业，利用他们的快速反应能力及创新能力改造传统产业和催生新产业。

三、小微企业发展的财政政策支持的实证分析

小微企业的发展水平一般是用企业的规模来进行考量的，财政政策对小微企业的发展是有一定的因果联系的。国家的财政政策（包含税收政策）对企业的利润和投资具有积极的促进作用。通过财政政策对小微企业的发展对经济增长的促进作用来进行分析。

根据经济学的基本理论，市场的需求以及资金的成本也影响到小微企业的发展水平。税制则是通过改变资源配置以及企业家的才能而间接影响小微企业的发展。本书通过对小微企业 1999 年至 2011 年企业规模的效益进行分析，具体数据如表 5－3 所示。

表 5-3　　小微企业发展规模与经济增长　　单位：亿元

年份	工业总产值（Y）	GDP（X1）	应交增值税（X2）	固定资产合计（X3）	流动资产合计（X4）	企业从业人员年平均人数（万人）（X5）
1999	31267.6	89677.1	930.7	18332.0	16918.4	2498.9
2000	36680.1	99214.6	1119.0	20298.2	19055.2	2960.1
2001	38090.6	109655.2	1174.5	20147.4	18702.3	3109.2
2002	45458.9	120332.7	1296.9	22281.8	21556.6	3967.5
2003	46291.7	135822.3	1426.2	23159.3	21895.3	2524.8
2004	88941.2	159878.3	2789.8	29972.9	25418.6	5795.5
2005	92986.8	184937.4	3027.4	33461.2	36941.1	4518.7
2006	108865.9	216314.4	4008.1	40352.2	40261.1	3241.9
2007	142620.2	265810.3	4278.6	47428.2	49565.2	3472.1
2008	188334.2	314045.4	5680.9	65328.2	62782.9	4077.9
2009	213125.8	340902.8	6393.8	73287.9	70674.6	3999.9
2010	264719.3	401512.8	8009.5	86877.5	83328.3	4154.5
2011	293396.1	472881.6	8896.4	92484.5	87273.3	2985.5
2012	293890.6	519470.1	8978.2	94876.3	90348.2	1892.8
2013	289318.2	568845.2	9019.6	98743.2	93732.1	1949.6

数据来源：《中国统计年鉴》（1996—2005 年）、《中国工业经济统计年鉴》（2000—2013 年）、《中国税务年鉴》（1999—2014 年）。

1. 指标选取及建立模型，为了消除异方差，将各变量分别取对数，建立线性回归模型如下：

$$\ln Y = \beta_0 + \beta_1 \ln X_1 + \beta_2 \ln X_2 + \beta_3 \ln X_3 + \beta_4 \ln X_4 + \beta_5 \ln X_5$$

这其中，X1 代表 GDP（国内生产总值）；X2 代表小微企业当年应交增值税；X3 代表小微企业固定资产合计；X4 代表当年小微企业流动资产合计；X5 代表小微企业的企业人员年平均人数。

2. 对上述模型进行回归估计，得出的结果如表 5－4 所示。

表 5－4 回归分析结果

Dependent Variable：Y				
Method：Least Squares				
Sample：1999 2013				
Included observations：15				
	Coefficient	Std. Error	t－Statistic	Prob.
C	0.147097	0.482786	0.304685	0.7675
X1	0.017959	0.164362	0.109267	0.9154
X2	0.617666	0.106938	5.775916	0.0003
X3	0.438715	0.232314	1.888460	0.0916
X4	0.026377	0.213271	0.123679	0.9043
X5	0.130006	0.067484	1.926452	0.0862
R－squared	0.998314	Mean dependent var		5.033028
Adjusted R－squared	0.997377	S. D. dependent var		0.365938
S. E. of regression	0.018741	Akaike info criterion		－4.826980
Sum squared resid	0.003161	Schwarz criterion		－4.543760
Log likelihood	42.20235	Durbin－Watson stat		2.292911
F－statistic	1065.619	Prob （F－statistic）		0.000000

3. 通过对上述结果进行分析，检验多重共线性及其修正。

	X5	X4	X3	X2	X1
X5	1.000000	0.314632	0.320684	0.404978	0.318063
X4	0.314632	1.000000	0.996049	0.985296	0.991250
X3	0.320684	0.996049	1.000000	0.985523	0.992880
X2	0.404978	0.985296	0.985523	1.000000	0.984290
X1	0.318063	0.991250	0.992880	0.984290	1.000000

通过以上可以看出各解释变量相互之间的相关系数较高，因此存在多

重共线性，结合表5－3的分析结果，采用剔除X4变量的方法进行修正。修正后的回归结果如表5－5所示：

表5－5　　　　模型回归结果

Dependent Variable：LNY

Method：Least Squares

Sample：1999 2013

Included observations：15

	Coefficient	Std. Error	t－Statistic	Prob.
C	0.157920	0.450808	0.350303	0.7334
X1	0.020312	0.155010	0.131039	0.8983
X2	0.621360	0.097496	6.373196	0.0001
X3	0.458485	0.160063	2.864412	0.0168
X5	0.128232	0.062613	2.048011	0.0677
R－squared	0.998311	Mean dependent var		5.033028
Adjusted R－squared	0.997635	S. D. dependent var		0.365938
S. E. of regression	0.017795	Akaike info criterion		－4.958615
Sum squared resid	0.003167	Schwarz criterion		－4.722598
Log likelihood	42.18961	Durbin－Watson stat		2.321516
F－statistic	1477.611	Prob（F－statistic）		0.000000

4. 对上述结果进行异方差的检验，检验结果如表5－6所示：

表5－6　　　　怀特检验结果

Heteroskedasticity Test White

F－statistic	1.224605	Prob. F（5.9）	0.53497
Obs＊R－squared	13.20308	Prob. Chi－Square（5）	0.3545
Scaled explained SS	7.191042	Prob. Chi－Square（5）	0.8447

此模型通过了怀特检验，因此可以得出最终的模型分析结果如表5－7所示：

表 5-7　　模型最终分析结果

变量	回归系数	T 检验值	P 值
C	0.157920	0.350303	0.7334
X1	0.020312	0.131039	0.8983
X2	0.621360	6.373196	0.0001
X3	0.458485	2.864412	0.0168
X5	0.128232	2.048011	0.0677
$R^2=0.998311$，$\bar{R}^2=0.997635$，$F=1477.611$，$DW=2.321516$			

$$\ln Y=-0.990065+0.409173\ln X_1+0.433486\ln X_2+0.348235\ln X_3+0.197855\ln X_5$$

5. 结论。通过模型分析可以最终得出如下结论：从经济意义上看，小微企业的财政政策支持对小微企业的规模是有显著影响的。在其他变量不变的情况下，小微企业的应交增值税每增加 1 亿元，相应的小微企业的工业生产总值会相应提高 0.62 亿元；小微企业的固定资产投入每增加 1 亿元，小微企业的工业生产总值会相应的提高 0.46 亿元；小微企业的企业从业人员的年平均从业人数每增加 1 万人，相应的小微企业的工业生产总值会相应增加 0.13 亿元。与此同时，当 GDP 增加 1 亿元时，相应的小微企业的工业生产总值会相应提高 0.02 亿元。

从模型的分析结果可以看出：对小微企业的税制调整会促进小微企业的生产积极性，同时提高小微企业的生产产量，对小微企业的财政投入会对小微企业的企业规模产生显著的影响，因此，今后应进一步增加对小微企业的财政投入，以加大对小微企业的扶持力度，从而促进小微企业发展，最终为国民经济的健康发展做出贡献。

四、财政资金支持小微企业科技创新的实证模型分析

小微企业的自主研发可以被认为是一项从研究开发、规模生产、转化

成果、经营销售一直到最终的占领市场的活动。这个一系列的活动可以被看成是一个系统的工程，这也是一个从中具有较多投入和较多产出的相对复杂的研究系统。本小节运用简单线性回归的方法对促进我国小微企业的科技研发能力进行的科研投入产生的效果进行了评估。并用简单线性回归模型的方法，利用最小二乘法对1997—2011年小微企业的科技投入和产出进行测度。

依据简单线性回归模型建立起两个指标体系：其中一个指标是以X为代表的小微企业的R&D（研究与发展）投入额，同时假设科技投入产出可全部用技术的市场成交额来进行衡量，基于此，选取技术市场的成交额Y作为产出指标。具体如表5－8所示：

表5－8　　2002—2012年全国科技投入与产出数据　　单位：亿元

年份	市场成交额（Y）	小微企业R&D的投入（X）
1997	351	150.6
1998	436	299.8
1999	523	410.2
2000	693	529.8
2001	783	689.1
2002	884	727.4
2003	1085	818.8
2003	1344	1011.9
2005	1551	1199.7
2006	1818	1372.9
2007	2227	1597.7
2008	2665	1934.7
2009	3039	2591.9
2010	3907	3047.2
2011	4764	3446.4
2012	6437	4016.4

数据来源：中国统计年鉴2000—2013年。

首先设定线性回归模型为：$Y = \alpha X + \mu_t$

通过Eviews6.0软件对上述数据进行分析如下：

1. 在Eviews6.0中对变量首先取对数后进行分析，对变量进行对数转换的主要优点是自变量的估计系数将不会随着因变量测度单位的变化而发生改变，因此也不会影响到原有的协整关系。此外，数据取对数后的异方差和偏态性将会有所缓和。取自然对数后不影响其经济意义，取对数后曲线较为平滑。如图 5－1 所示：

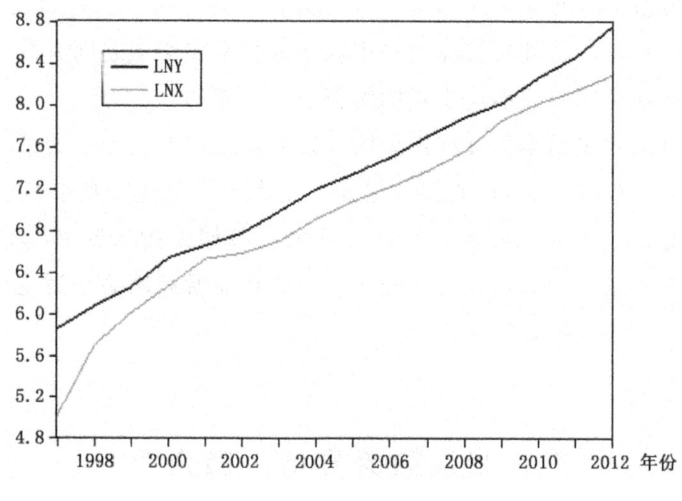

图 5－1　取对数后的变量图

2. 利用 Eviews 做出回归模型，根据分析模型的和数据，整理可以得出各项系数如表 5－9 所示：

表 5－9　整理后的模型回归结果

变量	回归系数	T 检验值	P 值
C	0.784565	2.560319	0.0227
LNX	0.932284	21.34686	0.0000
$R^2=0.970193$，$\overline{R}^2=0.968064$，$DW=0.847251$，			

3. 对上述模型进行怀特检验，可以看出模型存在异方差，这时可以选取权数 $W=1/e^2$ 来对模型进行修正，由于上述模型中 DW 检验值可以看出模型存在自相关，因此对模型进行自相关的修正。根据异方差和自相关的修正后，最终结果如表 5－10 所示：

表 5－10　对回归模型的怀特检验

变量	回归系数	T 检验值	P 值
C	0.580872	48.62181	0.0000
LNX	0.958573	643.6619	0.0000
$R^2=0.999$，$\overline{R}^2=0.9997$，$DW=1.7834$			

进而得到回归方程为：

Y = 0.580872 + 0.958573X

4. 通过对上述模型进行分析可以得出，模型的拟合优度达到了 0.9997，模型同时通过了 T 检验、DW 检验、怀特检验，可以得出结论：财政对小微企业的科技研发投入与市场上的技术成交额之间有着显著的线性关系，即线性回归模型对变量的解释是有效果的。

同时可以看出模型估计结果表明：在假定其他变量不变的情况下，对小微企业的 R&D 投入额每增加 1 亿元，技术市场的成交额会相应的增加 0.958573 亿元。这可以看出对小微企业的科技研发投入对技术市场成交额有比较强促进作用。这也与前面分析小微企业所运用的小微企业的技术进步论这一理论判断相吻合。

五、财政政策支持小微企业发展的灰色预测模型分析

我国目前对于小微企业投入的财政政策主要包括财政补贴、国家专项资金的投入、政府采购、税收优惠等一系列优惠政策。通过灰色预测模型对我国财政政策的几个影响方面来进行分析，可以得出未来我国财政政策的支持方向。我国支持小微企业的专项基金主要为五类，分别为企业国际市场开拓基金、科技型技术创新基金、科技型创业投资引导基金、发展专项基金和服务体系专项补助资金。

国家对小微企业发展的专项资金来进行预测，2008—2012 年国家支持小微企业发展专项资金情况如表 5 - 11 所示：

表 5 - 11　　2007—2012 年小微企业发展资金投入　　单位：亿元

类型 \ 年份	2007	2008	2009	2010	2011	2012
国际市场开拓	10	12	28	31	39	42
技术创新资金	11	14	32	38	45	54
发展专项资金	30.2	35.2	108.9	115.6	128.7	141.7

续表

类型 \ 年份	2007	2008	2009	2010	2011	2012
服务体系专项补助资金	0.5	1.1	4.2	5.0	5.5	6.5
企业技术改造专项投资	15	18	30	30	30	35

资料来源：小微企业年鉴整理得出。

运用灰色预测模型对以上数据进行分析，得出以下结论：

1. 对国际市场开拓的资金投入结果如图 5－2 所示：

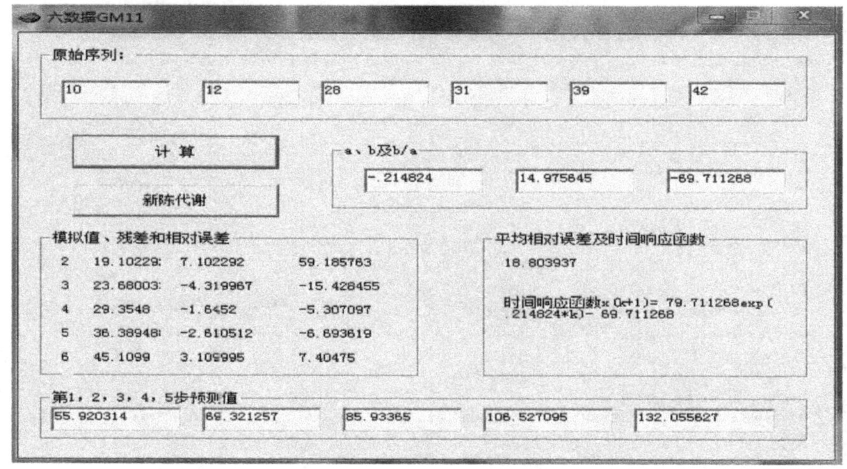

图 5－2　小微企业国际市场开拓资金投入灰色预测结果

将国际市场开拓资金作为原始数列，用 main 软件计算得：

a = －2.14　　　b = 14.97

时间影响函数为 x（k＋1）＝$79.71e^{0.2146}-69.71$，这也即是小微企业国际市场开拓资金（累加后）预测公式。具体预测值如表 5－12 所示：

表 5－12　　实际值和模拟值对照表

年份	实际值	模拟值	残差	相对误差
2008	12	19.1	7.1	59.1
2009	28	23.6	－4.3	－15.42
2010	31	29.3	－1.6	－5.30
2011	39	36.3	－2.6	－6.6
2012	42	45.1	3.1	7.4

对模型进行精度检验及预测结果如下：

C＝0.24（具体计算步骤参见附录5－1），同时发展系数 a＜0.3，检验结果为好，因此，此模型对小微企业的发展专项资金投入的预测完全可以用来预测未来五年的投入。具体预测结果如表5－13所示：

表5－13　　未来五年小微企业发展专项资金投入　　单位：亿元

年份	2013	2014	2015	2016	2017
预测值	55.9	69.3	65.9	106.5	132.0

2. 小微企业技术创新资金的支持结论如图5－3所示：

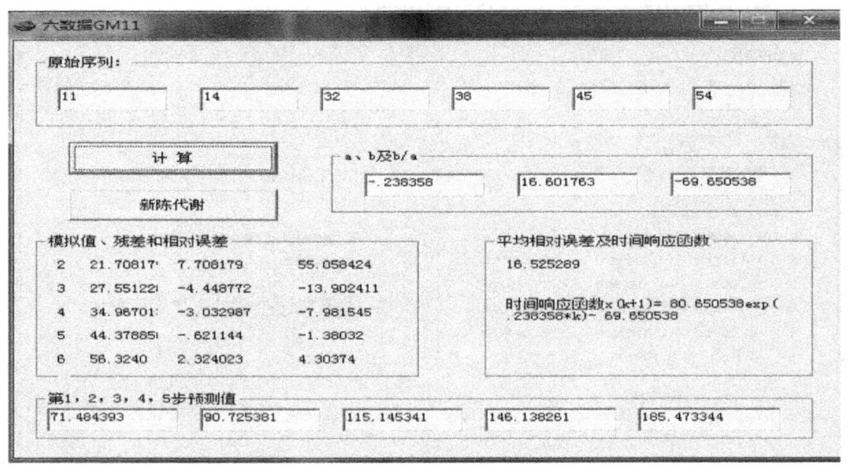

图5－3　小微企业技术创新资金投入灰色预测结果

将技术创新资金作为原始数列，用 main 软件计算得：

a＝－2.38　　b＝16.60

时间影响函数为 $x(k+1)=60.65e^{2.3835}-69.65$，这也即是小微企业技术创新资金（累加后）预测公式。具体预测值如表5－14所示：

表5－14　　实际值和模拟值对照表

年份	实际值	模拟值	残差	相对误差
2008	14	21.7	7.7	55.1
2009	32	27.5	－4.4	－13.90
2010	38	34.9	－3.0	－7.98
2011	45	44.3	－0.6	－1.38
2012	54	56.3	2.32	4.30

对模型进行精度检验及预测结果如下：

C = 0.27，同时发展系数 a < 0.3，检验结果为好，因此，此模型对小微企业的发展专项资金投入的预测完全可以用来预测未来五年的投入。具体预测结果如表 5 - 15 所示：

表 5 - 15　　未来五年小微企业发展专项资金投入　　单位：亿元

年份	2013	2014	2015	2016	2017
预测值	71.4	90.7	115.1	146.1	185.4

3. 小微企业发展专项资金投入的结论如图 5 - 4 所示：

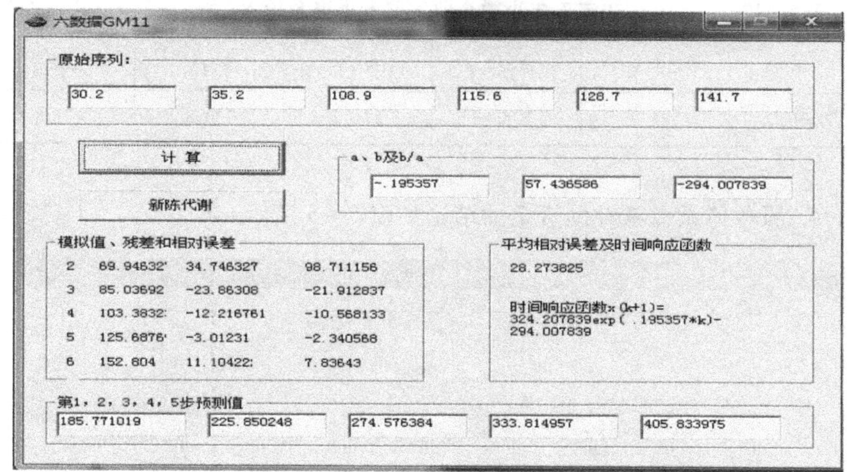

图 5 - 4　小微企业发展专项资金投入灰色预测结果

将发展专项资金作为原始数列，用 main 软件计算得：

$a = -1.95$　　$b = 57.4$

时间影响函数为 $x(k+1) = 324.2e^{1.9535} - 294.0$，这也即是小微企业发展专项资金（累加后）预测公式。具体预测值如表 5 - 16 所示：

表 5 - 16　　实际值和模拟值对照表

年份	实际值	模拟值	残差	相对误差
2008	35.2	69.9	34.7	98.7
2009	108.9	85.0	-23.8	-21.9
2010	115.6	103.3	-12.2	-10.5

续表

年份	实际值	模拟值	残差	相对误差
2011	128.7	125.7	-3.0	-2.3
2012	141.7	152.8	11.1	7.8

对模型进行精度检验及预测结果如下：

C =0.46（具体计算步骤参见附录 5 -3），同时发展系数 a <0.3，检验结果为勉强合格，因此，此模型对小微企业的发展专项资金投入的预测勉强可以用来预测未来五年的投入。具体预测结果如表 5 -17 所示：

表 5 -17　　未来五年小微企业发展专项资金投入　　单位：亿元

年份	2013	2014	2015	2016	2017
预测值	185.7	225.8	274.5	333.8	405.8

4. 服务体系专项补助资金的结论如图 5 -5 所示：

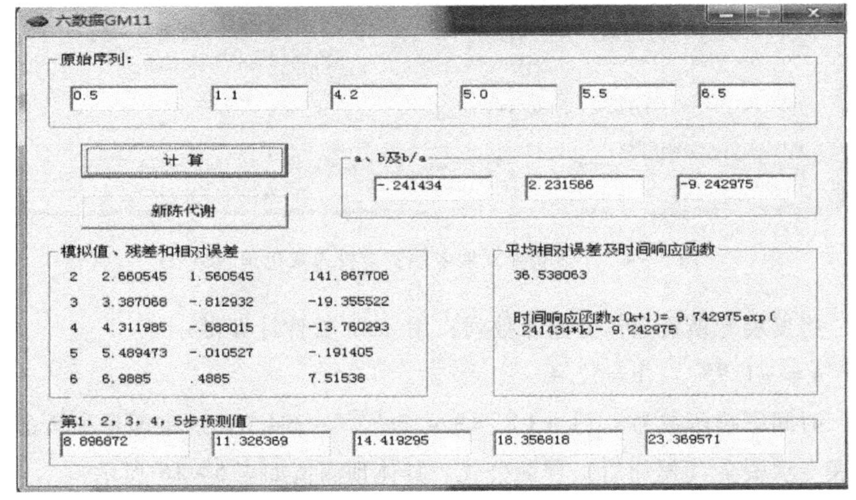

图 5 -5　小微企业服务体系专项补助资金投入灰色预测结果

将服务体系专项补助资金作为原始数列，用 main 软件计算得：

a = -2.4　　b =2.23

时间影响函数为 $x(k+1) = 9.7429e^{0.2413k} - 9.242975$，这也即是小微企业服务体系专项补助资金（累加后）预测公式。具体预测值如表 5 -18所示：

表 5－18　　　　　　　实际值和模拟值对照表

年份	实际值	模拟值	残差	相对误差
2008	1.1	2.66	1.56	141.86
2009	4.2	3.38	－0.81	－19.35
2010	5.0	4.31	－0.07	－13.76
2011	5.5	5.48	－0.10	－0.19
2012	6.5	6.98	0.49	7.51

对模型进行精度检验及预测结果如下：

C＝0.36（具体计算步骤参见附录 5－4），同时发展系数 a＜0.3，检验结果为合格，因此，此模型对小微企业的服务体系专项补助资金投入的可以用来预测未来五年的投入。具体预测结果如表 5－19 所示：

表 5－19　　　　未来五年小微企业发展专项资金投入　　　　单位：亿元

年份	2013	2014	2015	2016	2017
预测值	8.9	11.3	14.4	18.4	23.3

5. 企业技术改造专项投资的结论如图 5－6 所示：

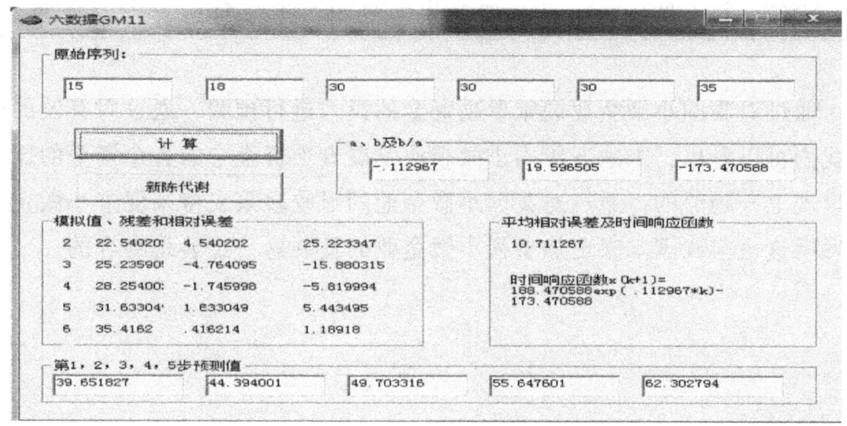

图 5－6　小微企业技术改造专项资金投入灰色预测结果

将技术改造专项资金作为原始数列，用 main 软件计算得：

a = -0.11　　b = 19.58

时间影响函数为 $x(k+1) = 168.47e^{0.1129} - 173.4705$，这也即是小微企业技术改造专项资金（累加后）预测公式。具体预测值如表 5-20 所示：

表 5-20　　实际值和模拟值对照表

年份	实际值	模拟值	残差	相对误差
2008	18	22.54	4.54	25.22
2009	30	25.23	-4.76	-15.88
2010	30	28.25	-1.74	-5.81
2011	30	31.63	1.63	5.44
2012	35	35.41	0.41	1.18

对模型进行精度检验及预测结果如下：

C = 0.43（具体计算步骤参见附录 5-5），同时发展系数 $a < 0.3$，检验结果为合格，因此，此模型对小微企业的服务体系专项补助资金投入可以用来预测未来五年的投入。具体预测结果如表 5-21 所示：

表 5-21　　未来五年小微企业发展专项资金投入　　单位：亿元

年份	2013	2014	2015	2016	2017
预测值	39.65	44.39	49.70	55.64	62.30

通过对我国小微企业国家专项资金的投入进行预测，通过对有效的检验我们可以看出，未来五年内小微企业发展专项资金中的各个资金的比例是呈现上升趋势的，通过对我国小微企业的财政政策支持来促进小微企业的发展这也与我国未来更加重视小微企业的发展这一经验是吻合的。

CHAPTER 6

第六章

财政政策支持我国小微企业发展的结论及政策建议

一、财政政策支持小微企业发展的结论

我国目前对小微企业的财政政策支持主要是依据国家制定的各项法规政策。我国小微企业的发展还处于刚刚起步，趋于成熟的阶段，财政政策的支持力度还有待进一步提升，同时对小微企业的财政政策支持要落实到位，进行有效的调节才能达到事半功倍的效果。

我国小微企业财政支持政策的构建，包括对现有财政政策支持的调整，即对现行小微企业财政支持政策不符合发展需要的部分进行修改；要增加适应小微企业发展的财政政策和措施。通过对财政政策的调整、补充和完善，构建全面、完整的财政政策体系。

小微企业目前发展过程中对产品质量以及技术水平有着严格的要求，这就要求小微企业不断进行创新，财政政策促进小微企业创新的功能表如表6-1所示：

表 6－1　　财政政策促进小微企业创新的功能表

财政政策工具	小微企业创新的困难	财政政策对小微企业创新的作用
财政补贴、税收激励	资金约束	创新资金支持
政府采购	风险大	创新风险管理
针对创新主体、创新环境、技术中介等相关配套政策	需要集聚、整合各种创新资源	创新资源整合与配置优化
	交易成本高	降低创新交易成本

资料来源：根据魏世红，“财政政策支持小微企业自主创新的路径分析”，辽宁对外经贸学院第五届学术研讨会论文，整理得出。

通过表 6－1 可以看出，支持小微企业的创新的财政政策可以概括为以下几个方面：一是通过税收减免和财政补贴（用于支持企业技术创新的资金补贴）等方式引导小微企业进行技术创新，要增强技术创新的力度，为小微企业发展高新技术产业奠定良好的基础；二是通过财政补贴和税收优惠等方式促使小微企业重视企业的组织形式创新和企业内部的公司治理制度创新；三是运用财政补贴和财政投融资等方式引导各类型资金流向小微企业，使小微企业有足够的资金进行创新；四是通过财政补贴（员工培训）为小微企业吸纳更多的人才，为小微企业的创新打下坚实的人力基础；五是运用税收优惠和政府采购的方式来改变市场的供求，从而为小微企业的创新发展提供良好的市场环境。

（一）财政政策支持小微企业的政策效果评价

小微企业发展的不同时期和不同阶段所采用的财政政策的效果还是有些不同的。要分清小微企业发展的不同时期所应采取的不同手段来进行政策支持。财政政策每种手段都会发挥着不同的效果。以下是对几种财政政策措施的效果评价及对比分析。

支持小微企业发展的微观效应主要表现在以下几个方面：

1. 促进小微企业制度和技术创新。

企业外部利润的主要来源是规模经济、风险外部性内在化或者是不确定性规避以及降低转移交易费用①。财政政策支持小微企业的发展会促进小微企业内部管理制度进行创新，从而促进利润增加。小微企业是易受市场的影响而发生变化的，在发展过程中会面临不确定性以及风险性，由于存在着外部效应的特点，使得交易规模小、交易频繁②。加上小微企业有着灵活的管理机制，这样有利于企业的科技创新。技术创新可以提高生产要素的占比，进而使得企业利润增加。社会实践经验表明，大量发展小微企业会有助于整个社会的经济的发展。在美国“克林顿时代”的经济增长奇迹中，5000 余家高科技小微企业就起到了关键性的作用③。

2. 提高小微企业市场对资源配置的效率。

在市场竞争模式中，小微企业拥有较少的固定资本，这些固定资产的折旧期较短，可以有助于小微企业灵活的进出市场。小微企业的数量越多，则各个企业之间会有替代性，则生产同种产品的小微企业迅速挤占市场份额。从而可以在完全竞争的市场范围中不断配置自己的资源来提高企业的市场效率。

3. 改善消费结构，促进小微企业发展，繁荣市场。

小微企业的大量发展可以促使各消费品价格的确定化，在市场中如果同类型的商品厂商过多，则会出现经济中的价格歧视，会导致同种产品有不同的价格，当消费者对产品有不同选择时，会不利于消费结构的改善。大量发展消费结构合理的小微企业会促进整个社会经济的整体繁荣。

4. 有利于规范小微企业自身发展。

政府采用财政政策促进小微企业的发展会使小微企业经营过程中更加规范和合理。政府加大对小微企业股份制改革的力度，让企业的所有者和经营者分离，更加有利于优化企业内部结构，保证企业可以按照国家制定的各种政策来制定企业的目标，提高自身的管理水平，从而使小微企业在一个安全的环境中继续发展。

---

① L. E. 戴维斯，D. C. 诺斯：《制度变迁的理论：概念与原因》，载《财产权利与制度变迁——产权学派与新制度经济学派译文集》，上海三联书店，1991 年版。

② 吴敬琏：《如何实现稳定和有效率的增长》，《中国宏观经济信息》，2003 年第 41 期。

③ 陈剑林：《我国微型企业成长中的社会资本分析》，《经济理论与实践》，2005 年第 2 期。

5. 促进小微企业收入和财富分配合理化。

一般来讲，个人的收入来源主要有劳动收入所得和资本收入所得，一般劳动收入用工资表示，资本的收入所得用投资收益表示。小微企业的劳动者收入不仅仅体现在劳动者的个人能力上，还体现在劳动者对劳动的灵活性上，大力发展小微企业会使企业劳动者提高自身的劳动水平，使整个社会上所有劳动者的水平出现相等的发展趋势，从而劳动者的收入也会趋于公平化，企业的资本收益水平也同样会出现均等化的发展。同样整个社会财富也会出现公平分配的情形。

支持小微企业发展的宏观效应主要表现在以下几个方面：

1. 保障就业和民生。

小微企业是社会服务的有效载体，虽然企业小，但是对社会的贡献力很大，小微企业的发展壮大可起到社会“稳定器”的作用。小微企业多为下岗职工以及自主创业的人员，对小微企业的支持就是对这些人员起到了再就业或者创业成本降低的优势。如果通过政府的财政政策支持以及政策导向，对企业的发展起着至关重要的作用。从宏观角度看会对我国的就业起到非常积极的作用，也会促进我国民生体系的健全发展。

2. 对当地政府有巨大的经济拉动作用。

各级政府结合本地实际，对小微企业的发展设定相关的政策优惠项目，政府在抓大的同时也力求做到保小。并出台一系列鼓励支持小微企业发展的政策，如加大对当地小微企业进行税收优惠以及财政补贴的支持力度，对当地小微企业的发展起到了积极作用，同时对地方经济的发展起到了保驾护航的指导性作用。对相对落后地区小微企业提供财政补贴，促进减贫和落后地区发展。

3. 促进经济增长。

小微企业因为比较分散，没有一定的发展集群方式，各个地区的小微企业如果同时进步，就会使整个社会的资本总量增加，可以提高企业自身的技术创新以及发展，促进企业的科技进步，同时还可以吸纳社会上的闲置人员就业，稳定就业率，这些方面的优势整合就会促进整个社会经济的发展。

4. 促进小微企业的出口。

小微企业由于自身发展条件有限，从事的多为劳动密集型的产业，这样有利于企业生产的产品集聚，更加有利于产品的出口。小微企业产品的出口会受到内部两方面原因的影响，一是同类产品的出口，三是国外相同产品的质量，这两种影响都会激励我国小微企业进行技术改造，提高自身产品的市场竞争力，在出口地区占有优越的市场份额。

相关财政政策支持的效果评价主要从以下几个方面来进行分析：

1. 专项资金扶持的效果评价。

小微企业的专项资金扶持是政府为其提供的一种财政援助，它可以促进小微企业科技创新、促进就业和鼓励出口。我国自2003年《小微企业促进法》颁布实行后，增设了小微企业发展的专项资金、中央补助地方清洁生产专项资金以及中小企业服务体系的专项补助资金等，这些资金中都规定了对小微企业的资金支持。

我国对小微企业的资金支持都包含在以上中小企业的资金支持中，中央政府对小微企业的资金直接支持的政策很少，发展尚处于探索阶段，在实践中也有很多不完善的地方。以资金规模支持较大的科技型技术创新基金为例，国家对其投入占比较低，其中包含的各种单个基金支持更是低。同时资金扶持的范围较小，数额相对来说也很少，这样不利于小微企业间展开公平竞争。财政扶持资金区域间有较大差异，我国自实施西部大开发战略以来，对西部地区的企业在政策上也给予更多的支持，而对于国际市场开拓的资金反而是东部出口额较为突出的几个省市。最后是各项财政资金的扶持手段比较单一，由于是中央财政拨款对企业进行资金支持，主要运用的是无偿拨款为主、贴息为辅，其他资金的支持方式也较少，这样不利于基金的可持续发展，也不利于小微企业的合理管理。

2. 政府采购的政策效果评价。

小微企业的政府采购主要参照的是2002年6月出台的《政府采购法》，增加了政府从小微企业的采购金额的最低规定以及在同等条件下应该优先考虑对小微企业的产品进行采购。

政府采购计划对小微企业的关注程度不高，同时也缺乏有效的政策机制，这为小微企业的产品可以正常纳入政府采购计划中的产品目录中增加了困难，从而小微企业缺少产品市场。近年来政府采购中有很多政策向小微企业倾斜，但由于我国小微企业自身发展实力有限，生产出来的产品质量不达标等问题的存在使其难以满足政府采购的需要。

政府采购的实施效果从中央到地方都出台了相应的扶持政策，但实际上参与政府采购的小微企业并不多，政府采购的门槛对小微企业来说是很难进入的。同时对小微企业的扶持范围、标准和扶持力度等未制定出一个非常明确的规定，这在现实过程中实施起来更加困难。

3. 税收优惠的政策效果评价。

这是政府对小微企业扶持的最直接、最有效的手段，也是运用最多的财政扶持方式之一。目前我国税法中规定的一些税收优惠政策虽然不是专门针对小微企业制定的，但其受益主体主要是小微企业，这些税收优惠大大减轻了小微企业的负担，有力地促进了小微企业的发展。2008 年实施的新《企业所得税法》以及《企业所得税法实施条例》中明确规定了减少小微企业企业所得税的具体内容，即按照 20% 的税率进行征收。其中还包含对下岗人员再就业、残疾人就业的优惠措施。

对小微企业的税收优惠政策中，一些优惠政策在制度设计和执行上会存在出入。例如对再就业的税收优惠政策里，集体企业的下岗职工不属于可以享受税收优惠的对象；高新技术和技术创新的税收优惠政策虽然包含了小微企业，但是我国的高新技术产于主要集中于大中型的企业，这其中对小微企业的相关扶持不到位。

通过对小微企业财政政策支持的效果可以看出，财政资金的直接支持和财政补贴是一种比较直接支持手段，而政府采购和税收优惠都属于间接性的政策支持手段。在对小微企业的财政支持上有些时候不仅仅要采用其中的一种手段进行支持，而是政策搭配使用，这样效果会更好。

（二）小微企业发展不同时期的财政政策支持手段

财政政策对小微企业的支持效果是显著的，也是最直接的一种手段，但是财政政策中的具体政策措施对于小微企业的支持是有不同层次效果的，在小微企业发展的不同阶段，不同财政政策的支持以及政策的搭配使用都会对小微企业的发展起到不同的作用。对小微企业发展不同时期所应采取政策的总结如下：

1. 初创期的小微企业。初创期也被称为创业期，这个时期的小微企业处于刚刚起步阶段，由于有的企业缺少资金而导致企业规模不能及时发展壮大，这个时期的小微企业面临选择的机会很多，小微企业作为创新的主体可以考虑结合自身的各种有利因素去发挥自身的价值，从而开始发现新技术、新方法、新组织、新市场、准备开始对自己企业的创新。

这个时期政府可以采取政府采购和税收优惠等方式来扶持小微企业的创业初期发展，为小微企业构建一个良好的市场环境。与此同时采用政府财政补贴的方式以及财政投融资的方式将资金注入小微企业，来帮助小微企业引进人才和稳定员工队伍。还可以通过财政补贴和税收减免的手段可以帮助创新型小微企业的技术改造，引导技术创新和技术改造，同时也有利于公司的组织形式的转变和公司治理的加强。

2. 成长期的小微企业。这个时期的小微企业处于新产品的研发阶段，此阶段的小微企业的产品研发是经过多次尝试而初步定型的，这期间经过大量的理论探索和事实验证。依托这些探索和尝试，小微企业会设计出具有发展潜力和前景的最初的制造工艺以及样品。这个时期小微企业业务快速发展，由单一产品转向多个产品线；人员大量增加，跨部门的协调越来越多，并越来越复杂和困难，组织均衡成长和跨部门协同也成了企业面临的主要问题。

对于这个时期的小微企业，财政政策可以采用偏温和的方式进行支持，如采用对高科技创新性小微企业的技术资金支持、小微企业的研发补贴、政府采购中优先购买小微企业的产品的方式等，这些措施有利于小微企业的发展壮大。同时搭配使用税收优惠政策，这样对小微企业的发展效果更加突出。落实国家关于扶持小微企业发展的政策措施，引导和帮助各类小微文化企业增强盈利能力和发展后劲。发挥文化产业园区基地的孵化、服务功能，培育具有地方特色的小微文化企业和个人工作室，支持文化创意和设计服务企业向专、精、特、新发展，重点培育一批具有较强创意创新能力和发展潜力的中小微文化企业。

3. 成熟期的小微企业。这个阶段的产品已经初步定型，并且经过了一段时间的市场检验，产品已经基本符合市场的要求。产品开始进入大规模的生产阶段。这个阶段中，小微企业会逐步重视提高生产效率，并且采用增加产品宣传投入等方式来拓宽销售渠道，使产品一步一步地占据市场的主要位置，最终被消费者所接受。由于后期创业以及创新精神的逐渐减弱，小微企业的组织以及流程会呈现出日益严重的僵化趋势，随着小微企业的生产条件越来越恶劣、生产效率不高、流程运作相对困难的情况下会更加明显地表现出产品的缺陷。这时大部分的小微企业会由此而走向衰落，但也会有极少数的企业经过业务变迁而发生企业变革，从而会使小微企业进入了持续的发展期，实现永久的持续经营的发展目标。

成熟期的小微企业发展模式已经趋于稳定，但是这个时期关乎着小微企业是否可以存活。这个时期可以利用税收优惠政策来支持小微企业的发展，同时也可以采用出口补贴来促进小微企业的出口，这些措施可以合并使用以达到更好的效果。同时可以扩大财政投融资的规模来维持小微企业发展的成果，配合使用税收优惠政策效果会更好。

4. 衰落期的小微企业。这个时期的小微企业生产出的产品在市场中经过了消费者的检验而最终在市场发展中拥有了一席之地。同时这个时期的小微企业会处于持续发展的过程中，前期财政政策的支持已经产生效果。此时小微企业的财政政策支持手段可以采用单一的财政补贴以及税收优惠或者政府采购的方式。这个时期的小微企业处于一种瓶颈期，使用直接的支持手段会更加有助于小微企业保持稳定的市场份额。如果财政补贴的政策手段的配合使用税收优惠政策，这样可以保证这个阶段的小微企业有充足的资金来继续占领市场，如果采用政府采购向小微企业倾斜的政策搭配使用搭配实用财政税收优惠政策，这样可以使小微企业更加有动力去研发新产品，进行技术的创新。多种政策效果的搭配实用可以保持小微企业的活力，让小微企业的发展长时间的处于持续的发展期，从而小微企业在市场中会占据主导地位。

通过以上的论述，从宏观角度来看，财政政策的手段是多种多样的，对于小微企业发展过程中的每一个阶段都应该搭配各种手段来进行支持，这样效果是事半功倍的。不能只拘泥于一种财政政策的手段来进行支持，这样对小微企业的后续发展的效果都是略劣于多种政策手段共同使用的。

二、财政政策支持小微企业发展的政策建议

小微企业作为经济增长的内在动力，它具有发展潜力大、投资灵活、持续发展能力强等特点，发展小微企业有利于快速实现我国经济发展的这一重要目标。同时小微企业的发展还可以促进企业内部的科技创新、增加

社会闲散人员的就业。但是在发展过程中也存在着诸多的问题和困难，从中国目前的实践情况看，要化解小微企业融资难融资贵，关键在于要有顶层设计，而不是让各部门从部门利益的角度设计方案。面对这些问题，解决的方法主要有：首先要加强企业的自身能力建设，自身发展壮大有利于企业未来进行转型升级，这也属于小微企业发展的内部动力；其次还需要政府采用财政政策来支持小微企业的发展，这属于小微企业发展的外部动力，这会为企业建立一套财政政策支持体系打下基础。

（一）加大财政专项资金投入，建立小微企业发展专项基金，促进小微企业的健康发展

政府对小微企业进行财政投入是一种最为直接的方式，通过财政拨款和增加财政预算资金的方式支持小微企业进行科技创新与研发。财政资金的支持政策还可以偏向于急需要发展的企业或者偏远地区的企业。我国目前的财政政策资金投入主要是对小微企业的科技与研发（R&D）投入，这个投入包括了企业进行基础研究阶段、技术开发阶段以及应用研究阶段。在实践发展过程中还可表现为为企业发展建立各种创新基金，例如我国的“科技型中小企业创新基金”[①]。

目前我国小微企业面临的首要问题是资金短缺，这需要中央以及地方的各级政府加大对小微企业的资金扶持规模。中央财政的对小微企业的预算资金应渐渐增加。加大对小微企业的发展专项资金的规模，其重点主要是支持小微企业的技术的创新、结构的调整、节能减排的实施、开拓国内外市场、充分扩大就业、提高公共服务等一些方面；同时也要设立小微企业专项的发展基金，用于改善小微企业的发展环境特别是融资环境、完善服务体系建设、引导科技创新等等。在发挥财政资金的引导作用的同时，来带动社会闲置资金用以支持小微企业发展；地方政府也要加大对小微企业的支持力度，鼓励金融机构增加小微企业贷款规模，促进小微企业技术创新和产业升级等。逐步加大原有的各项财政支持资金规模，并保持其在财政预算中合理的增长幅度，发挥财政政策的“汲水作用”。设立统一的小微企业管理机构，对各项财政资金进行统一管理，降低信息的不对称，对不同类型与不同行业的小微企业制定和实施差别化的扶持政策。创新财

① 姚树莲：《我国小微企业困境成因和对策探讨》，《产业与科技论坛》，2011 年 10 月。

政扶持政策与资金使用方式，联合社会其他组织对小微企业提供支持，提高财政支出资金的使用效率，发挥财政政策对小微企业的扶持作用。如：科技型中小企业技术创新基金，重点支持科技型中小企业技术创新，鼓励公共技术服务机构为科技型中小企业服务，为我国加快实现创新型国家的战略目标提供有效的技术支撑。中小企业发展专项资金，重点支持产业升级、结构调整、专业化发展和改善服务环境，以引导解决当前我国中小企业发展中存在的发展方式粗放、专业化分工水平低、产业结构不合理、服务环境较差等问题。地方特色产业中小企业发展资金，主要引导地方积极发展具有比较优势的特色产业，促进形成特色鲜明、分布合理、各展所长、协调发展的区域经济发展格局，从而带动整体产业结构调整和优化。中小企业国际市场开拓资金主要支持参加境外展览会、企业管理体系认证、各类产品认证、境外专利申请、国际市场宣传推介、电子商务、境外广告和商标注册、国际市场考察、境外投（议）标、企业培训、境外收购技术和品牌等内容。

小微企业在促进结构调整、结构优化，促进大众创业、万众创新中发挥十分重要的作用。为促进小型微型企业健康发展，建立小微企业发展专项基金，中央政府不断修订完善科技型中小企业技术创新基金、中小企业发展专项资金、地方特色产业中小企业发展资金和中小企业国际市场开拓资金等资金管理办法，已初步形成定位科学、布局合理、重点支持小微企业的资金政策体系。加大对小微企业薄弱环节的投入，突破制约小微企业发展的短板与瓶颈，建立扶持小微企业发展的长效机制，有效促进形成“大众创业、万众创新”的良好局面。

（二）创新财政扶持政策措施，完善财政间接扶持机制

促进小微企业发展的财税扶持政策根据其作用机制分为：直接扶持和间接扶持。直接扶持主要是以直接的专项资金政策对小微企业提供补贴和贷款的形式，间接扶持则是以财政资金出资的方式，协调社会其他组织向小微企业提供贷款、技术和管理方面的服务。针对目前我国促进小微企业发展的财政政策主要表现为扶持手段单一、支出效率不高、扶持力度不足、缺乏针对性等方面的问题，从政策制定的角度，应从以下几个方面着手加以解决：

1. 逐步加大原有的各项财政支持资金规模，并保持其在财政预算中

合理的增长幅度，发挥财政政策的“汲水作用”。

2. 设立统一的小微企业管理机构，对各项财政资金进行统一管理，降低信息的不对称，对不同类型与不同行业的小微企业制定和实施差别化的扶持政策。

3. 创新财政扶持政策与资金使用方式，联合社会其他组织对小微企业提供支持，提高财政支出资金的使用效率，发挥财政政策对小微企业的扶持作用。

4. 完善财政间接扶持机制，发挥财政资金的引导作用。通过加大财政资金投入，调动财政资金引导社会投资对面向小微企业的公共服务体系的建设。推动小微企业公共服务体系的建设，为小微企业提供信息、技术、人才和管理方面的帮助。

（三）加大对小微企业发展的财政补贴力度[①]

财政补贴是政府的一种无偿转移支出[②]，政府进行财政补贴的目的是为小微企业提供援助。政府是财政补贴的主体，小微企业是财政补贴的对象，政府采用财政补贴的方法对小微企业进行调控目的是为小微企业进行技术开发与研究提供资金支持，同时为小微企业今后走向国际市场提供财力保障。对小微企业的发展有事半功倍的效果，政府对小微企业财政补贴的数额和种类的确定是政府扶持小微企业发展的重要手段。财政补贴能够更好地鼓励小微企业发展的应用环节主要包括以下几个方面：

1. 就业补贴。这主要从两个方面来进行支持。一是为其提供更多的就业机会进而给予小微企业较多的财政补贴以此来提高劳动就业率；二是对失业者进行补贴，为失业者提供岗前培训费以及学徒津贴，为他们提供一些再就业的资本。

2. 研发补贴。这主要是指政府的补贴在科技进步的小微企业的支持上面有相对的倾斜，同时根据各地资源、拥有的技术以及发展方向来确定小微企业发展的创新领域，同时对此领域中存在的科技型小微企业要发放一定的财政补贴；同时也鼓励高级科研、技术人员到小微企业中工作，给

---

① 杨林、彭彦彦：《促进中小企业发展的财政政策选择》，《工业技术经济》，2010 年 11 月。

② 百度百科：http：//baike. baidu. com/view/22849. htm.

予他们一定的补贴，并由政府负担一定的费用。

3. 出口补贴。加大对生产出口产品的小微企业以及出口的小微企业生产出来的产品给予财政补贴，以此来鼓励小微企业的产品出口，降低企业生产成本。

4. 创业投资补贴。这主要是针对小微企业在创业阶段中的投资者，主要是政府可以配发一定股金的比例而进行的创业补助，还可以使企业资本金增加，进而激发投资者用以投资的热情。

小微企业发展最为直接的手段是利用财政补贴对其进行支持。当小微企业处于可以为社会提供更多就业机会时，就可以考虑给予就业补贴；当小微企业处于科技研发阶段时，可以给予小微企业更多的研发补贴；当小微企业有着较大出口额的时候，可以给予小微企业出口补贴，这样有利于降低企业的生产成本；当小微企业正处于创业初始阶段时，可以为小微企业提供创业投资补贴。

财政补贴政策主要是指政府对小微企业中符合要求的企业给予财政资金上的支持。具体做法主要包括鼓励居民对小微企业投资，同时可以贴息给对市场发展前景较好、具有升值空间的生产项目和建设项目，也可以补贴给用自有的资金创建小微企业以及对现有的小微企业适当增加投资资金比例，进而可以启动民间的投资，来促进经济的平稳增长。对小微企业的新增员工的培训以及工人工资费用等，可以进行适当的补贴。同时对有科学研究成果的开发项目的支出进行补助，这样可以鼓励小微企业进行技术创新，最终推动社会的整体进步。要扶持小微企业中的各项财政补贴遵循公平的效率原则，最终要确保各项资金的使用都可以落实到位。

（四）完善支持小微企业发展的政府采购政策

政府采购的定义是各级政府及其所属机构为了开展日常政务活动或为公众提供公共服务的需要，在财政监督下，以法定的方法、方式和程序，对工程、货物或服务等资产的购买①。政府采购不单是对商品和服务的购买，通过对商品和服务购买可加快商品经济发展，从而为市场上的商品和服务提供影响力，具有导向的作用。同时政府采购还可以有效的调节经济发展，为经济发展提供一个健康的发展环境。

① 百度百科：http：//baike. baidu. com/view/229817. htm.

政府采购通过向小微企业订购产品，为小微企业创造市场需求，加快资金的周转，降低市场风险。政府采购对小微企业的支持主要包括以下几个方面：规定政府采购中用以支持小微企业发展的比例，这可以为小微企业的发展提供法律层面上的保障；进行大额采购项目的拆分，这样可以促进多个小微企业共同进行竞标，提高小微企业参与市场竞争的积极性，还可以让符合条件的小微企业联合起来投标，获得更大的中标机会；政府采购产品的种类中可适当考虑小微企业产品的范围，其中包含的适宜小微企业发展的简单包装以及印刷等项目可直接交给小微企业去做；保证产品质量的前提下为小微企业提供例如10%左右的价格优惠；降低小微企业的注册资金的相关审查制度，使小微企业可以更容易获得政府采购的合同。据初步统计，2012年全国政府采购金额13900多亿元，其中小型和微型企业获得的合同金额5800多亿元，占40%以上。

政府首先要挑选出能够提供商品和服务的小微企业，使未来市场风险降到最低；其次中标的小微企业可以根据自身发展情况的不足向银行申请贷款，获得资金支持，进而顺利地完成商品或服务的生产。例如政府可对小微企业科技创新产品优先购买，鼓励和符合条件的小微企业进行合作，联合开展技术研发活动。

政府应根据国家产业发展方向制定适度倾斜的政府采购办法，确立以政府采购扶持小微企业发展的一些政策目标，来制定出细致的政府采购政策①。我国2012年对政府采购支持小微企业发展中明确规定了为小微企业留出三成的成交空间。这就在采购价格、采购标准和采购数量等方面重点向小微企业做出了倾斜，同时对需要重点发展的一部分小微企业来采取定点、定量和定向采购。同时在具有相同的价格、质量、产品规格的企业生产规模中，要优先选购小微企业的产品。

实现招标的流程网络化，这将会为小微企业来建立完整的资料信息数据库，使政府采购的过程实现电子化，进而保证政府采购公正公开的进行，与此同时还要提高政府采购透明度，坚决抵制政府采购过程中出现的腐败、回扣、浪费等现象。使小微企业及时准确地获得政府采购信息、创造投标机会提供保障。

拓展政府采购的国际市场业务，这是我国政府采购市场近年来呈现出的双向开放的局面，通过外国企业的竞争来制定我国政府采购合同，可以

---

① 高培勇、于树一：《国外有哪些支持小微企业的财政金融政策措施》，《环球视野》。

让我国的小微企业也参与到外国政府的采购投标活动中去。利用国外小微企业成功的经验，将其应用到我国政府采购中。小微企业产品的多样化以及经营方式的灵活性，在大企业不愿意对一些微小的政府采购合同予以关注的时候，小微企业会比较愿意加入到这部分的政府采购中[①]。因此我国小企业参与国际政府采购不仅可行，而且前景十分可观。这需要政府的支持，需要政府为其提供信息、政策优惠、相关国际法律咨询和保护等。

（五）完善小微企业的财政投融资政策

政府为达到支持小微企业发展的目的，向小微企业发放利息很低的长期贷款或者直接向小企业投资。如政府采用发放贷款的方式支持小微企业，与政府关系密切的政策性金融机构将会充当贷款发放人。财政投融资有利于资金灵活运用，同时以国家信用作担保筹集民间资金，可减轻财政直接投融资负担。特定的商业性财政投融资制度对支持小微企业发展有着重要的作用，我国目前的财政投融资制度有待继续的发展。具体可以从以下几个方面来进行支持：

1. 拓宽资金来源。具体来说就是筹资方式的创新，努力去开拓新的筹资方式。可以简要的概括为一下几个方面：一是外资的引进，间接应用政府的信誉去引进外资，鼓励小企业进行项目投资可以采用政府财政担保的模式。利用外资来获取支持小微企业发展的资金；二是要突破行政区划的限制，可以采用多种方式进行资金筹集，在不同地域间可以借调资金，也可以根据情况进行资金的调拨，优先投资于急需发展的小微企业；三是恰当灵活的吸纳个人闲散资金。设立社会共同基金即为一种好的方式，把社会中投资金额较小者手中的资金吸纳进来，同时在法律所允许的范围内吸纳个人大额信托资金；四是可以适当发行地方财政建设债券，运用增加政府债券的发行量开拓宽资金来源；五是要充分发挥政策性银行的重要作用。依靠政策性银行来进行筹资，这样也可以起到支持仅需资金的小微企业。

2. 拓展多样化财政投融资方式。政府要针对小微企业存在的特点，不断地对传统投融资方式进行创新，用来更加适应小微企业的发展。具体方式主要有：

---

① 姒建英：《基于新企业划型标准的小微企业税收政策取向》，《会计实务》，2012年1月。

（1）直接投资的运用。一些高科技企业、地处中国西部的小微企业存在市场的一些机制无法完全正常发挥、收益不高而且风险较大的特点。所以政府要对这些企业进行直接投资。应特别增加对中国西部的那些小微企业的基础设施建设、人才队伍建设、生态环境的优化等的直接投资。

（2）投资补助和资本金的应用。一些小微企业所在的市场存在市场扭曲，但市场机制还可以正常发挥作用，针对在这样市场中的小微企业，政府可以运用投资补助和资本金的方式来支持小微企业，向企业投资项目注入政府投资。这样就能逐步扭转市场的扭曲，引导正确的投资。

（3）政府创新基金的应用。政府可以把财政预算资金的以部门集中起来，来组建出这样的基金来支持一些比较成熟的小微企业，为企业提供利息比较低的或者零息的贷款，同时还可以为小微企业应用活动初期和技术成果的转让提供启动的资金。

（4）应用贴息的方式。发挥政府作用，对国家准予给予支持的小微企业投资的项目给予补助贴息。中央财政和地方财政必须将商业银行给予小微企业贷款的财政贴息，纳入本级预算，激励更多的商业银行给予小微企业的贷款，切实解决小微企业贷款难的问题。

（5）大力推行政府与社会资本合作模式（PPP），PPP公私合作模式，是公共基础设施中的一种项目融资模式，对小微企业来说，可以享受优惠政策，降低融资成本。

3. 要不断建立和完善关于财政政策向小微企业投融资的相关法律及法规体系。法律法规要对面向小微企业的领域如财政投融资的相关内容、各种贷款的利率规定、资金方向、使用年限、各种登记审批备案、财务的核算及结算、使用管理和监督等做出明确的规范。这样才可以保证政府对小微企业进行的财政投融资规范化、法制化。小微企业有了规范化和法制化的保障，才可以为后续的发展奠定坚实基础。

（六）加大对小微企业税收扶持的力度，减轻小微企业税负

1. 进一步完善支持小微企业发展的税收优惠政策体系。

税法中规定的给予小微企业税收优惠政策是支持小微企业发展最常用的手段之一。为了能有效地让小微企业对产品进行自主的创新来为社会供给创新产品，税收优惠政策通过对一些税种的纳税的对象、征收的范围、

税基的确定以及变化相关税率等方式来达到这种目的。纵观国内外的各种财政税收政策可以发现，在市场经济中，税收政策与小微企业的自主创新有着密切的联系。良好的税收政策往往可以激发小微企业的自主创新意愿及潜能。所以，税收优惠政策是促进小微企业自主创新的一种良好手段。加速折旧和税前抵扣的间接优惠以及优惠税率或者免税期的直接优惠可以最大限度地减少小微企业的创新成本，使小微企业的投资收益增加，进而增加小微企业投入到创新活动的资金。因此可引导社会资金流量高新技术小微企业，从而大大减小小微企业的资金不足、创新活动难以开展等问题。

目前我国在采用税收优惠政策扶持小微企业发展中，主要采用的是以税收利益让渡为主的税率式和税额式的直接优惠方式，而以税前优惠为主的间接优惠方式较少。为减轻小微企业税负，发挥税收优惠政策对促进小微企业发展的有效作用，应该改变现行小微企业税收优惠方式单一，政策效果有限的状况，逐步增加采用加速折旧、税前列支、延期纳税、亏损结转、投资抵免和税收抵免等间接优惠方式，将资金的时间价值让渡给小微企业，缓解小微企业资金短缺的局面。针对小微企业发展过程中面临的新情况、新问题，加大了小型微型企业发展的税收政策力度。具体包括：一是大幅提高增值税和营业税的起征点。二是将小型微利企业减半征收企业所得税政策，延长执行期限并扩大范围。三是免征金融机构对小微企业贷款印花税。四是延长农村金融机构营业税优惠政策。五是延长金融企业中小企业贷款损失准备金税前扣除政策。

将小型微利企业减半征收企业所得税政策，延长执行期限并扩大范围。自2012年1月1日至2015年12月31日，对年应纳税所得额低于6万元（含6万元）的小型微利企业，其所得减按50%计入应纳税所得额，按20%的税率缴纳企业所得税。对科技型小微企业生产以及技术改造的项目，确定投资方向的调节税并可采用从优稽征的方法，同时小微企业的收益可按照15%甚至更加优惠的税率来征收企业的所得税，并可适当的延长税率优惠的年限；同时对研制开发国家级或者省、部级新产品，可准予返还一定的增值税；而且对技术的转让及其技术的开发费用可予以免征营业税，可根据相关技术进行咨询以及技术服务和技术培训的所得额，可在一定数额以内给予免征企业所得税的优惠①。

免征金融机构对小微企业贷款印花税。2011 年 11 月 1 日起至 2014 年 10 月 31 日，三年内免征金融机构与小型、微型企业签订的借款合同印花税。延长农村金融机构营业税优惠政策。将 2011 年年底到期的农村信用社、村镇银行、农村资金互助社、由银行业机构全资发起设立的贷款公司以及法人机构所在地在县及县（市）以下地区的农村合作银行、农村商业银行的金融保险收入，减按 3% 税率征收营业税的政策，执行期限延长至 2015 年年底。

2. 统一规范小微企业的各种税收优惠政策。

努力提高税务征收部门的基本服务技能以及服务水平。保证税收优惠在小企业中的广泛推行，探索和尝试降低社会保险费的费率，对小微企业采用一些临时性的措施，如“税基减半”，特别是对于涉农型、高新技术行、创业投资型、创新型的小微企业更应在税收上给予优惠。一步一步取减少对小微企业的行政事业性收费。大力禁止地方私自设立行政事业型收费项目。大力清除各种未按政策执行以及不合理的行政事业性收费项目，让行政事业型收费项目公开化、透明化。优化和完善相关的管理监督体系，加大执法力度。

企业由于处于不同区域、从事不同行业和经营不同项目，获得的利润也会有较大的差距，而且小微企业处于不同发展时期的政策需求也会有所不同，采用的税收扶持方式与扶持力度也应有所不同。例如，对初创的小微企业而言，需要创业基金直接投入和直接免税的扶持；对于发展期的小微企业则需要财政支持政策的融资支持与投资抵免等方面的政策，促进其扩大投资和生产的规模。因此，应该针对处于不同发展阶段的不同类型的企业实施不同的税收优惠方式和税收优惠力度。

为小微企业提供贷款贴息、优惠税收政策。适当增加所得税等直接税的比重，完善税制结构，改变我国小微企业盈利较少、税费繁多的现状。继续扩大小微企业所得税和营业税优惠减免的覆盖面积，允许小微企业的利息费用、宣传费用、捐赠费用等相关费用可在纳税前列支或者进行税款的抵扣。实行亏损抵免制度，允许小微企业营业的亏损金额者后期给予退

---

① 王悌云：《微小型企业的政府财税政策支持系统改进的探讨》，《论坛·经济宏观》，2007 年 11 月。

税或向前弥补，同时还可以根据实际情况适当延长向后抵免期限。要进一步加强西部地区的小微企业农业的产业化以及服务业的领域内小微企业的税收优惠。

减少企业纳税以外收费，清理未按规定权限和程序批准的行政事业性收费项目和基金项目。特别是卫生、工商、城管等部门对小微企业收费项目。简化小微企业纳税申报程序和纳税资料，延长纳税期限，减少小微企业纳税成本。尽量扩大增值税征收范围，扩大固定资产范围，将可抵扣设备的资产扩大至所有固定资产中去，还可扩大增值税征收范围，将小微企业中征收营业税的相关行业纳入增值税征收范围，将每年税收增收按一定比例划分出来，专门用于对小微企业的财税扶持。为小微企业提供各种经贸信息和咨询服务、组织各种培训讲坛、构建国际贸易平台。建立税收优惠政策评估监督体系，实现税收优惠纳入税收支出预算表管理，坚决杜绝冒享优惠行为。针对在小微企业中从事研发工作内容的科技人员，以个人技术入企业股份而获得的股息收益免征个人所得税[①]；对小微企业的科研人员从事研发项目而取得各种奖金、津贴等收入免征个人所得税，提高企业人才技术创新的积极性。

税收促进小微企业的发展应该有利于促进小微企业在市场上的公平竞争，流转税与企业所得税是与企业经营发展最为密切相关的两大税类。因此，针对目前小微企业涉及流转税的税收政策问题，其一，应该进一步扩大增值税范围，发挥增值税的税收中性，解决营业税征收中存在的重复征税问题；其二，完善出口退税政策，我国小微企业出口比重较大，在实行增值税扩围的基础上，根据国际贸易状况，适时调整退税税率，逐步实现完全退税，提升小微企业在国际市场上的竞争力，扩大市场份额；其三，调整增值税政策和营业税政策，如：降低对小规模纳税人的征收率，提高和更改增值税起征点为免征额，放宽一般纳税人的认定标准等方式，进一步减轻小微企业的税收负担。

企业所得税作为一种直接税，对小微的经营与发展产生直接影响。另外，企业所得税优惠政策的税收校正性较强，有利于采取相应的企业所得税税收优惠政策，引导小微企业的投资和经营行为。因此，为了促进小微企业的创业投资和健康成长，可以针对企业所得税优惠政策采取以下措施：

---

① 黄璟莉：《国外促进中小企业融资的财政金融政策借鉴》，《财政研究》，2008（8）：20－22。

1. 对融资机构和信用担保机构实施税收优惠，将信用担保机构面向小微企业的信用担保业务所得予以税收减免；对融资机构和银行向小微企业提供的贷款利息收入予以税率优惠；改变以往对小微企业向非金融机构借款的利息支出在计算所得额时部分扣除的规定，改为按实际支出扣除，降低小微企业的筹资成本。中央财政开展中小企业信用担保资金试点，采取业务奖励和保费补贴方式，鼓励担保机构扩大中小企业融资担保业务规模并降低收费标准。在中央政策的引导下，需要地方政府安排一定的专项资金，对融资性担保公司给予业务奖励和风险补偿，鼓励担保机构积极开展中小企业融资担保业务。

2. 改变以直接优惠为主的税收优惠方式，对小微企业用于员工技术培训的管理费用设置较高比例限额的税前列支，降低小微企业的用人成本；鼓励小微企业加大研发投入的力度，对小微企业用于研发的各项费用进行税前列支；对小微企业进行技术成果转让与科技发明、专利的交易所得进行税收优惠，增加对科技创新活动的税收优惠方式和税收优惠范围。

3. 鼓励小微企业进行初创投资和再投资。对小微企业设立所得税的优惠期限，对刚创办一定期限如3年或5年的小微企业的纳税所得额进行减征或免税；对小微企业的经营利润用于再投资的部分予以免税或税前扣除。

限于我国目前的征管条件和水平，应该学习西方发达国家，对小微企业实行简化征管程序、降低纳税人遵从成本的征税模式。积极推行对小微企业的税务代理制度，提高税务机关征管水平，一方面发挥税务代理机构的作用，减少纳税人不了解纳税细则而造成的遵从成本，另一方面，使得核定征收的小微企业税负与实际应缴税款相符，保证核定征收企业的利益。建立针对小微企业的税收征管管理中心，对小微企业提供会计和税收方面的服务。优化小微企业涉税服务，加大税收宣传，提高对小微企业纳税辅导的针对性，降低纳税人的纳税成本。

（七）逐步清理行政事业性收费，减轻小微企业负担

行政事业性收费虽不以税收名义征收，但实质与征税无差异。为减轻小微企业的社会负担，建议进一步放宽对小微企业免收地方教育附加费、水利建设基金、残疾人保障金等政府性基金的规定限制，对属于高新科技、现代服务业等重点支持产业，确有经营困难的小微企业，经批准后加大社会保险补贴力度。

（八）规范协调小微企业的各类财税扶持政策

当前我国促进小微企业的财税扶持政策存在政出多门，缺乏系统性和规范性，不利于国家对小微企业扶持思想的贯彻落实以及宏观经济调控的顺利运行。针对这一现状，有必要对现行各种促进小微企业发展的财税扶持政策进行归类整理，并以法律法规的形式予以规范。如以《小微企业扶持政策》的清单形式准确地对小微企业的各项扶持政策逐条列明予以规范，并通过这一清单对各项财税扶持政策统一和协调，提高其在实际政策落实中的践行效率。另外，在财税扶持政策的制定上，不仅要统一规范一般性和普惠制政策条款，还要体现“差别化”的政策导向，对不同类型、不同行业和不同地区的小微企业制定差别性条款，体现公平竞争的原则，符合国家宏观调控的导向。例如，在税收优惠政策的制定上，在对小微企业进行扶持的同时针对不同行业的小微企业制定差别税收优惠政策，发挥税收的校正性，促进经济结构的优化调整；针对不同规模和不同地区的小微企业制定差别化的扶持政策，体现政策扶持的纵向公平。

（九）构建中央财政与地方财政扶持小微企业发展的联动机制

中央与地方在实施财政扶持政策上有其各自的优势，中央财政便于统一协调扶持政策措施，加强政策措施的规范性和系统性；地方财政便于根据本地区特点实施差异化的政策措施，因地制宜地达到扶持效果。中央财政实施统一性的财政政策可以有效防止企业投资上“用足投票”问题，而地方财政政策的差异化又可以通过地方政府间的有效竞争，提高政策质量和政府服务效率。因此，在促进小微企业发展的过程中，可以取长补短的协调中央与地方财政政策，发挥中央与地方财政支持的联动机制。

三、完善扶持小微企业的相关配套政策措施

（一）调整并统一小微企业的认定标准

针对目前我国税法、会计制度和国家工信部三方对小微企业的认定标准上存在差异，扶持政策的步调不协调，缺乏针对性的现状，应该从以下几个方面着手：其一是需要协调税法、会计制度和国家工信部三方涉及的小微企业的税收认定标准，保证扶持政策的有效实施；其二是进一步细化对不同行业、不同规模和不同区域的小微企业的认定标准，同时根据细化的小微企业行业与区域特点，在税法上对其实行步调一致的差异化税收优惠；其三是在目前扩大增值税扩围的大背景下，应该放宽对遵守税收法律法规，会计核算体系健全的小微企业的增值税认定标准。

（二）建立健全促进小微企业发展的法律体系

国外为促进小微企业健康发展形成了较为完善的中小微企业法律体系，我国虽然于2002年7月颁布实施了《中华人民共和国中小企业促进法》，经过不断的完善对促进小微企业发展发挥了积极的促进作用，但其仍然存在着政策针对性不强、可操作性不高等问题，因此迫切需要对其中不适应小微企业发展的部分进行修正，创新促进小微企业的政策措施。2014年2月27日，全国人大财政经济委员会已经开始公开向社会征集关于修订《中华人民共和国中小企业促进法》的修改意见建议，相信此举在收集小微企业的政策需求信息并据以改进政策供给方面会对促进小微企业的发展发挥极大的作用。另外，针对我国促进小微企业税收优惠政策缺乏立法保护，政策效果不强的政策现状，我国还需要通过立法的形式，逐步建立起一套专门用来促进小微企业发展的税收优惠政策制度体系。

（三）完善小微企业的金融监管体系

引导和督促商业银行创新顶层设计，完善绩效考核激励机制。目前，

银行业小微企业金融服务面临的管理瓶颈，无论是贷款方式还是还贷方式方面的制度设计方面与小微企业金融需求的不适应，其根本原因是商业银行绩效考核等顶层制度设计不科学。因此，建议督促各商业银行董事会进一步改进和完善绩效考核机制，增强社会责任意识，合理确定自身的利润目标，摒弃年年加码、层层加码的考核导向。在此基础上，适当调高风险容忍度，并建立明确、合理、可操作的尽职免责制度，鼓励基层行积极探索符合小微企业的信贷方式和还款方式，积极推进信用贷款等信贷方式，切实缓解小微企业抵押担保难等融资瓶颈。

加快推进小微企业金融服务差异化监管政策的落地，强化监管激励。基于小企业贷款高成本、高风险的特点，在银行业授信模式、操作流程、激励机制等方面区别于传统信贷业务，建议在坚守监管底线前提下，对小企业贷款设定尽可能宽松的监管指标，营造尽可能宽松的监管环境。一是进一步细化小企业金融服务与机构市场准入挂钩的差异化政策，形成细化的、可操作的措施。二是创新现行的监管评级制度，将小微企业金融服务情况纳入对机构的监管评级，并适当调高监管的风下三年容忍度，对有关风险指标做相应调整。三是实行动态存贷比差异化监管。针对当前银行机构特别是地方小法人银行机构反映较突出的存贷比问题，建议充分考虑不同地区、不同类别机构的差异性，各地区经济结构对信贷需求的程度不同，及当地小企业信贷开展情况的不同，对小企业贷款实行动态差异化监管。四是建立小微企业金融服务评价体系。建立一套科学的、全面反映银行机构扶持小微企业发展的指标体系，在评价指标设计上，突出金融服务实效。指标体系不仅应包含银行对小微企业信贷投放增长性指标，更应反映银行扶持、培育小微企业成长的成效。

强化信息征集的激励约束，有效搭建统一、公开、透明的小微企业信息共享系统。建议以地方政府为主导，加快整合人行、银监、工商、财税、土管、房管、海关、环保、电力、水力、公安、法院、社保等部门及行业协会的企业信息，全面归集能够反映企业经营、财务、信用状况的外围信息，构建统一的企业信用信息平台。同时，加快信用政策法规建设步伐，从法律的高度明确各部门信息征集和发布的权利和义务，从根本上解决信息分割问题，提高社会信用信息化水平。通过信息的共享和透明化，一方面对小微企业相对松散、无序管理的状况形成约束；另一方面，促进小微企业贷款的批量化、集约化，提高审贷服务效率和金融服务覆盖面。

发挥政府综合协调功能，为银行业小微企业信贷创新营造良好氛围。

一是深化政银合作模式，逐步扩大该模式的覆盖面，同时进一步改进和完善合作机制，建立更加合理的风险分担和补偿机制。二是进一步完善《中小企业发展专项资金管理办法》，建议在小企业发展专项资金的使用范围中，增加对推进小企业信用贷款的内容，允许地方政府在下拨的小企业发展专项资金中单列对信用贷款扶持资金。三是发挥政府的综合协调作用，通过协调大企业与小企业的合作格局，特别是大型批发（零售）商与小微供应企业之间的对话格局，增强大企业与小企业合作意愿，有效抑制大企业随意拖欠小企业资金行为，为银行业开展链式金融营造良好氛围，推动小微企业抵押担保等融资瓶颈的缓解。四是构建政府主导的信用担保体系，为小企业发展提供匹配的信用担保服务。建议从各地小企业的发展特点出发，充分发挥当地政府的组织和协调优势，引导和推动信用担保体系建设，构建以政策性担保机构为主体，商业性担保机构、互助性担保机构为补充、再担保体系为后盾的小微企业信用担保体系。五是加强对企业主教育，防范企业主道德风险。引导企业转变经营管理机制，增强关注宏观经济金融政策及形势变化的意识，科学合理把握自身的经营投向、经营规模和生产节奏，增强对外部经济环境变化的应变能力。对企业主参与赌博、吸毒等不良行为进行动态跟踪，纳入诚信系统，加大对企业不诚信行为的惩戒，增大失信成本。

规范和疏导民间资金，构建民间融资防火墙。在目前正规金融服务尚不充分情况下，要客观看待民间融资的利弊，科学疏导，将民间融资纳入健康发展轨道。一是尽快出台有关民间融资的管理法规，在法律上明确民间融资合法主体、方式、利率、程序等内容，明确主管部门，以法的形式来规范民间融资行为，保护参与各方的合法权益，打击通过“高利贷”等形式牟取暴利的违法机构和个人，维护金融秩序。二是以贯彻落实国务院《关于鼓励和引导民间投资健康发展的若干意见》为契机，加强对民间融资加强政策引导，打通民间资本和实业资本的通道，通过放开民间投资的限制、降低基础设施项目进入门槛等途径，吸引民间资金参与基础设施建设，把民间融资纳入健康发展的轨道。三是引导和督促银行业金融机构研究识别信贷资金流入民间借贷的有效手段，构筑银行信贷与民间融资的防火墙。

大力推进资本市场发展，进一步拓宽小企业融资渠道。一方面，要通过资本市场的发展，促进金融脱媒趋势，引导更多的、有条件的大中型企业主要通过上市等渠道解决融资问题，客观上促进社会资金的优化配置，把有限的信贷资源引向小企业领域，同时也促使银行特别是大中银行调整战略，将服务层级下移，将信贷营销的对象主动向小企业转移，增强中小企业金融服务的持续支撑。另一方面，要为小企业提供新的直接融资渠道。加快二板市场的发展，为小企业上市创造条件。积极引导企业通过股权性融资、债权性融资、项目融资、政府基金等多种融资渠道。

（四）建立健全小微企业的诚信体系

加快小微企业的诚信体系建设，进一步提高小微企业自身素质，不断增强市场竞争能力、赢利能力和抗风险能力。建立健全财务会计制度，强化会计核算和管理，及时编报会计报表，提高会计信息的可信度。要建立小微企业诚信评级制度和诚信公示制度，明确诚信等级评定的标准、作用和责任，强化金融责任意识，加强与商业银行间的联系。构建统一的小微企业社会诚信系统，及时提供诚信资料和诚信情况，以便于金融机构查询和利用。另外，对不讲诚信的小微企业，及时向社会公布，限制相应融资服务和信用贷款。

参考文献 Reference

[1] [美]布坎南：《公共财政学》，中国财政经济出版社，1991年版。

[2] [德]马克思：《资本论（一、二、三卷）》，人民出版社，1975年版。

[3] [苏]亚当·斯密：《国民财富的性质和原因的研究》，商务印书馆，1972年版。

[4] [英]马歇尔著、朱志泰译：《经济学原理》，商务印书馆，1964年版。

[5] [美]熊彼特著、绛枫译：《资本主义、社会主义和民主主义》，商务印书馆，1979年版。

[6] [美]路易斯·普特曼等编、孙经纬译：《企业的经济性质》，上海财经大学出版社，2000年版。

[7] [美]小艾尔弗雷德·D. 钱德勒著、重武译：《看得见的手——美国企业的管理革命》，商务印书馆，1987年版。

[8] [美]小艾尔弗雷德·钱德勒著、张逸人等译：《企业规模经济与范围经济——工业资本主义的原动力》，中国社会科学出版社，1999年版。

[9] [美]彼得·德鲁克著、许斌译：《管理的前沿》，企业管理出版社，1988年版。

[10] [美]杰斯汀·隆内克等著、郭武文等译：《小企业运营》，华夏出版社，2002年版。

[11] [美]N. J. 斯梅尔塞：《阶级社会学》，华夏出版社，1989年版。

[12] [美]彼得·圣吉著、郭进隆译：《第五项修炼》，上海三联书店，2003年版。

[13] [美]斯蒂芬·罗宾斯著、孙建敏等译：《组织行为学》，中国

人民大学出版社，2002 年版。

［14］［美］杰弗里·蒂蒙斯著、周伟民等译：《战略与商业机会》，华夏出版社，2002 年版。

［15］［英］C. 巴罗著、高俊山译：《小型企业》，中信出版社，1998 年版。

［16］［英］布赖恩·斯诺登等著、黄险峰等译：《现代宏观经济学发展的反思》，商务印书馆，2000 年版。

［17］［美］罗纳德·科斯等著、［法］克劳德·梅纳尔编、刘刚等译《制度、契约与组织从新制度经济学角度的透视》，经济科学出版社，2002 年版。

［18］［美］迈克尔·波特著、高登第等译：《竞争论》，中信出版社，2003 年版。

［19］高鸿业，吴易风等：《西方经济学》，经济科学出版社，2000 年版。

［20］黄泽先，曾令华等：《发展微小企业的宏微观经济效应分析》，《国民经济管理》，2006 年 2 月。

［21］焦桂芳：《对当前小微企业发展状况的研究和分析》，《经管空间》，2012 年 1 月。

［22］高培勇、于树一：《国外有哪些支持小微企业的财政金融政策措施》，中国党政干部论坛，2012 年 5 月。

［23］王悌云：《微小型企业的政府财税政策支持系统改进的探讨》，《经济宏观》，2007 年 11 月。

［24］蔡根女、鲁德银：《中小企业发展与政府支持》，中国农业出版社，2005 年版。

［25］胡培兆：《现代市场经济的现代性》，《经济学家》，2006 年第 2 期。

［26］李庚寅、周显志：《中国中小企业支持系统研究》，经济科学出版社，2002 年版。

［27］林汉川：《中国中小企业发展机制研究》，商务印书馆，2003 年。

［28］崔彩周：《政府管理角色的创新与中小企业发展问题研究》，福建师范大学博士学位论文，2006 年。

［29］刘东、杜占元：《中小企业与技术创新》，社会科学文献出版社，1998 年版。

[30] 宋来、常亚青：《我国中小企业的财政支持政策》，《经济论坛》，2005 年第 3 期。

[31] 田正育：《国外中小企业财政政策及其启示》，《中国中小企业》，2002 年第 5 期。

[32] 刘军：《运用税收政策推动自主创新》，《人民论坛——双周刊》，2007 年第 4 期。

[33] 厉征：《国务院研究确定支持小型和微型企业发展政策措施，专家认为——扶持“小微企业”财税政策基调确立》，中国税务报，2011 年 10 月 14 日。

[34] 董艳玲：《论货币政策对小微企业的影响——兼论货币政策取向》，《理论视野》，2011 年 12 月。

[35] 崔潮：《优化小微企业发展环境的财税政策》，《中国财政》，2012 年 2 月。

[36] 唐悦恒、陈艳：《小微企业融资难问题及对策浅析》，《今日财富（金融发展与监管）》，2011 年。

[37] 温建宁：《寄望金融财税政策发挥驱动小微企业奇效》，上海证券报，2011 年 10 月 14 日。

[38] 庄佳林：《支持我国中小企业发展的财政政策研究》，财政部财政科技研究所博士学位论文，2012 年 1 月。

[39] 陈勇俊：《大数定律与小微企业授信模式研究》，《上海金融》，2011 年。

[40] 黄文妍：《后危机时期小微企业的融资困境及出路》，《商业文化》，2011 年。

[41] 何佳艳：《小微企业税收优惠政策适用分析》，《投资北京》，2012 年 3 月。

[42] 顾学峰：《小型微利企业享受所得税优惠注意事项》，《税收征纳》，2011 年 5 月。

[43] 邓聚龙：《灰色系统理论教程》，华中理工大学出版社，1990 年版。

[44] 秦菲菲：《国务院：加大对小微企业财税、金融政策支持力度》，上海证券报，2012 年 4 月 27 日。

[45] 韩福恒：《小微企业需要更多“补丁政策”》，中国会计报，2012 年 3 月 16 日。

［46］晨亮：《小微企业减税力度还可更大些》，消费日报，2011 年 11 月 8 日。

［47］周伟：《小微企业金融：银行新舞台——国务院支持小微企业金融财税政策点评》，《证券导刊》，2011 年 2 月。

［48］俞崇武：《小微企业优惠政策梳理与解读》，《华东科技》，2012 年 1 月。

［49］姒建英：《基于新企业划型标准的小微企业税收政策取向》，《中国市场》，2012 年 1 月。

［50］李海峰：《定向扶持政策助力小微企业发展》，《中小企业管理与科技》，2011 年 3 月。

［51］李士平：《我国中小企业财政扶持政策的沿革与反思》，《财税金融》，2009 年 3 月。

［52］王依友：《路桥“四两金”助力绿色小微企业》，台州日报，2011 年 10 月。

［53］中国中小企业协会：《中国中小企业蓝皮书——现状与政策》，中国发展出版社，2008 年版。

［54］孙明华：《国外中小企业理论概要》，湖北行政学院学报，2007 年 3 月。

［55］顾钰民：《马克思经济学与西方新制度经济学的企业理论比较》，《经济纵横》，2009 年 6 月。

［56］陈江：《美国联邦政府采购对中小企业的扶持政策与措施》，《企业发展》，2008 年 9 月。

［57］苏盈：《增值税营业税起征点提高，小微企业受益》，第一财经日报，2011 年 11 月 1 日。

［58］陈策：《广东出台政策扶持中小微企业发展》，《政策瞭望》，2012 年 3 月。

［59］黄靓：《支持我国中小企业融资担保的财政政策研究》，湖南大学硕士论文，2008 年 5 月 12 日。

［60］吴后宽、麻淑秋：《公共财政框架下促进中小企业发展的公共政策解析》，《经济评述》，2011 年 12 月。

［61］上海金融报：《小微企业：要输血，更需造血》. http://finance.sina.com.cn/money/roll/20111021/012610660681.shtm. 2011 年 10 月 2 日。

［62］赵琪：《扬州微型企业扶持政策思考》，《企业研究》，2011 年第 24 期。

［63］王振：《上海微型企业的发展现状与扶持政策》，上海经济研究，2002 年 1 月。

［64］袁光灿：《完善重庆微型企业发展的政策体系》，《重庆行政（公共论坛）》，2011 年 3 月。

［65］张立强：《中小企业融资的现状与对策》，《长春理工大学学报》，2011 年 8 月。

［66］黄奇帆：《微型优惠政策“一概相互叠加”》，《领导决策信息》，2010 年第 37 期。

［67］李寿中：《微型企业发展中的几个问题与建议》，《决策导刊》，2010 年第 10 期。

［68］毛敏：《新时期微型企业的内涵界定》，《商业时代》，2010 年第 22 期。

［69］莫荣：《发展小企业促进就业研究》，《经济研究参考》，2002 年第 34 期。

［70］郑立成、张陆：《微型企业的内涵扩展研究》，《江苏商论》，2009 年。

［71］白景明：《小微企业发展助推器》，《资本市场》，2012 年第 1 期。

［72］陈剑林：《微型企业生存与发展研究》，四川大学博士论文，2007 年 3 月 20 日。

［73］张陆、张丽鹂：《大力扶持“微型企业”我国民营经济发展中需要重视的一问题》，《经济经纬》，2006 年第 6 期。

［74］徐世伟、张友树：《微型企业发展与重庆经济结构优化》，《重庆社会科学》，2011 年 9 月 15 日。

［75］张连瀛：《通过银行与政府合作打通中小企业融资瓶颈》，天津市经济学院学报，2006 年第 3 期。

［76］贺琴、张媛等：《存款准备金率上调对中小企业贷款融资的影响》，《河南科技》，2011 年第 24 期。

［77］徐丽红：《小微企业：寒冬过后迎春风》，中国财经报，2012 年 2 月 9 日第 5 版。

［78］闫飞：《中国银行副行长：将加大对小微企业的金融支持》，

2012 年 7 月 16 日。

［79］刘小川：《中国政府采购政策研究》，人民出版社，2009 年版。

［80］李子彬：《中国中小企业蓝皮书》，中国发展出版社，2009 年版。

［81］李子彬：《中国中小企业蓝皮书》，中国发展出版社，2010 年版。

［82］尚长风：《公共财政政策理论与实践》，南京大学出版社，2005 年版。

［83］谈毅、杨杰：《“十二五”期间上海中小企业发展政策支持体系研究》，上海财经大学出版社，2010 年版。

［84］尹伯成：《西方经济学说史——从市场经济视角的考察》，复旦大学出版社，2005 年版。

［85］杨宜：《中小企业成长与发展前沿问题研究》，中国经济出版社，2009 年版。

［86］曾伟：《中小企业生存状况调查报告》，中国经济出版社，2009 年版。

［87］袁红林：《完善中小企业政策支持体系研究》，东北财经大学出版社，2010 年版。

［88］中国中小企业年鉴编委会：《中国中小企业统计年鉴》，经济科学出版社，2009 年版。

［89］中国中小企业年鉴编委会：《中国中小企业统计年鉴》，经济科学出版社，2010 年版。

［90］曾坤生：《欧洲中小企业政策》，高等教育出版社，2010 年版。

［91］http：//www. gov. cn/zwgk/2011 -07/04/content_ 1898747. htm. 工信部联企业［2011］300 号文件《关于印发中小企业划型标准的通知》。

［92］http：//cebu. mofcom. gov. cn/aarticle/ztdy/200305/20030500092729. html ,中华人民共和国驻宿务总领事馆经济商务室：市场调研（菲律宾中小企业）。

［93］http：//qys. mof. gov. cn/zhengwuxinxi/zhengcefabu/201206/t20120606_ 657425. html，中华人民共和国财政部网站（政策发布）：财企［2012］96 号关于印《中小企业发展专项资金管理办法》的通知。

［94］http：//www. gov. cn/zwgk/2011 -07/04/content_ 1898747. htm.

中华人民共和国中央政府网站.部门地方文件:《关于印发中小企业划型标准规定的通知》。

[95] 赵诚:《基于资源网络中小企业国际化动因分析》,上海:复旦大学,2005 年。

[96] 姚洁:《中美中小企业在国民经济增长中作用的比较研究》,长春:吉林大学,2008 年。

[97] 张继英、李小花、卢文娟:《浅析小微企业税费政策》,《财会研究》,2012 年第 17 期。

[98] 张文春:《借鉴国际经验减轻小微企业税负》,《中国金融家》,2011 年第 12 期。

[99] http://wiki.pinggu.org/doc-view-8012.html,人大经济论坛,经管百科。

[100] http://baike.baidu.com/view/4422720.htm,国民恢复时期,百度百科。

[101] http://qys.mof.gov.cn/zhengwuxinxi/gongzuodongtai/201305/t20130529_893420.html.中华人民共和国财政部企业司,中央财政支持小微企业发展的状况。

[102] http://qys.mof.gov.cn/zhengwuxinxi/zhengcefabu/201206/t20120606_657425.html,中华人民共和国财政部网站(政策发布):财企〔2012〕96 号关于印发《中小企业发展专项资金管理办法》的通知。

[103] 于海峰、谭楚玲:《欧盟与中国支持中小企业技术创新财税政策的比较研究》,《税务研究》,2009 年第 11 期。

[104] 苑新丽:《发达国家扶持中小企业发展的税收政策及借鉴》,《财经问题研究》,2001 年第 9 期。

[105] 于霞:《对新税制下制造业纳税筹划策略转变的探讨》,《中国乡镇企业会计》,2013 年第 8 期。

[106] 王玫、何义鹏:《南昌市中小企业发展的财税思考》,《科技广场》,2009 年第 12 期。

[107] 杨杨、曹玲燕、杜剑:《企业所得税优惠政策对技术创新研发支出的影响——基于我国创业板上市公司数据的实证分析》,《税务研究》,2013 年第 3 期。

[108] 邱峰:《结构性减税对小微企业的支持效应评析》,《青海金融》,2012 年第 4 期。

［109］马乃云、张安安：《完善财税政策，促进中小微企业发展》，《中央财经大学学报》，2012 年第 8 期。

［110］刘素华：《基于金融支持视角的小微文化企业发展研究》，《农村金融研究》，2012 年第 1 期。

［111］刘胜、范晓鹏：《国家再出扶持中小微企业新政》，《中国中小企业》，2012 年第 3 期。

［112］刘航、刘志峰：《财税体制改革与小微企业融资》，《理论界》，2012 年第 10 期。

［113］刘大洪、潘晓生：《中小企业立法比较研究》，《湖北民族学院学报（哲学社会科学版）》，2004 年第 8 期。

［114］焦桂芳：《对当前小微企业发展状况的研究和分析》，《中国商贸》，2012 年第 4 期。

［115］何健聪：《小微企业融资问题实证分析》，《辽宁经济》，2011 年第 9 期。

［116］安沃·沙赫主编、匡小平等译：《促进投资与创新的财政激励》，经济科学出版社，2000 年版。

［117］陈乃醒：《中国中小企业发展报告》，中国经济出版社，2009 年版。

［118］黄静、柯艺高：《税收理论与中国税制》，科学出版社，2012 年版。

［119］胡怡建：《税收学》，上海财经大学出版社，2011 年版。

［120］许宝健、李慧莲：《中国小微企业生存报告》，中国发展出版社，2012 年版。

［121］中华人民共和国财政部财会〔2011〕17 号文件《关于印发小企业会计准则的通知》。

［122］工信部联企业〔2011〕300 号文件《关于印发中小企业划型标准的通知》。

［123］国经贸中小企〔2003〕143 号文件《关于印发中小企业标准暂行规定的通知》。

［124］K. C. 查卡拉巴提：《小微企业也改变未来》，《中国金融》，2012 年 3 月。

［125］安体富、杨金亮：《促进小微企业发展的税收政策研究》，《经济与管理评论》，2012 年第 5 期。

[126] 崔潮：《优化小微企业发展环境的财税政策》，《中国财政》，2012年2月。

[127] 蔡丽华：《我国小微企业融资难的现状及对策探讨》，《西部财会》，2012年第8期。

[128] 蔡翔、宋瑞敏、蒋志兵：《微型企业的内涵及其理论基础》，《当代财经》，2005年第12期。

[129] 财政部条法司一处：《〈政府采购法〉讲座（一）——政府采购法的立法宗旨和适用范围》，《预算管理与会计》，2009年第9期。

[130] 杜茂华、高文玲：《中日中小企业政府扶持政策比较研究》，《经济问题》，2010年第1期。

[131] 高培勇、于树一：《国外有哪些支持小微企业的财政金融政策措施》，《中国党政干部论坛》，2012年第5期。

[132] 辜胜阻、杨威、李洪斌：《后危机时期中小企业的财税扶持政策》，《税务研究》，2011年第6期。

[133] Roland Benabou. Tax and Education Policy in a Heterogeneous - Agent Economy: What Levels of Redistribution Maximize Growth and Efficiency? Econometrical, 2008 (7): 99 - 107.

[134] Malarias Fujita, Paul Frogman, Anthony J. Venables. The Spatial Economy: Cities, Regions, 2009 (1): 87 - 105.

[135] Hoover E. M. & Giarratani F. An Introduction To Regional Economics, Third Edition. Alfred A. Knopf, Inc, New York, 2008 (3): 110 - 135.

[136] The European Observatory for SMEs, Fifth Annual Report, October 2009 (1): 97 - 109.

[137] Andrews Victor L. Eastman Peter C. Who Finances Small Business in the 1980 s in Small Business Finance: Problems in the Financing of Small Business [M]. London: Contemporary Studies in Economic and Financial Analysist, 1984: 75 - 95.

[138] Easton G (1992). Industrial networks: a review, In Axe lesson B and Easton G Industrial Networks: A New View of Reality, Rout ledge, London.

[139] Gore C (1984). Research Question; Space, Development Theory and Regional Policy, Math; NewYork.

[140] The facts about: "Small Business Institute Program", U. S. Small Business Administration (1993).

[141] Allan L. Riding, George Haines J. R. Loan Guarantees: Costs of Defaults and benefits to small firms [J]. Journal of Business Venturing, 2001, (16): 595 -612.

[142] Lai V. S. An Analysis of Private Loan Guarantees [J]. Journal of Financial Services Research, 1992, (6): 223 -248.

[143] GAO Report Number RCED -92 -37, Small Business Innovation Research Shows Success but Can Be Strengthened, 1992. 3.

[144] Development international center for economic growth. Financial Accounting and Management, 2005 (1): 34 -39.

[145] Richard Haines worth, William Timpson. Tax Policy and Tax Administration in Russia: the Case of the Banking Sector. Post - communist Economies, 2007 (5): 48 -56.

[146] Benny Gays. Looking across Borders: A Test of Spatial Policy Interdependence using Local Government Efficiency Ratings. Working Paper, 2005 (4): 30 -36.

[147] "Small and Medium - sized Enterprises: a Dynamic Source of Employment, Growth and Competitiveness in the European Union," Report presented by the European Commission For the Madrid European Council, 2007 (3): 94 - 103.

附　录

附录1：

国九条的主要内容

2011年10月12日，国务院出台了9条支持小微企业发展的金融财税政策，被称为“国九条”，其主要内容是：

（1）商业银行重点加大对单户授信500万元以下小微型企业的信贷支持，对其贷款增速不低于全部贷款平均增速，增量高于上年同期。

（2）清理纠正金融服务不合理收费。

（3）拓宽小微型企业融资渠道，扩大集合票据、集合债券、短期融资券发行规模，发展私募股权投资和创业投资等融资工具。

（4）细化差异化监管政策，对发行金融债所对应的单户500万元以下的小微型企业贷款，在计算存贷比时可不纳入考核范围。允许商业银行将单户授信500万元以下的小微型企业贷款视同零售贷款计算风险权重。适当提高对小微型企业贷款不良率的容忍度。

（5）促进小金融机构改革与发展。

（6）促进民间借贷健康发展。遏制民间借贷高利贷化倾向，禁止金融从业人员参与民间借贷。

（7）提高小微企业增值税和营业税起征点，将小微企业减半征收企业所得税政策延长至2015年年底并扩大范围。

（8）三年内免征小微企业印花税。将金融企业中小企业贷款损失准备金税前扣除政策延长至2013年年底。将符合条件的农村金融机构金融保险收入减按3%征收营业税的政策，延长至2015年年底。

（9）扩大中小企业专项资金规模，更多运用间接方式扶持小型微型企业。进一步清理取消和减免部分涉企收费。

附录2：

关于印发中小企业划型标准规定的通知

工信部联企业〔2011〕300号

各省、自治区、直辖市人民政府，国务院各部委、各直属机构及有关单位：

为贯彻落实《中华人民共和国中小企业促进法》和《国务院关于进一步促进中小企业发展的若干意见》（国发〔2009〕36号），工业和信息化部、国家统计局、发展改革委、财政部研究制定了《中小企业划型标准规定》。经国务院同意，现印发给你们，请遵照执行。

工业和信息化部　国家统计局
国家发展和改革委员会　财政部
二〇一一年六月十八日

中小企业划型标准规定

一、根据《中华人民共和国中小企业促进法》和《国务院关于进一步促进中小企业发展的若干意见》（国发〔2009〕36号），制定本规定。

二、中小企业划分为中型、小型、微型三种类型，具体标准根据企业从业人员、营业收入、资产总额等指标，结合行业特点制定。

三、本规定适用的行业包括：农、林、牧、渔业，工业（包括采矿业，制造业，电力、热力、燃气及水生产和供应业），建筑业，批发业，零售业，交通运输业（不含铁路运输业），仓储业，邮政业，住宿业，餐饮业，信息传输业（包括电信、互联网和相关服务），软件和信息技术服务业，房地产开发经营，物业管理，租赁和商务服务业，其他未列明行业（包括科学研究和技术服务业，水利、环境和公共设施管理业，居民服务、修理和其他服务业，社会工作，文化、体育和娱乐业等）。

四、各行业划型标准为：

（一）农、林、牧、渔业。营业收入20000万元以下的为中小微型企业。其中，营业收入500万元及以上的为中型企业，营业收入50万元及以上的为小型企业，营业收入50万元以下的为微型企业。

（二）工业。从业人员1000人以下或营业收入40000万元以下的为中小微型企业。其中，从业人员300人及以上，且营业收入2000万元及以上的为中型企业；从业人员20人及以上，且营业收入300万元及以上的为小型企业；从业人员20人以下或营业收入300万元以下的为微型企业。

（三）建筑业。营业收入80000万元以下或资产总额80000万元以下的为中小微型企业。其中，营业收入6000万元及以上，且资产总额5000万元及以上的为中型企业；营业收入300万元及以上，且资产总额300万元及以上的为小型企业；营业收入300万元以下或资产总额300万元以下的为微型企业。

（四）批发业。从业人员200人以下或营业收入40000万元以下的为中小微型企业。其中，从业人员20人及以上，且营业收入5000万元及以上的为中型企业；从业人员5人及以上，且营业收入1000万元及以上的为小型企业；从业人员5人以下或营业收入1000万元以下的为微型企业。

（五）零售业。从业人员300人以下或营业收入20000万元以下的为中小微型企业。其中，从业人员50人及以上，且营业收入500万元及以上的为中型企业；从业人员10人及以上，且营业收入100万元及以上的为小型企业；从业人员10人以下或营业收入100万元以下的为微型企业。

（六）交通运输业。从业人员1000人以下或营业收入30000万元以下的为中小微型企业。其中，从业人员300人及以上，且营业收入3000万元及以上的为中型企业；从业人员20人及以上，且营业收入200万元及以上的为小型企业；从业人员20人以下或营业收入200万元以下的为微型企业。

（七）仓储业。从业人员200人以下或营业收入30000万元以下的为中小微型企业。其中，从业人员100人及以上，且营业收入1000万元及以上的为中型企业；从业人员20人及以上，且营业收入100万元及以上的为小型企业；从业人员20人以下或营业收入100万元以下的为微型企业。

（八）邮政业。从业人员1000人以下或营业收入30000万元以下的为中小微型企业。其中，从业人员300人及以上，且营业收入2000万元及以上的为中型企业；从业人员20人及以上，且营业收入100万元及以上的为小型企业；从业人员 20 人以下或营业收入 100 万元以下的为微型企业。

（九）住宿业。从业人员 300 人以下或营业收入 10000 万元以下的为中小微型企业。其中，从业人员 100 人及以上，且营业收入 2000 万元及以上的为中型企业；从业人员 10 人及以上，且营业收入 100 万元及以上的为小型企业；从业人员 10 人以下或营业收入 100 万元以下的为微型企业。

（十）餐饮业。从业人员 300 人以下或营业收入 10000 万元以下的为中小微型企业。其中，从业人员 100 人及以上，且营业收入 2000 万元及以上的为中型企业；从业人员 10 人及以上，且营业收入 100 万元及以上的为小型企业；从业人员 10 人以下或营业收入 100 万元以下的为微型企业。

（十一）信息传输业。从业人员 2000 人以下或营业收入 100000 万元以下的为中小微型企业。其中，从业人员 100 人及以上，且营业收入 1000 万元及以上的为中型企业；从业人员 10 人及以上，且营业收入 100 万元及以上的为小型企业；从业人员 10 人以下或营业收入 100 万元以下的为微型企业。

（十二）软件和信息技术服务业。从业人员 300 人以下或营业收入 10000 万元以下的为中小微型企业。其中，从业人员 100 人及以上，且营业收入 1000 万元及以上的为中型企业；从业人员 10 人及以上，且营业收入 50 万元及以上的为小型企业；从业人员 10 人以下或营业收入 50 万元以下的为微型企业。

（十三）房地产开发经营。营业收入 200000 万元以下或资产总额 10000 万元以下的为中小微型企业。其中，营业收入 1000 万元及以上，且资产总额 5000 万元及以上的为中型企业；营业收入 100 万元及以上，且资产总额 2000 万元及以上的为小型企业；营业收入 100 万元以下或资产总额 2000 万元以下的为微型企业。

（十四）物业管理。从业人员 1000 人以下或营业收入 5000 万元以下的为中小微型企业。其中，从业人员 300 人及以上，且营业收入 1000 万元及以上的为中型企业；从业人员 100 人及以上，且营业收入 500 万元及以上的为小型企业；从业人员 100 人以下或营业收入 500 万元以下的为微型企业。

（十五）租赁和商务服务业。从业人员 300 人以下或资产总额 120000

万元以下的为中小微型企业。其中，从业人员100人及以上，且资产总额8000万元及以上的为中型企业；从业人员10人及以上，且资产总额100万元及以上的为小型企业；从业人员10人以下或资产总额100万元以下的为微型企业。

（十六）其他未列明行业。从业人员300人以下的为中小微型企业。其中，从业人员100人及以上的为中型企业；从业人员10人及以上的为小型企业；从业人员10人以下的为微型企业。

五、企业类型的划分以统计部门的统计数据为依据。

六、本规定适用于在中华人民共和国境内依法设立的各类所有制和各种组织形式的企业。个体工商户和本规定以外的行业，参照本规定进行划型。

七、本规定的中型企业标准上限即为大型企业标准的下限，国家统计部门据此制定大中小微型企业的统计分类。国务院有关部门据此进行相关数据分析，不得制定与本规定不一致的企业划型标准。

八、本规定由工业和信息化部、国家统计局会同有关部门根据《国民经济行业分类》修订情况和企业发展变化情况适时修订。

九、本规定由工业和信息化部、国家统计局会同有关部门负责解释。

十、本规定自发布之日起执行，原国家经贸委、原国家计委、财政部和国家统计局2003年颁布的《中小企业标准暂行规定》同时废止。

附录3：

国务院关于进一步支持小型微型企业健康发展的意见

国发〔2012〕14号

各省、自治区、直辖市人民政府，国务院各部委、各直属机构：

小型微型企业在增加就业、促进经济增长、科技创新与社会和谐稳定等方面具有不可替代的作用，对国民经济和社会发展具有重要的战略意义。党中央、国务院高度重视小型微型企业的发展，出台了一系列财税金融扶持政策，取得了积极成效。但受国内外复杂多变的经济形势影响，当前，小型微型企业经营压力大、成本上升、融资困难和税费偏重等问题仍很突出，必须引起高度重视。为进一步支持小型微型企业健康发展，现提出以下意见。

一、充分认识进一步支持小型微型企业健康发展的重要意义

（一）增强做好小型微型企业工作的信心。各级政府和有关部门对当前小型微型企业发展面临的新情况、新问题要高度重视，增强信心，加大支持力度，把支持小型微型企业健康发展作为巩固和扩大应对国际金融危机冲击成果、保持经济平稳较快发展的重要举措，放在更加重要的位置上。要科学分析，正确把握，积极研究采取更有针对性的政策措施，帮助小型微型企业提振信心，稳健经营，提高盈利水平和发展后劲，增强企业的可持续发展能力。

二、进一步加大对小型微型企业的财税支持力度

（二）落实支持小型微型企业发展的各项税收优惠政策。提高增值税和营业税起征点；将小型微利企业减半征收企业所得税政策，延长到2015年底并扩大范围；将符合条件的国家中小企业公共服务示范平台中的技术类服务平台纳入现行科技开发用品进口税收优惠政策范围；自2011年11月1日至2014年10月31日，对金融机构与小型微型企业签订的借款合同免征印花税，将金融企业涉农贷款和中小企业贷款损失准备金税前扣除政策延长至2013年底，将符合条件的农村金融机构金融保险收入减按3%的税率征收营业税的政策延长至2015年底。加快推进营业税改征增值税试点，逐步解决服务业营业税重复征税问题。结合深化税收体制改革，完善结构性减税政策，研究进一步支持小型微型企业发展的税收制度。

（三）完善财政资金支持政策。充分发挥现有中小企业专项资金的支持引导作用，2012年将资金总规模由128.7亿元扩大至141.7亿元，以后逐年增加。专项资金要体现政策导向，增强针对性、连续性和可操作性，突出资金使用重点，向小型微型企业和中西部地区倾斜。

（四）依法设立国家中小企业发展基金。基金的资金来源包括中央财

政预算安排、基金收益、捐赠等。中央财政安排资金150亿元，分5年到位，2012年安排30亿元。基金主要用于引导地方、创业投资机构及其他社会资金支持处于初创期的小型微型企业等。鼓励向基金捐赠资金。对企事业单位、社会团体和个人等向基金捐赠资金的，企业在年度利润总额12%以内的部分，个人在申报个人所得税应纳税所得额30%以内的部分，准予在计算缴纳所得税税前扣除。

（五）政府采购支持小型微型企业发展。负有编制部门预算职责的各部门，应当安排不低于年度政府采购项目预算总额18%的份额专门面向小型微型企业采购。在政府采购评审中，对小型微型企业产品可视不同行业情况给予6%—10%的价格扣除。鼓励大中型企业与小型微型企业组成联合体共同参加政府采购，小型微型企业占联合体份额达到30%以上的，可给予联合体2%—3%的价格扣除。推进政府采购信用担保试点，鼓励为小型微型企业参与政府采购提供投标担保、履约担保和融资担保等服务。

（六）继续减免部分涉企收费并清理取消各种不合规收费。落实中央和省级财政、价格主管部门已公布取消的行政事业性收费。自2012年1月1日至2014年12月31日三年内对小型微型企业免征部分管理类、登记类和证照类行政事业性收费。清理取消一批各省（区、市）设立的涉企行政事业性收费。规范涉及行政许可和强制准入的经营服务性收费。继续做好收费公路专项清理工作，降低企业物流成本。加大对向企业乱收费、乱罚款和各种摊派行为监督检查的力度，严格执行收费公示制度，加强社会和舆论监督。完善涉企收费维权机制。

三、努力缓解小型微型企业融资困难

（七）落实支持小型微型企业发展的各项金融政策。银行业金融机构对小型微型企业贷款的增速不低于全部贷款平均增速，增量高于上年同期水平，对达到要求的小金融机构继续执行较低存款准备金率。商业银行应对符合国家产业政策和信贷政策的小型微型企业给予信贷支持。鼓励金融机构建立科学合理的小型微型企业贷款定价机制，在合法、合规和风险可控前提下，由商业银行自主确定贷款利率，对创新型和创业型小型微型企业可优先予以支持。建立小企业信贷奖励考核制度，落实已出台的小型微型企业金融服务的差异化监管政策，适当提高对小型微型企业贷款不良率的容忍度。进一步研究完善小企业贷款呆账核销有关规定，简化呆账核销程序，提高小型微型企业贷款呆账核销效率。优先支持符合条件的商业银行发行专项用于小型微型企业贷款的金融债。支持商业银行开发适合小型微型企业特点的各类金融产品和服务，积极发展商圈融资、供应链融资等融资方式。加强对小型微型企业贷款的统计监测。

（八）加快发展小金融机构。在加强监管和防范风险的前提下，适当放宽民间资本、外资、国际组织资金参股设立小金融机构的条件。适当放宽小额贷款公司单一投资者持股比例限制。支持和鼓励符合条件的银行业金融机构重点到中西部设立村镇银行。强化小金融机构主要为小型微型企业服务的市场定位，创新金融产品和服务方式，优化业务流程，提高服务效率。引导小金融机构增加服务网点，向县域和乡镇延伸。符合条件的小额贷款公司可根据有关规定改制为村镇银行。

（九）拓宽融资渠道。搭建方便快捷的融资平台，支持符合条件的小企业上市融资、发行债券。推进多层次债券市场建设，发挥债券市场对微观主体的资金支持作用。加快统一监管的场外交易市场建设步伐，为尚不符合上市条件的小型微型企业提供资本市场配置资源的服务。逐步扩大小型微型企业集合票据、集合债券、集合信托和短期融资券等发行规模。积极稳妥发展私募股权投资和创业投资等融资工具，完善创业投资扶持机制，支持初创型和创新型小型微型企业发展。支持小型微型企业采取知识产权质押、仓单质押、商铺经营权质押、商业信用保险保单质押、商业保理、典当等多种方式融资。鼓励为小型微型企业提供设备融资租赁服务。积极发展小型微型企业贷款保证保险和信用保险。加快小型微型企业融资服务体系建设。深入开展科技和金融结合试点，为创新型小型微型企业创造良好的投融资环境。

（十）加强对小型微型企业的信用担保服务。大力推进中小企业信用担保体系建设，继续执行对符合条件的信用担保机构免征营业税政策，加大中央财政资金的引导支持力度，鼓励担保机构提高小型微型企业担保业务规模，降低对小型微型企业的担保收费。引导外资设立面向小型微型企业的担保机构，加快推进利用外资设立担保公司试点工作。积极发展再担保机构，强化分散风险、增加信用功能。改善信用保险服务，定制符合小型微型企业需求的保险产品，扩大服务覆盖面。推动建立担保机构与银行业金融机构间的风险分担机制。加快推进企业信用体系建设，切实开展企业信用信息征集和信用等级评价工作。

（十一）规范对小型微型企业的融资服务。除银团贷款外，禁止金融机构对小型微型企业贷款收取承诺费、资金管理费。开展商业银行服务收费检查。严格限制金融机构向小型微型企业收取财务顾问费、咨询费等费用，清理纠正金融服务不合理收费。有效遏制民间借贷高利贷化倾向以及大型企业变相转贷现象，依法打击非法集资、金融传销等违法活动。严格禁止金融从业人员参与民间借贷。研究制定防止大企业长期拖欠小型微型企业资金的政策措施。

四、进一步推动小型微型企业创新发展和结构调整

（十二）支持小型微型企业技术改造。中央预算内投资扩大安排用于中小企业技术进步和技术改造资金规模，重点支持小型企业开发和应用新技术、新工艺、新材料、新装备，提高自主创新能力、促进节能减排、提高产品和服务质量、改善安全生产与经营条件等。各地也要加大对小型微型企业技术改造的支持力度。

（十三）提升小型微型企业创新能力。完善企业研究开发费用所得税前加计扣除政策，支持企业技术创新。实施中小企业创新能力建设计划，鼓励有条件的小型微型企业建立研发机构，参与产业共性关键技术研发、国家和地方科技计划项目以及标准制定。鼓励产业技术创新战略联盟向小型微型企业转移扩散技术创新成果。支持在小型微型企业集聚的区域建立健全技术服务平台，集中优势科技资源，为小型微型企业技术创新提供支撑服务。鼓励大专院校、科研机构和大企业向小型微型企业开放研发试验设施。实施中小企业信息化推进工程，重点提高小型微型企业生产制造、运营管理和市场开拓的信息化应用水平，鼓励信息技术企业、通信运营商为小型微型企业提供信息化应用平台。加快新技术和先进适用技术在小型微型企业的推广应用，鼓励各类技术服务机构、技术市场和研究院所为小型微型企业提供优质服务。

（十四）提高小型微型企业知识产权创造、运用、保护和管理水平。中小企业知识产权战略推进工程以培育具有自主知识产权优势小型微型企业为重点，加强宣传和培训，普及知识产权知识，推进重点区域和重点企业试点，开展面向小型微型企业的专利辅导、专利代理、专利预警等服务。加大对侵犯知识产权和制售假冒伪劣产品的打击力度，维护市场秩序，保护创新积极性。

（十五）支持创新型、创业型和劳动密集型的小型微型企业发展。鼓

励小型微型企业发展现代服务业、战略性新兴产业、现代农业和文化产业，走“专精特新”和与大企业协作配套发展的道路，加快从要素驱动向创新驱动的转变。充分利用国家科技资源支持小型微型企业技术创新，鼓励科技人员利用科技成果创办小型微型企业，促进科技成果转化。实施创办小企业计划，培育和支持3000家小企业创业基地，大力开展创业培训和辅导，鼓励创办小企业，努力扩大社会就业。积极发展各类科技孵化器，到2015年，在孵企业规模达到10万家以上。支持劳动密集型企业稳定就业岗位，推动产业升级，加快调整产品结构和服务方式。

（十六）切实拓宽民间投资领域。要尽快出台贯彻落实国家有关鼓励和引导民间投资健康发展政策的实施细则，促进民间投资便利化、规范化，鼓励和引导小型微型企业进入教育、社会福利、科技、文化、旅游、体育、商贸流通等领域。各类政府性资金要对包括民间投资在内的各类投资主体同等对待。

（十七）加快淘汰落后产能。严格控制高污染、高耗能和资源浪费严重的小型微型企业发展，防止落后产能异地转移。严格执行国家有关法律法规，综合运用财税、金融、环保、土地、产业政策等手段，支持小型微型企业加快淘汰落后技术、工艺和装备，通过收购、兼并、重组、联营和产业转移等获得新的发展机会。

五、加大支持小型微型企业开拓市场的力度

（十八）创新营销和商业模式。鼓励小型微型企业运用电子商务、信用销售和信用保险，大力拓展经营领域。研究创新中国国际中小企业博览会办展机制，促进在国际化、市场化、专业化等方面取得突破。支持小型微型企业参加国内外展览展销活动，加强工贸结合、农贸结合和内外贸结合。建设集中采购分销平台，支持小型微型企业通过联合采购、集中配送，降低采购成本。引导小型微型企业采取抱团方式“走出去”。培育商贸企业集聚区，发展专业市场和特色商业街，推广连锁经营、特许经营、物流配送等现代流通方式。加强对小型微型企业出口产品标准的培训。

（十九）改善通关服务。推进分类通关改革，积极研究为符合条件的小型微型企业提供担保验放、集中申报、24小时预约通关和不实行加工贸易保证金台账制度等便利通关措施。扩大“属地申报，口岸验放”通关模式适用范围。扩大进出口企业享受预归类、预审价、原产地预确定等

措施的范围，提高企业通关效率，降低物流通关成本。

（二十）简化加工贸易内销手续。进一步落实好促进小型微型加工贸易企业内销便利化相关措施，允许联网企业“多次内销、一次申报”，并可在内销当月内集中办理内销申报手续，缩短企业办理时间。

（二十一）开展集成电路产业链保税监管模式试点。允许符合条件的小型微型集成电路设计企业作为加工贸易经营单位开展加工贸易业务，将集成电路产业链中的设计、芯片制造、封装测试企业等全部纳入保税监管范围。

六、切实帮助小型微型企业提高经营管理水平

（二十二）支持管理创新。实施中小企业管理提升计划，重点帮助和引导小型微型企业加强财务、安全、节能、环保、用工等管理。开展企业管理创新成果推广和标杆示范活动。实施小企业会计准则，开展培训和会计代理服务。建立小型微型企业管理咨询服务制度，支持管理咨询机构和志愿者面向小型微型企业开展管理咨询服务。

（二十三）提高质量管理水平。落实小型微型企业产品质量主体责任，加强质量诚信体系建设，开展质量承诺活动。督促和指导小型微型企业建立健全质量管理体系，严格执行生产许可、经营许可、强制认证等准入管理，不断增强质量安全保障能力。大力推广先进的质量管理理念和方法，严格执行国家标准和进口国标准。加强品牌建设指导，引导小型微型企业创建自主品牌。鼓励制定先进企业联盟标准，带动小型微型企业提升质量保证能力和专业化协作配套水平。充分发挥国家质检机构和重点实验室的辐射支撑作用，加快质量检验检疫公共服务平台建设。

（二十四）加强人力资源开发。加强对小型微型企业劳动用工的指导与服务，拓宽企业用工渠道。实施国家中小企业银河培训工程和企业经营管理人才素质提升工程，以小型微型企业为重点，每年培训 50 万名经营管理人员和创业者。指导小型微型企业积极参与高技能人才振兴计划，加强技能人才队伍建设工作，国家专业技术人才知识更新工程等重大人才工程要向小型微型企业倾斜。围绕《国家中长期人才发展规划纲要（2010—2020 年）》确定的重点领域，开展面向小型微型企业创新型专业技术人才的培训。完善小型微型企业职工社会保障政策。

（二十五）制定和完善鼓励高校毕业生到小型微型企业就业的政策。对小型微型企业新招用高校毕业生并组织开展岗前培训的，按规定给予培

训费补贴，并适当提高培训费补贴标准，具体标准由省级财政、人力资源和社会保障部门确定。对小型微型企业新招用毕业年度高校毕业生，签订1年以上劳动合同并按时足额缴纳社会保险费的，给予1年的社会保险补贴，政策执行期限截至2014年年底。改善企业人力资源结构，实施大学生创业引领计划，切实落实已出台的鼓励高校毕业生自主创业的税费减免、小额担保贷款等扶持政策，加大公共就业服务力度，提高高校毕业生创办小型微型企业成功率。

七、促进小型微型企业集聚发展

（二十六）统筹安排产业集群发展用地。规划建设小企业创业基地、科技孵化器、商贸企业集聚区等，地方各级政府要优先安排用地计划指标。经济技术开发区、高新技术开发区以及工业园区等各类园区要集中建设标准厂房，积极为小型微型企业提供生产经营场地。对创办三年内租用经营场地和店铺的小型微型企业，符合条件的，给予一定比例的租金补贴。

（二十七）改善小型微型企业集聚发展环境。建立完善产业集聚区技术、电子商务、物流、信息等服务平台。发挥龙头骨干企业的引领和带动作用，推动上下游企业分工协作、品牌建设和专业市场发展，促进产业集群转型升级。以培育农村二、三产业小型微型企业为重点，大力发展县域经济。开展创新型产业集群试点建设工作。支持能源供应、排污综合治理等基础设施建设，加强节能管理和“三废”集中治理。

八、加强对小型微型企业的公共服务

（二十八）大力推进服务体系建设。到2015年，支持建立和完善4000个为小型微型企业服务的公共服务平台，重点培育认定500个国家中小企业公共服务示范平台，发挥示范带动作用。实施中小企业公共服务平台网络建设工程，支持各省（区、市）统筹建设资源共享、服务协同的公共服务平台网络，建立健全服务规范、服务评价和激励机制，调动和优化配置服务资源，增强政策咨询、创业创新、知识产权、投资融资、管理诊断、检验检测、人才培训、市场开拓、财务指导、信息化服务等各类服务功能，重点为小型微型企业提供质优价惠的服务。充分发挥行业协会（商会）的桥梁纽带作用，提高行业自律和组织水平。

（二十九）加强指导协调和统计监测。充分发挥国务院促进中小企业发展工作领导小组的统筹规划、组织领导和政策协调作用，明确部门分工和责任，加强监督检查和政策评估，将小型微型企业有关工作列入各地区、各有关部门年度考核范围。统计及有关部门要进一步加强对小型微型企业的调查统计工作，尽快建立和完善小型微型企业统计调查、监测分析和定期发布制度。

各地区、各部门要结合实际，研究制定本意见的具体贯彻落实办法，加大对小型微型企业的扶持力度，创造有利于小型微型企业发展的良好环境。

国务院

二〇一二年四月十九日

附录4：

工业和信息化部
关于开展扶助小微企业专项行动的通知

工信部企业〔2013〕67号

各省、自治区、直辖市及计划单列市、新疆生产建设兵团中小企业主管部门：

为贯彻《国务院关于进一步支持小型微型企业健康发展的意见》（国发〔2012〕14号）精神，优化企业发展环境，引导和促进小微企业提高发展质量和效益，实现持续健康发展，我部决定在2013年开展扶助小微企业专项行动。

各地要依据我部《扶助小微企业专项行动实施方案》提出的目标和重点工作，结合本地区实际，确定工作目标，细化工作内容，完善保障措施，明确责任分工，加强组织领导，充分调动各方面的积极性和创造性，务实推动扶助小微企业专项行动实施。

请就本地区扶助小微企业的具体工作安排填写《各地扶助小微企业专项

行动工作安排表》，于3月15日前报工业和信息化部（中小企业司）。

联系电话：010－68205311

传　　真：010－68205319

电子邮箱：zcgh@ sme. gov. cn

附件：1. 扶助小微企业专项行动实施方案

2. 扶助小微企业专项行动重点工作部内分工安排（略）

3. 各地扶助小微企业专项行动工作安排表（略）

附件1

扶助小微企业专项行动实施方案

促进小微企业健康发展是长期的战略任务。2012年，针对小微企业经营压力大、成本上升、融资困难和负担偏重等问题，国务院出台了《国务院关于进一步支持小型微型企业健康发展的意见》（国发〔2012〕14号，以下简称国发14号文件），采取了一系列政策措施。我部以贯彻落实文件精神为核心，组织开展了中小企业服务年活动，取得积极成效。当前，我国经济发展仍面临不少风险和挑战，小微企业面临的困难和问题仍比较突出。为促进小微企业提高发展质量和效益，工业和信息化部决定将扶助小微企业发展作为2013年工业转型升级行动计划的一项重要内容，在全国范围组织开展扶助小微企业专项行动。实施方案如下：

一、指导思想

深入贯彻党的十八大精神，以落实国发14号文件为重点，以“扶助小微、转型成长”为主题，继续实施《“十二五”中小企业成长规划》，完善公共服务体系，改善企业发展环境，重点培育创新型、创业型和劳动密集型（以下简称“三型”）小微企业，提高“专精特新”企业和产业集群发展水平，促进小微企业加快转变发展方式，实现持续健康发展。

二、主要目标

推动出台扶助小微企业发展的配套政策措施；培育一批“三型”小微企业；认定第三批100家国家中小企业公共服务示范平台；开通一批中小企业公共服务平台网络；支持500家以上担保（再担保）机构为小微

企业提供担保服务；完成50万名企业经营管理人员、1000名领军人才培训，建立针对中小企业服务的管理咨询专家库，提升小微企业管理水平；积极帮助企业开拓市场，为超过2000家境内外企业提供展示交流服务；建设企业负担情况网上直报系统，推动减轻企业负担政策落实。

三、重点工作

（一）深入贯彻落实国发14号文件

充分发挥国务院促进中小企业发展工作领导小组办公室的作用，加强政策协调，推动国发14号文件相关配套政策出台和措施实施。继续加大对政策宣传和政策落实情况的跟踪，推动各项政策落到实处。

（二）推动“三型”小微企业发展

1. 支持创新型小微企业发展。

继续实施中小企业创新能力建设计划。落实我部与科技部签订的促进中小企业技术创新协议，推动地方中小企业主管部门与科技部门对接，落实鼓励企业技术创新的税收优惠政策，加强对创新型小微企业的扶助；以产业集群为载体，支持技术创新服务平台建设，集聚带动创新资源为小微企业服务，提升企业的创新发展能力；研究支持小微企业“专精特新”发展的政策措施。

继续实施中小企业信息化推进工程。开展小微企业需求调研，推动研发设计、技术创新、管理提升、市场开拓等提升小微企业竞争力的信息化解决方案的开发与推广应用，支持信息技术服务企业、电信运营商面向小微企业需求开展云计算服务，组织开展相关信息发布与对接活动。

继续实施中小企业知识产权战略推进工程。推动试点城市探索提升小微企业知识产权创造、运用、保护和管理能力的途径与方式，及时总结交流试点经验，提升试点效果。

2. 支持创业型小微企业发展。

进一步实施创办小企业计划。落实《关于大力支持小型微型企业创业兴业的实施意见》，推动简化创立程序、减免相关费用、放宽经营场所限制、加强信贷支持等政策的实施；推动开展创业培训、创业辅导和创业巡讲等活动，提高小微企业创业兴业能力；支持小企业创业基地建设，鼓励基地完善服务功能，提高创业服务水平。

3. 支持劳动密集型小微企业发展。

研究引导支持劳动密集型小微企业发展的对策措施，培育一批有特色产品、有较强市场生存能力和国际竞争力的劳动密集型小微企业发展。

（三）加快中小企业服务体系建设

1. 推动中小企业公共服务平台网络建设，鼓励采用云计算、移动互联网等技术和服务模式，促进平台网络的互联互通、资源共享和服务协同，重点开展对小微企业的公共服务。

2. 认定和培育国家中小企业公共服务示范平台，落实进口设备免税政策，加强对已认定平台运营情况的跟踪测评和监督检查，组织开展服务承诺活动，鼓励示范平台率先为小微企业提供优质服务。

3. 推动食品企业诚信信息平台建设。

4. 深入实施国家中小企业银河培训工程和中小企业经营管理领军人才培训计划。以小微企业为重点，开展政策法规、技术创新、质量管理、知识产权、两化融合、安全生产、节能减排、清洁生产、创业兴业、经营管理等培训。

5. 建立针对中小企业服务的管理咨询专家库，鼓励和引导管理咨询机构开展对小微企业的管理咨询服务，提升企业的管理水平。

6. 举办第十届中国国际中小企业博览会，深化国际化、专业化、市场化改革，为小微企业搭建展示、交易、交流、合作平台，帮助企业开拓国内外市场。

（四）进一步改善融资服务

1. 继续深化我部与工、农、中、建、交五大银行和国家开发银行的战略合作，加大小微企业信贷支持。进一步拓宽融资渠道，加快融资服务平台建设，强化其为小微企业提供贷前、贷后管理和服务的市场定位。

2. 继续开展融资培训咨询活动，提高企业融资能力。

3. 对符合条件的中小企业信用担保（再担保）机构给予资金扶持和税收减免，鼓励其提高对小微企业的担保业务规模，降低小微企业担保收费。推进担保机构的整合重组，重点扶持业务突出担保机构做强做大。积极发展再担保机构，探索构建中小企业信用担保建设模式。

（五）深入推进减轻企业负担工作

落实各项减轻企业负担政策，对企业反映突出的负担问题开展清理整顿。建立企业负担调查评价体系，推进企业减负长效机制建设。继续组织开展减轻企业负担政策宣传活动，营造良好舆论氛围。指导地方改进减负工作，完善省际互查和区域交流机制。

四、进度安排

（一）2013 年 2 月，召开全国中小企业工作会议。总结交流 2012 年中小企业服务年活动情况，部署和启动实施扶助小微企业专项行动，印发专项行动实施方案。

（二）2013 年 7 月，组织开展中期检查。依据专项行动实施方案确定的各项重点工作，由各地中小企业主管部门、部机关相关司局对工作进展情况进行自查；汇总自查情况，形成阶段性工作小结，同时协调解决影响工作进展的情况和问题。

（三）2013 年 11 月，开展年度工作总结。检查专项行动实施方案确定的各项重点工作和目标任务完成情况，总结经验、查找不足，提出 2014 年度支持小微企业发展的工作思路和专项行动计划建议。

五、保障措施

（一）加强工作指导。通过明晰工作思路、确定工作目标，明确工作重点，凝聚上下共识，发挥各自优势，聚焦政策手段，形成工作合力。

（二）加大政策引导。落实好现有支持小微企业发展的政策措施，针对制约企业发展的突出问题，不断完善相关政策措施。充分运用国家、地方各类中小企业专项资金和技术改造资金，支持“三型”小微企业发展；支持公共服务平台、小企业创业基地、中小企业公共服务平台网络等服务设施建设，促进各类服务机构为小微企业提供优质服务。运用税收优惠政策，鼓励国家中小企业公共服务示范平台提高为小微企业服务的能力，鼓励中小企业信用担保机构为小微企业提供担保服务。

（三）创新工作方式。专项行动坚持政府倡导、社会参与、协同推进原则，充分调动各方面积极性，共同参与扶助小微企业专项行动。各级中小企业主管部门要带头改进工作作风，增强服务小微企业的责任意识，将培育“三型”企业，增强小微企业发展活力和市场竞争力作为重中之重，务实开展扶助活动。加强部门合作，增强扶助小微企业发展的政策合力。充分发挥部属单位、大专院校、行业协会以及中小企业服务机构作用，组织带动社会服务资源，开展重点服务活动。

（四）营造舆论氛围。充分利用报刊、广播、电视、网络等媒体，宣传小微企业在经济社会发展中的重要地位、作用和扶持小微企业发展的重要意义；宣传扶助小微企业发展的政策措施；宣传优秀“三型”小微企业的典型经验和企业应对挑战转型成长的典型做法，提振企业信心，弘扬企业家精神。

附录 5：

中国银监会关于深化小微企业金融服务的意见

各银监局：

为贯彻党的十八大精神，落实中央经济工作会议要求，加快推动经济转型，打造中国经济的升级版，促进小微企业金融服务转型升级，现提出如下意见：

一、以始终坚持服务小微企业，支持实体经济健康发展为指导思想，加强正向激励，督促商业银行在商业可持续和风险可控的前提下，进一步强化小微企业金融服务“六项机制”建设，重点支持符合国家产业和环保政策、有市场、有需求、可持续运营的小微企业。

二、以提高小微企业贷款可获得性，拓宽小微企业金融服务覆盖面为工作目标，督促商业银行单列年度小微企业信贷计划，进一步加大对小微企业的支持力度。

三、进一步完善多层次的小微企业金融服务体系，引导商业银行在差异化竞争中不断提高小微企业金融服务水平。

（一）引导大型银行发挥网点、人力和技术优势，提高小微企业金融服务效率，切实践行社会责任。

（二）引导中小银行将改进小微企业金融服务和战略转型相结合，科学调整信贷结构，重点支持小微企业和区域经济发展。

（三）引导新型农村金融机构进一步加大对涉农小微企业的金融支持力度。

四、鼓励和引导商业银行尤其是中小银行进一步提高小微企业金融服务专业化水平，加大小微企业金融服务专营机构的建设、管理和资源配置力度。小微企业金融服务专营机构只能为小微企业提供相关服务，严格遵循“四单原则”。

五、鼓励和引导商业银行尤其是中小银行和新型农村金融机构将小微企业服务网点向老少边穷地区、县域、乡镇等金融服务薄弱区域，以及批发市场、商贸集市等小微企业集中地区延伸。

六、对于小微企业授信客户数占该行所有企业授信客户数以及最近六个月月末平均授信余额占该行企业授信余额达到一定比例以上的商业银行（原则上东部沿海省份和计划单列市授信客户数占比不应低于70%，其他省份应不低于60%），各银监局在综合评估的基础上，可允许其一次同时筹建多家同城支行，且不受“每次批量申请的间隔期限不得少于半年”的限制。

七、鼓励商业银行先行先试，创新小微企业金融产品和服务方式，提升小微企业金融服务的广度和深度。

（一）引导商业银行根据小微企业不同发展阶段的金融需求特点，由单纯提供融资服务转向提供集融资、结算、理财、咨询等为一体的综合性金融服务。

（二）引导商业银行在提升风险管理水平的基础上，创新小微企业贷款抵质押方式，研究发展网络融资平台，拓宽小微企业融资服务渠道。

八、引导商业银行根据自身实际，在科学有效地运用资金、合理调整资产负债结构的基础上，有序开展专项金融债的申报工作。获准发行小微企业专项金融债的商业银行应实行专户管理，确保募集资金全部用于小微企业贷款。

九、在推进资产证券化业务试点工作中，优先选择小微企业金融服务成效显著、风险管控水平较高的商业银行，进一步拓宽小微企业贷款的资金来源。

十、根据《商业银行资本管理办法（试行）》（银监会令〔2012〕1号），在权重法下对符合“商业银行对单家企业（或企业集团）的风险暴露不超过500万元，且占本行信用风险暴露总额的比例不高于0.5%”条件的小微企业贷款适用75%的风险权重，在内部评级法下比照零售贷款适用优惠的资本监管要求。

十一、督促商业银行在收益覆盖成本和风险的前提下，根据风险水平、筹资成本、管理成本、授信目标收益、资本回报要求以及当地市场利率水平等因素，在国家利率政策允许的浮动范围内，自主确定贷款利率，建立科学合理的小微企业信贷风险定价机制。同时，进一步规范小微企业金融服务收费，严禁在发放贷款时附加不合理的贷款条件，提高小微企业金融服务收费的透明度。

十二、督促商业银行完善小微企业信贷风险管理体系，加大资源配置和人员培训力度，提升小微企业信贷风险识别、预警和处置能力。

十三、引导商业银行主动、持续宣传和推广小微企业金融服务的政策、经验和成效，普及小微企业金融服务知识，营造良好的社会舆论氛围。

十四、积极加强与有关部门的联动，在规范现有融资性担保机构的基础上，推动完善多层次、多领域、差别化的融资性担保体系，促进银行业金融机构与融资性担保机构加强规范合作，进一步增强担保机构的担保能力，引导其更好地为小微企业融资提供增信服务。

十五、积极配合有关部门进一步改善小微企业金融服务的外部生态环境。

（一）积极推动商业银行加强与地方相关部门的沟通协作，争取在财政补贴、税收优惠、建立风险分担和补偿机制、不良贷款核销等方面获得更大支持。

（二）积极引导商业银行在合理有效利用现有征信系统的基础上，加强其他相关信息资源的搜集，提高小微企业金融服务的质效。

本指导意见所指小微企业按照《关于印发中小企业划型标准规定的通知》（工信部联企业〔2011〕300号）的划分标准执行。小微企业贷款包括商业银行向小型、微型企业发放的贷款，个体工商户贷款以及小微企业主贷款。

2013年3月21日

附录6：

国家发展改革委关于加强小微企业融资服务支持小微企业发展的指导意见

发改财金〔2013〕1410号

各省、自治区、直辖市及计划单列市、副省级省会城市发展改革委，北京市金融工作局、福建省经贸委、深圳市金融办：

为贯彻《国务院办公厅关于金融支持经济结构调整和转型升级的指导意见》(国办发〔2013〕67号),落实全国小微企业金融服务经验交流电视电话会议精神和工作部署,拓宽小微企业(系指《中小企业划型标准规定》(工信部联企业〔2011〕300号)中的小型、微型企业)融资渠道,缓解小微企业融资困难,加大对小微企业的支持力度,现提出以下意见:

一、各省级、副省级创业投资企业备案管理部门(以下简称各省级备案管理部门)应依据《关于促进创业投资企业发展有关税收政策的通知》(财税〔2007〕31号),与属地财税部门建立顺畅的工作机制,确保符合条件的创业投资企业及时足额享受税收优惠政策。

二、各省级备案管理部门应依据《国务院办公厅转发发展改革委等部门关于创业投资引导基金规范设立与运作指导意见的通知》(国办发〔2008〕116号),加快设立小微企业创业投资引导基金,吸引社会资本设立创业投资企业,主要投资于小微企业。已设立的创业投资引导基金应加快研究出台鼓励所投资创业投资企业支持小微企业的激励制度,可采取对参股创投企业设置投资小微企业的最低股比要求、支持参股创业投资企业加大对孵化器类企业投资,对投资小微企业的项目进行跟进投资等措施,支持小微企业发展。

三、支持符合条件的创业投资企业、股权投资企业、产业投资基金发行企业债券,专项用于投资小微企业;支持符合条件的创业投资企业、股权投资企业、产业投资基金的股东或有限合伙人发行企业债券,扩大创业投资企业、股权投资企业、产业投资基金资本规模。

四、继续加大国家新兴产业创投计划实施力度。按照"政府引导、规范管理、市场运作、鼓励创新"的原则,鼓励新兴产业创投计划参股创业投资企业进一步加大对战略性新兴产业和高技术产业领域小微企业的投资力度,在科技创新、战略规划、资源整合、市场融资、营销管理等方面,全面提升对创新型小微企业的增值服务水平,促进创新型小微企业加快发展。各省级备案管理部门要做好新兴产业创投计划参股创业投资企业的备案管理工作。

五、各省级发展改革部门应会同有关部门抓紧制定鼓励财政出资的股权投资企业、产业投资基金支持小微企业的政策措施,完善国有股权投资企业、产业投资基金绩效考核制度。各省级备案管理部门应积极协调属地国资部门,完善国有创业投资企业绩效考核政策,鼓励其加大对小微企业的投资。

六、鼓励各省级备案管理部门积极开展创业投资企业、股权投资企业与小微企业的项目对接活动，促进创业投资、股权投资资本的投资需求与小微企业融资需求的有机结合。

七、进一步完善“统一组织，统一担保，捆绑发债，分别负债”的中小企业集合债券相关制度设计，简化审核程序，提高审核效率，逐步扩大中小企业集合债券发行规模。对于集合债券发行主体中募集资金规模小于1亿元的，可以全部用于补充公司营运资金。各地发展改革部门应根据本地实际，优先做好中小企业集合债券发行申请材料的转报工作，提高工作效率。

八、扩大小微企业增信集合债券试点规模。贯彻国务院国发〔2012〕14号文件关于“搭建方便快捷的融资平台，支持符合条件的小企业上市融资、发行债券”的精神，在完善风险防范机制的基础上，继续支持符合条件的国有企业和地方政府投融资平台试点发行“小微企业增信集合债券”，募集资金在有效监管下，通过商业银行转贷管理，扩大支持小微企业的覆盖面。鼓励地方政府出台财政配套措施，采取政府风险缓释基金、债券贴息等方式支持“小微企业增信集合债券”，稳步扩大试点规模。

九、鼓励发行企业债券募集资金投向有利于小微企业发展的领域。鼓励地方政府投融资平台公司发债用于经济技术开发区、高新技术开发区以及工业园区等各类园区内小企业创业基地、科技孵化器、标准厂房等的建设；用于完善产业集聚区技术、电子商务、物流、信息等服务平台建设；用于中小企业公共服务平台网络工程建设等，鼓励发债用于为小微企业提供设备融资租赁业务。支持中小型企业发行企业债券用于企业技术改造，包括开发和应用新技术、新工艺、新材料、新装备，提高自主创新能力、促进节能减排、提高产品和服务质量、改善安全生产与经营条件等。

十、贯彻《关于坚决遏制产能严重过剩行业盲目扩张的通知》（发改产业〔2013〕892号）精神，支持创业投资企业、产业投资基金、企业债券满足产能过剩行业的小微企业转型转产、产品结构调整的融资需求。严格限制创业投资引导基金和财政出资的股权投资企业、产业投资基金间接或直接投向产能严重过剩行业新增产能项目、违规在建项目。

十一、清理规范涉及企业的基本银行服务费用，完善银行收费定价机制。加强对商业银行收费的监管，把规范银行收费行为作为清理治乱减负的重要内容，重点查处商业银行审核发放贷款过程中强制收费、捆绑收费、只收费不服务少服务行为，以及明令取消的项目继续收费、自立项目收费等行为。

彻查违规行为，整肃经营环境，切实降低小微企业实际融资成本。

国家发展改革委
2013 年 7 月 23 日

附录 7：

国务院办公厅关于金融支持小微企业发展的实施意见

国办发〔2013〕87 号

各省、自治区、直辖市人民政府，国务院各部委、各直属机构：

小微企业是国民经济发展的生力军，在稳定增长、扩大就业、促进创新、繁荣市场和满足人民群众需求等方面，发挥着极为重要的作用。加强小微企业金融服务，是金融支持实体经济和稳定就业、鼓励创业的重要内容，事关经济社会发展全局，具有十分重要的战略意义。为进一步做好小微企业金融服务工作，全力支持小微企业良性发展，经国务院同意，现提出以下意见。

一、确保实现小微企业贷款增速和增量“两个不低于”的目标

继续坚持“两个不低于”的小微企业金融服务目标，在风险总体可控的前提下，确保小微企业贷款增速不低于各项贷款平均水平、增量不低于上年同期水平。在继续实施稳健的货币政策、合理保持全年货币信贷总量的前提下，优化信贷结构，腾挪信贷资源，在盘活存量中扩大小微企业融资增量，在新增信贷中增加小微企业贷款份额。充分发挥再贷款、再贴现和差别准备金动态调整机制的引导作用，对中小金融机构继续实施较低的存款准备金率。进一步细化“两个不低于”的考核措施，对银行业金融机构的小微企业贷款比例、贷款覆盖率、服务覆盖率和申贷获得率等指

标，定期考核，按月通报。要求各银行业金融机构在商业可持续和有效控制风险的前提下，单列小微企业信贷计划，合理分解任务，优化绩效考核机制，并由主要负责人推动层层落实。（人民银行、银监会按职责分工负责）

二、加快丰富和创新小微企业金融服务方式

增强服务功能、转变服务方式、创新服务产品，是丰富和创新小微企业金融服务方式的重点内容。进一步引导金融机构增强支小助微的服务理念，动员更多营业网点参与小微企业金融服务，扩大业务范围，加大创新力度，增强服务功能；牢固树立以客户为中心的经营理念，针对不同类型、不同发展阶段小微企业的特点，不断开发特色产品，为小微企业提供量身定做的金融产品和服务。积极鼓励金融机构为小微企业全面提供开户、结算、理财、咨询等基础性、综合性金融服务；大力发展产业链融资、商业圈融资和企业群融资，积极开展知识产权质押、应收账款质押、动产质押、股权质押、订单质押、仓单质押、保单质押等抵质押贷款业务；推动开办商业保理、金融租赁和定向信托等融资服务。鼓励保险机构创新资金运用安排，通过投资企业股权、基金、债权、资产支持计划等多种形式，为小微企业发展提供资金支持。充分利用互联网等新技术、新工具，不断创新网络金融服务模式。（人民银行、银监会、证监会、保监会按职责分工负责）

三、着力强化对小微企业的增信服务和信息服务

加快建立“小微企业—信息和增信服务机构—商业银行”利益共享、风险共担新机制，是破解小微企业缺信息、缺信用导致融资难的关键举措。积极搭建小微企业综合信息共享平台，整合注册登记、生产经营、人才及技术、纳税缴费、劳动用工、用水用电、节能环保等信息资源。加快建立小微企业信用征集体系、评级发布制度和信息通报制度，引导银行业金融机构注重用好人才、技术等“软信息”，建立针对小微企业的信用评审机制。建立健全主要为小微企业服务的融资担保体系，由地方人民政府参股和控股部分担保公司，以省（区、市）为单位建立政府主导的再担保公司，创设小微企业信贷风险补偿基金。指导相关行业协会推进联合增信，加强本行业小微企业的合作互助。充分挖掘保险工具的增信作用，大力发展贷款保证保险和信用保险业务，稳步扩大出口信用保险对小微企业

的服务范围。（发展改革委、工业和信息化部、财政部、商务部、人民银行、工商总局、银监会、证监会、保监会等按职责分工负责）

四、积极发展小型金融机构

积极发展小型金融机构，打通民间资本进入金融业的通道，建立广覆盖、差异化、高效率的小微企业金融服务机构体系，是增加小微企业金融服务有效供给、促进竞争的有效途径。进一步丰富小微企业金融服务机构种类，支持在小微企业集中的地区设立村镇银行、贷款公司等小型金融机构，推动尝试由民间资本发起设立自担风险的民营银行、金融租赁公司和消费金融公司等金融机构。引导地方金融机构坚持立足当地、服务小微的市场定位，向县域和乡镇等小微企业集中的地区延伸网点和业务，进一步做深、做实小微企业金融服务。鼓励大中型银行加快小微企业专营机构建设和向下延伸服务网点，提高小微企业金融服务的批量化、规模化、标准化水平。（银监会牵头）

五、大力拓展小微企业直接融资渠道

加快发展多层次资本市场，是解决小微企业直接融资比例过低、渠道过窄的必由之路。进一步优化中小企业板、创业板市场的制度安排，完善发行、定价、并购重组等方面的政策和措施。适当放宽创业板市场对创新型、成长型企业的财务准入标准，尽快启动上市小微企业再融资。建立完善全国中小企业股份转让系统（以下称“新三板”），加大产品创新力度，增加适合小微企业的融资品种。进一步扩大中小企业私募债券试点，逐步扩大中小企业集合债券和小微企业增信集合债券发行规模，在创业板、“新三板”、公司债、私募债等市场建立服务小微企业的小额、快速、灵活的融资机制。在清理整顿各类交易场所基础上，将区域性股权市场纳入多层次资本市场体系，促进小微企业改制、挂牌、定向转让股份和融资，支持证券公司通过区域性股权市场为小微企业提供挂牌公司推荐、股权代理买卖等服务。进一步建立健全非上市公众公司监管制度，适时出台定向发行、并购重组等具体规定，支持小微企业股本融资、股份转让、资产重组等活动。探索发展并购投资基金，积极引导私募股权投资基金、创业投资企业投资于小微企业，支持符合条件的创业投资企业、股权投资企业等发行企业债券，专项用于投资小微企业，促进创新型、创业型小微企业融资发展。（证监会、发展改革委、科技部等按职责分工负责）

六、切实降低小微企业融资成本

进一步清理规范各类不合理收费，是切实降低小微企业综合融资成本的必然要求。继续对小微企业免征管理类、登记类、证照类行政事业性收费。规范担保公司等中介机构的收费定价行为，通过财政补贴和风险补偿等方式合理降低费率。继续治理金融机构不合理收费和高收费行为，开展对金融机构落实收费政策情况的专项检查，对落实不到位的金融机构要严肃处理。（发展改革委、工业和信息化部、财政部、人民银行、银监会等按职责分工负责）

七、加大对小微企业金融服务的政策支持力度

对小微企业金融服务予以政策倾斜，是做好小微企业金融服务、防范金融风险的必要条件。进一步完善和细化小微企业划型标准，引导各类金融机构和支持政策更好地聚焦小微企业。充分发挥支持性财税政策的引导作用，强化对小微企业金融服务的正向激励；在简化程序、扩大金融机构自主核销权等方面，对小微企业不良贷款核销给予支持。建立科技金融服务体系，进一步细化科技型小微企业标准，完善对各类科技成果的评价机制。在银行业金融机构的业务准入、风险资产权重、存贷比考核等方面实施差异化监管。继续支持符合条件的银行发行小微企业专项金融债，用所募集资金发放的小微企业贷款不纳入存贷比考核。逐步推进信贷资产证券化常规化发展，引导金融机构将盘活的资金主要用于小微企业贷款。鼓励银行业金融机构适度提高小微企业不良贷款容忍度，相应调整绩效考核机制。继续鼓励担保机构加大对小微企业的服务力度，推进完善有关扶持政策。积极争取将保险服务纳入小微企业产业引导政策，不断完善小微企业风险补偿机制。（发展改革委、科技部、工业和信息化部、财政部、人民银行、税务总局、统计局、银监会、证监会、保监会等按职责分工负责）

八、全面营造良好的小微金融发展环境

推进金融环境建设，营造良好的金融环境，是促进小微金融发展的重要基础。地方人民政府要在健全法治、改善公共服务、预警提示风险、完善抵质押登记、宣传普及金融知识等方面，抓紧研究制定支持小微企业金融服务的政策措施；切实落实融资性担保公司、小额贷款公司、典当行、投资（咨询）公司、股权投资企业等机构的监管和风险处置责任，加大对非法集资等非法金融活动的打击惩处力度；减少对金融机构正常经营活动的干预，帮助维护银行债权，打击逃废银行债务行为；化解金融风险，切实维护地方金融市场秩序。有关部门要研究采取有效措施，积极引导小微企业提高自身素质，改善经营管理，健全财务制度，增强信用意识。（发展改革委、工业和信息化部、公安部、财政部、商务部、人民银行、税务总局、工商总局、银监会、证监会、保监会等按职责分工负责）

各地区、各有关部门和各金融机构要按照国务院的统一部署，进一步提高对小微企业金融服务重要性的认识，明确分工，落实责任，形成合力，真正帮助小微企业解决现实难题。银监会要牵头组织实施督促检查工作，确保各项政策措施落实到位。从2014年开始，各省级人民政府、人民银行、银监会、证监会和保监会要将本地区或本领域上一年度小微企业金融服务的情况、成效、问题、下一步打算及政策建议，于每年1月底前专题报告国务院。各银行业金融机构有关落实情况及下一步工作和建议，由银监会汇总后报国务院。

国务院办公厅

2013年8月8日

附录8：

中国银监会关于进一步做好小微企业金融服务工作的指导意见

银监发〔2013〕37号

各银监局，各政策性银行、国有商业银行、股份制商业银行，邮政储蓄银行，各省级农村信用联社：

为贯彻落实《国务院办公厅关于金融支持小微企业发展的实施意见》（国办发〔2013〕87号），进一步推进银行业小微企业金融服务工作，现提出如下意见：

一、银行业金融机构应坚持商业可持续原则，深入落实利率风险定价、独立核算、贷款审批、激励约束、人员培训、违约信息通报等“六项机制”，重点支持符合国家产业和环保政策、有利于扩大就业、有偿还意愿和偿还能力小微企业的融资需求。

二、银行业金融机构应在商业可持续和有效控制风险的前提下，主动调整信贷结构，单列年度小微企业信贷计划，并将任务合理分解到各分支机构，优化绩效考核机制，由主要负责人层层推动落实。同时，银行业金融机构应充分发挥信贷资产流转、证券化对小微企业融资的支持作用，将盘活的资金主要用于小微企业贷款。

各银监局应于每年一季度末汇总辖内法人银行业金融机构当年的小微企业信贷计划，报送银监会。各政策性银行、国有商业银行及中信银行、光大银行、邮政储蓄银行应于每年一季度末将当年全行的小微企业信贷计划报送银监会，同时抄送相关机构监管部门。

三、银行业金融机构应根据自身的市场定位和发展战略，在风险可控的前提下，切实加大对小微企业的信贷资源投入和考核力度，力争实现“两个不低于”目标，即：小微企业贷款增速不低于各项贷款平均增速，增量不低于上年同期。

各银监局应对辖内小微企业贷款增长情况（含法人银行业金融机构、分支机构和总行营业部）实行按月监测、按季考核，并针对辖内银行业金融机构细化考核要求，确保全辖实现“两个不低于”目标。

四、进一步完善小微企业金融服务监测指标体系。将小微企业贷款覆盖率、小微企业综合金融服务覆盖率和小微企业申贷获得率3项指标纳入监测指标体系，按月进行监测、考核和通报。具体填报要求见附件。

小微企业贷款覆盖率和小微企业综合金融服务覆盖率主要考察小微企业从银行获得贷款及其他金融服务的比例。小微企业申贷获得率主要考察银行业金融机构对小微企业有效贷款需求的满足情况。银行业金融机构要进一步改进内部机制体制，增强服务意识，切实提高小微企业贷款可获得性，拓宽小微企业金融服务覆盖面。

五、继续强化对小微企业金融服务的正向激励。各银行业金融机构必须在全年实现“两个不低于”目标、且当年全行小微企业申贷获得率不低于上年水平的前提下，下一年度才能享受《关于支持商业银行进一步改进小企业金融服务的通知》（银监发〔2011〕59号）、《关于支持商业银行进一步改进小型微型企业金融服务的补充通知》（银监发〔2011〕94号）、《关于深化小微企业金融服务的意见》（银监发〔2011〕7号）等文件规定的优惠政策。

各银监局要在银行业金融机构的市场准入、风险资产权重、存贷比考核等方面进一步落实差异化监管政策和正向激励措施。

六、各银监局应指导银行业金融机构有序开展小微企业专项金融债的申报工作，拓宽小微企业信贷资金来源。

获准发行此类专项金融债的银行业金融机构，该债项所对应的小微企业贷款在计算“小型微型企业调整后存贷比”时，可在分子项中予以扣除。

七、银行业金融机构要牢固树立以客户为中心的经营理念，持续丰富和创新小微企业金融服务方式。要针对不同类型、不同发展阶段小微企业的特点，为其量身定做特色产品，并全面提供开户、结算、贷款、理财、咨询等基础性、综合性金融服务。大力发展产业链融资、商业圈融资和企业群融资。要在提升风险管理水平的基础上，积极创新还款方式和抵质押方式，建立针对小微企业的信用评审机制，探索发放小微企业信用贷款。有序开办商业保理、金融租赁和定向信托等融资服务。同时，充分利用互联网等新技术、新工具，研究发展网络融资平台，不断创新网络金融服务模式。

各银监局要进一步引导辖内银行业金融机构增强支小助微的服务理念，鼓励开展金融创新，在做好风险防范和管理的基础上，按照“先试先行”的指导思想，稳步探索小微企业金融服务的新模式、新产品、新渠道。

八、银行业金融机构要进一步推进小微企业金融服务网点和渠道建设，增加对小微企业的有效金融供给。大中型银行要继续以“四单原则”为指导，把小微企业专营机构做精、做深、做出特色，并进一步向下延伸服务和网点，提高小微企业金融服务的批量化、规模化、标准化水平。地方法人银行业金融机构要坚持立足当地、服务小微的市场定位，向县域和乡镇等小微企业集中的地区延伸网点和业务。

各银监局要引导辖内银行业金融机构合理布局，支持在小微企业集中的地区设立村镇银行、贷款公司等小型金融机构，促进竞争，进一步做深、做实小微企业金融服务。

九、进一步规范小微企业金融服务收费。银行业金融机构要在建立科学合理的小微企业信贷风险定价机制的基础上，严格执行《关于支持商业银行进一步改进小型微型企业金融服务的补充通知》（银监发〔2011〕94 号）有关规定，除银团贷款外，不得对小微企业贷款收取承诺费、资金管理费，严格限制对小微企业及其增信机构收取财务顾问费、咨询费等费用。严禁在发放贷款时附加不合理的贷款条件。

各银监局应加强对辖内银行业金融机构的督导，提高小微企业金融服务收费的透明度，并于 2013 年 11 月 30 日前对辖内银行业金融机构落实小微企业金融服务收费政策的情况开展专项检查，将检查结果纳入小微企业金融服务的年度总结。

十、银行业金融机构应根据自身风险状况和内控水平，适度提高对小微企业不良贷款的容忍度，并制定相应的小微企业金融服务从业人员尽职免责办法。

各银监局应在监管工作中落实提高小微企业不良贷款容忍度的具体措施。银行业金融机构小微企业贷款不良率高出全辖各项贷款不良率 2 个百分点以内的，该项指标不作为当年监管评级的扣分因素。

十一、银行业金融机构应加强风险管理和内控机制建设，完善小微企业信贷风险管理体系，提升小微企业信贷风险识别、预警和处置能力。

各银监局应加强对小微企业风险状况的监测和提示，指导辖内银行业金融机构主动防范和化解风险。

十二、各银监局、各银行业金融机构应主动加强与地方政府和相关部门的沟通，进一步密切合作，争取在财政补贴、税收优惠、信息共享平台、信用征集体系、风险分担和补偿机制等方面获得更大支持，优化小微企业金融服务的外部环境；充分发挥融资性担保机构为小微企业融资增信的作用，规范融资性担保贷款管理和收费定价行为，引导和督促融资性担保机构利用财政补贴和风险补偿等方式合理降低担保费率。各银行业金融机构应用足、用好财政、税收各项优惠政策，加大对小微企业不良贷款的核销力度。

十三、进一步做好小微企业金融服务宣传工作。各银监局、各银行业金融机构要主动、持续宣传和推广小微企业金融服务的政策、经验和成效，普及小微企业金融服务知识，营造良好的社会舆论氛围。

十四、加强对小微企业金融服务工作的督导与总结。各银监局要将对小微企业金融服务的督导检查纳入日常监管工作内容。对于当年未能实现“两个不低于”目标的银监局和相关银行业金融机构，银监会将进行重点督导。

各银监局、各政策性银行、国有商业银行、中信银行、光大银行、邮政储蓄银行应将上一年度全辖或全行的小微企业金融服务年度总结，于每年1月10日前报送银监会，前述各行应同时将总结抄送相关的机构监管部门。总结内容包括当年小微企业金融服务情况、成效、面临的问题、下一步工作安排及对有关部门的政策建议。

十五、自本意见印发之日起，《中国银监会办公厅关于按季报送小微企业金融服务有关数据的通知》（银监办发〔2013〕94号）中有关各银监局报送小微企业金融服务客户覆盖情况的规定不再执行，其余规定不变。

请各银监局将本意见转发辖内银监分局和银行业金融机构（不含外国银行分行）。

2013年8月29日

附录9：

财政部　工业和信息化部　科技部
商务部关于《中小企业发展专项资金
管理暂行办法》的通知

财企〔2014〕38 号

各省、自治区、直辖市、计划单列市财政厅（局）、中小企业主管部门、科技厅（委、局）、商务主管部门，新疆生产建设兵团财务局、工业和信息化委员会、科技局、商务局，有关中央所属单位：

为促进中小企业特别是小型微型企业健康发展，规范和加强中小企业发展专项资金的使用和管理，财政部会同工业和信息化部、科技部、商务部制定了《中小企业发展专项资金管理暂行办法》。现印发给你们，请遵照执行。

财政部　工业和信息化部　科技部　商务部
2014 年 4 月 11 日

中小企业发展专项资金管理暂行办法

第一章　总　　则

第一条　为了规范中小企业发展专项资金的管理和使用，提高资金使用效益，根据《中华人民共和国预算法》、《中华人民共和国中小企业促进法》等有关规定，制定本办法。

第二条　本办法所称中小企业发展专项资金（以下简称专项资金），是指中央财政预算安排，用于支持中小企业特别是小微企业科技创新、改善中小企业融资环境、完善中小企业服务体系、加强国际合作等方面的资金。

第三条　专项资金的宗旨是，贯彻落实国家宏观政策和扶持中小企业发展战略，弥补市场失灵，促进公平竞争，激发中小企业和非公有制经济活力和创造力，促进扩大就业和改善民生。

第四条　专项资金的使用和管理遵循公开透明、突出重点、统筹管理、加强监督的原则，确保资金使用规范、安全和高效，并向中西部地区倾斜。

第五条　专项资金综合运用无偿资助、股权投资、业务补助或奖励、代偿补偿、购买服务等支持方式，采取市场化手段，引入竞争性分配办法，鼓励创业投资机构、担保机构、公共服务机构等支持中小企业，充分发挥财政资金的引导和促进作用。

第六条　专项资金建立部门共管、专家评审、项目公示、追踪问效的全过程协作管理机制，加强绩效评价及结果运用，实现资金分配的激励和约束。

第七条　专项资金由财政部会同工业和信息化部、科技部、商务部（以下统称相关部门）按照职责分工共同管理。

财政部负责专项资金的预算管理和资金拨付，会同相关部门制定资金分配方案，并对资金的使用和管理情况等开展绩效评价和监督检查。

相关部门会同财政部开展专项资金项目管理工作，确定年度支持重点，组织项目申报和评审，并对项目实施情况进行跟踪服务和监督检查。

第二章　支持科技创新

第八条　发挥财政资金对中小企业科技创新活动的引导作用，支持和鼓励科技型中小企业研究开发具有良好市场前景的前沿核心关键技术，借助创业投资机制促进中小企业科技创新，推动实施国家创新驱动战略。

第九条　专项资金安排专门支出支持中小企业围绕电子信息、光机电一体化、资源与环境、新能源与高效节能、新材料、生物医药、现代农业及高技术服务等领域开展科技创新活动（国际科研合作项目除外）。

第十条　专项资金运用无偿资助方式，对科技型中小企业创新项目按照不超过相关研发支出40%的比例给予资助。每个创新项目资助额度最高不超过300万元。

第十一条　专项资金安排专门支出设立科技型中小企业创业投资引导基金（以下简称引导基金），用于引导创业投资企业、创业投资管理企业、具有投资功能的中小企业服务机构等（以下统称创业投资机构）投资于初创期科技型中小企业。

第十二条　引导基金运用阶段参股、风险补助和投资保障等方式，对创业投资机构及初创期科技型中小企业给予支持。

第十三条　阶段参股是指引导基金向创业投资企业进行股权投资，参股比例最高不超过创业投资企业募集资金总额的25%，且不做第一大出资人，不参与创业投资企业的日常经营和管理。

引导基金参股期内，创业投资企业投资于初创期科技型中小企业的累积金额不低于引导基金出资额的2倍。

第十四条　引导基金参股股权经相关部门和财政部审核后，可按照以下方式退出：

（一）在约定期限内按照约定价格退出。引导基金参股4年内退出的，转让价格为引导基金原始投资额；参股4年以上6年以内退出的，转让价格为引导基金原始投资额及从第5年起按照转让时中国人民银行公布的1年期贷款基准利率计算的利息之和；参股满6年仍未退出的，将与其他出资人同股同权在存续期满后清算退出。

（二）先于保障出资人退出。引导基金参股前，确定一个或多个出资人作为引导基金参股本金回收的保障人（以下简称保障出资人）。引导基金参股后，创业投资企业如发生收益或清算分配，引导基金将先于保障出资人获得分配直至收回引导基金原始投资额及从第5年起按照当时中国人民银行公布的1年期贷款基准利率计算的利息之和，从而实现退出。

第十五条　引导基金股权投资收入上缴中央国库，纳入中央公共财政预算管理。

第十六条　风险补助是指引导基金对创业投资机构投资于年销售收入不超过2000万元的初创期科技型中小企业的投资项目给予一定比例的投资奖励和损失补偿。

（一）投资奖励：引导基金对投资项目，按照不超过实际投资额5%的比例给予奖励，每个投资项目奖励额度最高不超过100万元，每家创业投资机构年度累计奖励额度最高不超过500万元。

（二）损失补偿：引导基金对创业投资机构已获得投资奖励支持的投资项目，按照不超过投资退出时实际损失额50%的比例给予补偿，每个投资项目损失补偿额度最高不超过200万元。

第十七条　投资保障是指创业投资机构将正在进行高新技术研发、有投资潜力的，且年销售收入不超过2000万元的初创期科技型中小企业确定为“辅导企业”，引导基金对“辅导企业”给予投资前保障或投资后保障。

（一）投资前保障：引导基金给予每个项目投资前资助额度最高不超过100万元，用于补助“辅导企业”高新技术研发的费用支出。

（二）投资后保障：创业投资机构对“辅导企业”实施投资后，引导基金给予每个项目投资后资助额度最高不超过200万元，用于补助“辅导企业”高新技术产品产业化的费用支出。

第三章　改善融资环境

第十八条　发挥财政资金对信用担保机构等中小企业融资服务机构的激励作用，引导其提升业务能力、规范经营行为、加快扩大中小企业融资服务规模，缓解中小企业融资难问题。

第十九条　专项资金安排专门支出支持中小企业信用担保机构（以下简称担保机构）、中小企业信用再担保机构（以下简称再担保机构）增强资本实力、扩大中小企业融资担保和再担保业务规模。

第二十条　专项资金运用业务补助、增量业务奖励、资本投入、代偿补偿、创新奖励等方式，对担保机构、再担保机构给予支持。

（一）业务补助：专项资金对担保机构开展的中小企业特别是小微企业融资担保业务，按照不超过年平均在保余额2%的比例给予补助；对再担保机构开展的中小企业融资再担保业务，按照不超过年平均在保余额0.5%的比例给予补助。

（二）增量业务奖励：专项资金对担保机构，按照不超过当年小微企业融资担保业务增长额3%的比例给予奖励；对再担保机构，按照不超过当年小微企业融资再担保业务增长额1%的比例给予奖励。

（三）资本投入：专项资金对中西部地区省级财政直接或间接出资新设或增资的担保机构、再担保机构，按照不超过省级财政出资额30%的比例给予资本投入支持，并委托地方出资单位代为履行出资人职责。

（四）代偿补偿：中央和地方共同出资，设立代偿补偿资金账户，委托省级再担保机构实行专户管理，专项资金出资比例不超过60%。

当省级再担保机构对担保机构开展的小微企业融资担保业务按照代偿额50%以上的比例（含）给予补偿时，代偿补偿资金按照不超过代偿额30%的比例对担保机构给予补偿。该代偿业务的追偿所得，按照代偿补偿比例缴回代偿补偿资金账户。

（五）创新奖励：专项资金对积极探索创新小微企业融资担保业务且推广效用显著的担保机构，给予最高不超过100万元的奖励。

第二十一条　经省级以上财政部门通过竞争性方式选定为从事政府采购信用担保业务的担保机构，可按本办法规定申请专项资金资助。

第二十二条　担保机构、再担保机构可以同时申请以上不限于一项支持方式的资助，但单个担保机构当年获得专项资金的资助额度最高不超过2000万元，单个再担保机构当年获得专项资金的资助额度最高不超过3000万元（资本投入方式除外）。

单个代偿补偿资金账户当年获得专项资金的出资额度最高不超过3亿元。

第四章　完善服务体系

第二十三条　发挥财政资金在构建完善多元化、多层次中小企业公共服务体系方面的激励作用，加快改善中小企业服务环境、提升服务水平，促进中小企业公平参与市场竞争。

第二十四条　专项资金安排专门支出支持各类中小企业公共服务平台和服务机构的建设和运行，增强服务能力、降低服务成本、增加服务种类、提高服务质量，为中小企业提供全方位专业化优质服务。重点支持以下内容：

（一）科技服务。包括技术咨询、研发设计、检验检测、技术转移、技术工程化、技术培训、科技企业孵化等服务。

（二）商贸服务。包括产品认证、市场宣传推介、品牌建设、电子商务、商业特许经营、商标注册等服务，以及参加各类重点展会、创新营销和商业模式、扩大信用销售、发展专业市场和特色商业街、推广现代流通方式等事项。

（三）综合性服务。包括中小企业运行监测、政策宣传、违法违规行为发布、风险预警、数据共享、产供销等信息服务，及管理咨询、创业辅导、创业基地、技术改造、产业升级、人才培训、财务会计、知识产权、工业设计、质量认证、仓储物流、法律咨询、投融资辅导、职业经理人建设等服务。

（四）其他促进中小企业发展的服务。

第二十五条　专项资金运用无偿资助、业务奖励、政府购买服务等方式，对中小企业公共服务平台和服务机构给予支持。

（一）无偿资助。专项资金对服务平台或机构实施的服务场地改造、软硬件设备及服务设施购置等提升服务能力的建设项目，按照不超过项目总投资额30%的比例给予补助。每个建设项目补助额度最高不超过500万元。

专项资金对中小企业参加的重点展会，给予减收或免收展位费、布展费、展品运输费等费用补贴。

（二）业务奖励。专项资金对服务平台或机构开展的中小企业服务，综合考虑其服务中小企业数量、收费标准、客户总体满意度等因素，按照不超过年度实际运营成本40%的比例给予奖励。每个项目奖励额度最高不超过500万元。

专项资金对保险机构面向中小企业开展的内贸信用险业务给予奖励支持。

（三）政府购买服务。专项资金向服务平台或机构购买中小企业发展迫切需要、市场供给严重不足的公共性服务。

第五章　促进国际合作

第二十六条　发挥中央财政资金在中小企业国际合作中的统筹和协调作用，鼓励加快引进国际先进技术，避免盲目重复引进及恶性竞争。

第二十七条　专项资金安排专门支出支持国内中小企业与欧盟企业、研究单位等（以下简称欧方合作机构）在节能减排相关领域开展科研合作。

（一）促进国内中小企业与欧方合作机构联合研究开发国际尖端节能减排技术。重点支持有利于国内中小企业追踪国际技术发展方向，掌握关键核心技术，填补国内技术空白的研发项目。

（二）引导国内中小企业转化中欧节能减排先进技术合作成果。重点支持国内中小企业应用中欧联合研发成果，开展技术延伸研究及小试、中试等活动，推动技术成果产业化的研发项目。

（三）鼓励国内中小企业从欧方合作机构引进消化吸收国际先进节能减排技术。重点支持国内中小企业引进适合我国国情的先进技术，进行消化吸收再创新或本土化改造，提升我国技术研发水平与推广应用能力的研发项目。

（四）推动国内中小企业与欧方合作机构加强节能减排技术交流与合作。重点支持国内中小企业参加欧方合作机构组织的与节能减排技术相关的国际会议、访问等交流项目。

第二十八条　专项资金运用无偿资助方式，对科研合作项目给予支持。研发项目按照不超过项目投资额40%的比例给予资助，每个项目资助额度最高不超过300万元。

交流项目按照不超过实际发生的国际差旅费（仅包括国际交通费、会议费）50%的比例给予资助，每个项目资助额度最高不超过30万元。

第六章　资金管理和工作组织

第二十九条　财政部综合考虑本年度专项资金预算规模、相关部门提出的年度工作计划、上年度预算执行情况、以前年度绩效评价结果等因素，确定各类支持方向的年度预算规模。

第三十条　相关部门分别会同财政部组织开展项目申报工作，在每年3月底前下发工作通知，明确专项资金支持重点、申报条件等事项。

各省、自治区、直辖市、计划单列市及新疆生产建设兵团中小企业主管部门、科技主管部门、商务主管部门（以下统称省级有关主管部门）会同同级财政部门，中央所属单位，按照本办法等规定，在工作通知下发40日内组织项目申报。

第三十一条　省级有关主管部门、财政部门应加强项目的筛选和核实工作，可通过政府购买服务方式引入第三方评估机制，确保申报材料真实可靠，提升项目层次和质量。

第三十二条　省级有关主管部门会同同级财政部门对本地区申请项目进行公示后上报相关部门和财政部。

第三十三条　相关部门会同财政部通过政府购买服务等方式建立项目储备、申报、跟踪管理系统，建立专家评审制度，组织专家对地方和中央所属单位的申请项目进行评审论证。

第三十四条　相关部门建立健全专家库，确保入库专家与评审专家在数量上保持合理比例，加强对入库专家能力、职业道德等素质的前置审核工作，建立比例淘汰机制。

第三十五条　相关部门严格实行专家随机抽取制度和回避制度，在评审过程中建立专家交叉评审、集中评审等相互监督机制，研究建立评审专家责任追究机制，强化对评审专家的责任约束。

第三十六条　相关部门建立健全与评审专家的联系沟通机制，避免部门人员擅自对评审专家施加影响。

第三十七条　相关部门会同财政部根据专家评审意见提出项目立项计划，并向社会公示，公示期不少于10个工作日。

第三十八条　对项目公示期内提出异议的项目，相关部门会同财政部及时组织调查核实。

项目公示期结束后，相关部门将公示期内没有异议的项目和经调查核实没有问题的项目列为立项项目，向财政部提出资金安排建议。

第三十九条　财政部根据当年预算安排情况，对资金安排建议进行审定，在全国人民代表大会批准预算后90日内将项目支出预算指标下达到省级财政部门和中央所属单位。专项资金的支付，按照财政国库管理制度的有关规定执行。

第七章　绩效评价

第四十条　财政部会同相关部门建立专项资金绩效评价制度，明确评价原则、组织实施、评价依据、评价内容、指标体系、分值权重、评分标准等内容。

第四十一条　财政部通过政府购买服务等方式，对专项资金分配使用、项目实施及效果等实施评价，在充分听取相关部门意见后形成绩效评价结果，并将其作为专项资金以后年度支持方向预算安排的重要依据。

第四十二条　财政部会同相关部门根据绩效评价结果，及时完善资金使用、项目组织等管理制度，不断改进专项资金管理机制。

第八章　监督检查

第四十三条　各级财政部门定期或不定期对专项资金使用情况进行监督检查，必要时可委托社会中介机构进行审计或评估。各级中小企业主管部门、科技主管部门和商务主管部门定期或不定期对项目实施情况进行监督检查。

第四十四条　专项资金应当用于规定的支持方向和重点。对违反规定使用、骗取资金的行为，该项目单位三年内不得申请专项资金扶持，并依照《财政违法行为处罚处分条例》等国家有关规定进行处理。

第九章　附　　则

第四十五条　本办法由财政部会同相关部门负责解释。

第四十六条　本办法自发布之日起施行。《财政部　工业和信息化部关于印发〈中小企业发展专项资金管理办法〉的通知》（财企〔2012〕96号）、《财政部 工业和信息化部关于印发〈中小企业信用担保资金管理办法〉的通知》（财企〔2012〕97号）、《财政部关于印发〈地方特色产业中小企业发展资金管理办法〉的通知》（财企〔2013〕67号）、《财政部关于印发〈西藏及四川云南甘肃青海四省藏区中小企业发展创业资金管理暂行办法〉的通知》（财企〔2010〕241号）、《财政部 科技部关于印发〈科技型中小企业技术创新基金财务管理暂行办法〉的通知》（财企〔2005〕22号）、《财政部 科技部关于印发〈科技型中小企业创业投资引导基金管理暂行办法〉的通知》（财企〔2007〕128号）、《财政部 科技部关于印发〈中欧中小企业节能减排科研合作资金管理暂行办法〉的通知》（财企〔2011〕226号）同时废止。

附录10：

国务院关于扶持小型微型企业健康发展的意见

国发〔2014〕52号

各省、自治区、直辖市人民政府，国务院各部委、各直属机构：

工商登记制度改革极大地激发了市场活力和创业热情，小型微型企业数量快速增长，为促进经济发展和社会就业发挥了积极作用，但在发展中也面临一些困难和问题。为切实扶持小型微型企业（含个体工商户）健康发展，现提出如下意见。

一、充分发挥现有中小企业专项资金的引导作用，鼓励地方中小企业扶持资金将小型微型企业纳入支持范围。（财政部、发展改革委、工业和信息化部、科技部、商务部、工商总局等部门负责）

二、认真落实已经出台的支持小型微型企业税收优惠政策，根据形势发展的需要研究出台继续支持的政策。小型微型企业从事国家鼓励发展的投资项目，进口项目自用且国内不能生产的先进设备，按照有关规定免征

关税。（财政部会同税务总局、工商总局、工业和信息化部、海关总署等部门负责）

三、加大中小企业专项资金对小企业创业基地（微型企业孵化园、科技孵化器、商贸企业集聚区等）建设的支持力度。鼓励大中型企业带动产业链上的小型微型企业，实现产业集聚和抱团发展。（财政部、工业和信息化部、科技部、商务部、工商总局等部门负责）

四、对小型微型企业吸纳就业困难人员就业的，按照规定给予社会保险补贴。自工商登记注册之日起 3 年内，对安排残疾人就业未达到规定比例、在职职工总数 20 人以下（含 20 人）的小型微型企业，免征残疾人就业保障金。（人力资源社会保障部会同财政部、中国残联等部门负责）

五、鼓励各级政府设立的创业投资引导基金积极支持小型微型企业。积极引导创业投资基金、天使基金、种子基金投资小型微型企业。符合条件的小型微型企业可按规定享受小额担保贷款扶持政策。（财政部会同发展改革委、工业和信息化部、证监会、科技部、商务部、人力资源社会保障部等部门负责）

六、进一步完善小型微型企业融资担保政策。大力发展政府支持的担保机构，引导其提高小型微型企业担保业务规模，合理确定担保费用。进一步加大对小型微型企业融资担保的财政支持力度，综合运用业务补助、增量业务奖励、资本投入、代偿补偿、创新奖励等方式，引导担保、金融机构和外贸综合服务企业等为小型微型企业提供融资服务。（银监会会同发展改革委、工业和信息化部、财政部、科技部、商务部、人力资源社会保障部、人民银行、税务总局等部门负责）

七、鼓励大型银行充分利用机构和网点优势，加大小型微型企业金融服务专营机构建设力度。引导中小型银行将改进小型微型企业金融服务和战略转型相结合，科学调整信贷结构，重点支持小型微型企业和区域经济发展。引导银行业金融机构针对小型微型企业的经营特点和融资需求特征，创新产品和服务。各银行业金融机构在商业可持续和有效控制风险的前提下，单列小型微型企业信贷计划。在加强监管前提下，大力推进具备条件的民间资本依法发起设立中小型银行等金融机构。（银监会会同人民银行、发展改革委、财政部、工业和信息化部、科技部、商务部等部门负责）

八、高校毕业生到小型微型企业就业的，其档案可由当地市、县一级的公共就业人才服务机构免费保管。（人力资源社会保障部、工业和信息

化部、工商总局等部门负责）

九、建立支持小型微型企业发展的信息互联互通机制。依托工商行政管理部门的企业信用信息公示系统，在企业自愿申报的基础上建立小型微型企业名录，集中公开各类扶持政策及企业享受扶持政策的信息。通过统一的信用信息平台，汇集工商注册登记、行政许可、税收缴纳、社保缴费等信息，推进小型微型企业信用信息共享，促进小型微型企业信用体系建设。通过信息公开和共享，利用大数据、云计算等现代信息技术，推动政府部门和银行、证券、保险等专业机构提供更有效的服务。从小型微型企业中抽取一定比例的样本企业，进行跟踪调查，加强监测分析。（工商总局、发展改革委、税务总局、工业和信息化部、人力资源社会保障部、人民银行、质检总局、统计局等部门负责）

十、大力推进小型微型企业公共服务平台建设，加大政府购买服务力度，为小型微型企业免费提供管理指导、技能培训、市场开拓、标准咨询、检验检测认证等服务。（工业和信息化部会同财政部、科技部、商务部、质检总局等部门负责）

各地区、各部门要结合本地区、本部门实际，在落实好已有的小型微型企业扶持政策的基础上，加大对政策的解读、宣传力度，简化办事流程，提高服务效率。各地区、各部门要确保政策尽快落实，并适时提出进一步措施。

国务院

2014 年 10 月 31 日

附录 11：

关于金融机构与小型微型企业签订借款合同免征印花税的通知

财税〔2014〕78 号

各省、自治区、直辖市、计划单列市财政厅（局）、地方税务局，西藏自治区国家税务局，新疆生产建设兵团财务局：

为鼓励金融机构对小型、微型企业提供金融支持，进一步促进小型、微型企业发展，现将有关印花税政策通知如下：

一、自 2014 年 11 月 1 日至 2017 年 12 月 31 日，对金融机构与小型、微型企业签订的借款合同免征印花税。

二、上述小型、微型企业的认定，按照《工业和信息化部　国家统计局　国家发展和改革委员会　财政部关于印发中小企业划型标准规定的通知》（工信部联企业〔2011〕300 号）的有关规定执行。

财政部　国家税务总局

2014 年 10 月 24 日

附录 12：

关于进一步支持小微企业增值税和营业税政策的通知

财税〔2014〕71 号

各省、自治区、直辖市、计划单列市财政厅（局）、国家税务局、地方税务局，新疆生产建设兵团财务局：

为进一步加大对小微企业的税收支持力度，经国务院批准，自 2014 年 10 月 1 日起至 2015 年 12 月 31 日，对月销售额 2 万元（含本数，下同）至 3 万元的增值税小规模纳税人，免征增值税；对月营业额 2 万元至 3 万元的营业税纳税人，免征营业税。

财政部　国家税务总局
2014 年 9 月 25 日

附录 13：

财政部　国家税务总局关于小型微利企业所得税优惠政策的通知

财税〔2015〕34 号

各省、自治区、直辖市、计划单列市财政厅（局）、国家税务局、地方税务局，新疆生产建设兵团财务局：

为了进一步支持小型微利企业发展，经国务院批准，现就小型微利企业所得税政策通知如下：

一、自2015年1月1日至2017年12月31日，对年应纳税所得额低于20万元（含20万元）的小型微利企业，其所得减按50%计入应纳税所得额，按20%的税率缴纳企业所得税。

前款所称小型微利企业，是指符合《中华人民共和国企业所得税法》（以下简称企业所得税法）及其实施条例规定的小型微利企业。

二、企业所得税法实施条例第九十二条第（一）项和第（二）项所称从业人数，包括与企业建立劳动关系的职工人数和企业接受的劳务派遣用工人数。

从业人数和资产总额指标，应按企业全年的季度平均值确定。具体计算公式如下：

季度平均值 =（季初值 + 季末值）÷2

全年季度平均值 = 全年各季度平均值之和 ÷4

年度中间开业或者终止经营活动的，以其实际经营期作为一个纳税年度确定上述相关指标。

上述计算方法自2015年1月1日起执行，《财政部　国家税务总局关于执行企业所得税优惠政策若干问题的通知》（财税〔2009〕69号）第七条同时停止执行。

三、各级财政、税务部门要密切配合，严格按照本通知的规定，抓紧做好小型微利企业所得税优惠政策落实工作。同时，要及时跟踪、了解优惠政策的执行情况，对发现的新问题及时反映，确保优惠政策落实到位。

财政部

国家税务总局

2015年3月13日

国家税务总局
关于贯彻落实扩大小型微利企业减半征收企业所得税范围有关问题的公告

国家税务总局公告2015年第17号

为落实国务院第83次常务会议关于扩大小型微利企业减半征收企业所得税优惠政策实施范围的决定，根据《中华人民共和国企业所得税法》及其实施条例、《财政部　国家税务总局关于小型微利企业所得税优惠政策的通知》（财税〔2015〕34号）规定，对落实小型微利企业所得税优惠政策问题公告如下：

一、符合规定条件的小型微利企业，无论采取查账征收还是核定征收方式，均可享受小型微利企业所得税优惠政策。小型微利企业所得税优惠政策，包括企业所得税减按20%税率征收（以下简称减低税率政策），以及财税〔2015〕34号文件规定的优惠政策（以下简称减半征税政策）。

二、符合规定条件的小型微利企业，在季度、月份预缴企业所得税时，可以自行享受小型微利企业所得税优惠政策，无须税务机关审核批准。小型微利企业在预缴和汇算清缴时通过填写企业所得税纳税申报表“从业人数、资产总额”等栏次履行备案手续，不再另行专门备案。在2015年企业所得税预缴纳税申报表修订之前，小型微利企业预缴申报时，暂不需提供“从业人数、资产总额”情况。

三、小型微利企业预缴时享受企业所得税优惠政策，按照以下规定执行：

（一）查账征收的小型微利企业。上一纳税年度符合小型微利企业条件，且年度应纳税所得额不超过20万元（含）的，分别按照以下情况处理：1. 本年度按照实际利润额预缴企业所得税的，预缴时累计实际利润额不超过20万元的，可以享受小型微利企业所得税减半征税政策；超过20万元的，应当停止享受减半征税政策。2. 本年度按照上年度应纳税所得额的季度（或月份）平均额预缴企业所得税的，可以享受小型微利企业减半征税政策。

（二）定率征税的小型微利企业。上一纳税年度符合小型微利企业条件，且年度应纳税所得额不超过20万元（含）的，本年度预缴企业所得税时，累计应纳税所得额不超过20万元的，可以享受减半征税政策；超过20万元的，不享受减半征税政策。

（三）定额征税的小型微利企业，由主管税务机关根据优惠政策规定相应调减定额后，按照原办法征收。

（四）本年度新办的小型微利企业预缴企业所得税时，凡累计实际利润额或应纳税所得额不超过20万元的，可以享受减半征税政策；超过20万元的，停止享受减半征税政策。

（五）企业根据本年度生产经营情况，预计本年度符合小型微利企业条件的，季度、月份预缴企业所得税时，可以享受小型微利企业所得税优惠政策。

四、企业预缴时享受了小型微利企业优惠政策，但年度汇算清缴超过规定标准的，应按规定补缴税款。

五、《国家税务总局关于发布〈中华人民共和国企业所得税月（季）度预缴纳税申报表（2014年版）等报表〉的公告》（国家税务总局公告〔2014〕第28号）附件2、附件4涉及以下相关行次的填报说明中，原10万元统一修改为20万元：

（一）附件2《中华人民共和国企业所得税月（季）度预缴纳税申报表（A类，2014年版）》填报说明第五条第（一）项之13第14行的填报说明。

（二）附件2《中华人民共和国企业所得税月（季）度预缴纳税申报表（A类，2014年版）》填报说明第五条第（二）项之5第25行的填报说明。

（三）附件4《中华人民共和国企业所得税月（季）度和年度纳税申报表（B类，2014年版）》填报说明第三条第（三）项之1第12行的填报说明。

六、本公告适用于2015年至2017年度小型微利企业申报缴纳企业所得税。本公告发布之日起，《国家税务总局关于扩大小型微利企业减半征收企业所得税范围有关问题的公告》（国家税务总局公告2014年第23号）废止。

特此公告。

附录 14：

小微企业财税扶持情况调查问卷

尊敬的企业家朋友：

感谢您在百忙之中填写此问卷。本次问卷调查旨在了解和掌握目前小微企业在财税扶持中面临的问题，配合国家为出台小微企业的财税扶持政策提供真实、可靠的事实依据。您的意见十分宝贵，答案无对错之分。我们承诺：调研数据仅用于科学研究，并将对相关调查信息严格保密。衷心感谢您的支持与配合！

一、企业基本情况

1. 贵企业的成立（注册）具体时间为：

2. 贵企业登记注册类型：（　　）

A. 国有企业　　B. 集体企业

C. 私营企业　　D. 个体经营

E. 股份有限责任公司　　F. 外资企业

G. 港澳台合资企业　　H. 其他请注明：

3. 贵企业所属行业：（　　）

A. 农林牧渔业　　B. 工业

C. 建筑业　　D. 批发及零售业

E. 交通运输及仓储业　　F. 住宿和餐饮业

G. 房地产开发经营及物业管理

H. 信息传输业及软件和信息技术服务业

I. 邮政业　　J. 其他请注明

4. 贵企业年的员工人数为（　　）人。

5. 贵企业主要管理人员来自本家族的占企业管理层的比例大约是（　　）

A. 20%以下　B. 21%—40%
C. 41%—60%　D. 61%—80%
E. 80%以上

6. 企业主的个人特征信息：

（1）年龄为：（　　）

A. 25岁以下　B. 26—45岁
C. 46—65岁　D. 65岁以上

（2）文化程度：（　　）

A. 小学及以下　B. 初中
C. 高中（中专、技校）　D. 大学或大专、硕士及以上

二、企业财务及信用状况

1. 贵企业目前总资产规模为：　　万元；其中固定资产规模：　　万元。

2. 贵企业资产的主要形式是：（　　）

A. 机器、厂房、办公设备等固定资产
B. 原材料或库存商品、应收账款
C. 专利技术、特许经营权等无形资产
D. 其他（请注明）

3. 贵企业年营业收入（年销售额：　　万元；净利润：　　万元；经营活动现金净流量：　　万元。

4. 贵企业目前年总负债为：　　万元，其中短期负债（一年以下）：　　万元，长期负债（一年以上：　　万元）。

5. 贵企业是否聘请专门的财务人员进行财务管理：（　　）

A. 是　B. 否

6. 贵企业的公司治理状况如何：（　　）

A. 没有公司治理的概念
B. 有概念无制度
C. 公司治理状况良好
D. 公司治理极大地促进了运营管理

7. 贵企业是否觉得目前企业税赋比较重：（　　）

A. 非常重　B. 比较重

C. 还好
D. 比较轻
E. 非常轻

8. 贵企业是否有合理的方法去避税：（　　）
A. 有
B. 没有

9. 公司是否重视信用管理：（　　）
A. 是
B. 否

三、企业发展受政府行为的影响

1. 政府扶持小微企业的财税政策的公开度和透明度：（　　）
A. 非常高
B. 比较高
C. 一般
D. 低
E. 非常低

2. 您对政府扶持小微企业发展的各项政策措施的了解程度：（　　）
A. 非常了解
B. 比较了解
C. 一般了解
D. 不太了解
E. 完全不了解

3. 您认为促进小微企业发展方面，哪些机构起决定性作用：（　　）
A. 政府部门
B. 金融机构
C. 企业自身
D. 民间借贷组织
E. 社会化服务机构（包括信用评级机构、担保机构等）
F. 其他（请注明）

4. 企业从税务减免中得到的实惠程度：（　　）
A. 非常高
B. 比较高
C. 一般
D. 低
E. 非常低

5. 财税政策与企业发展的契合程度：（　　）
A. 非常高
B. 比较高
C. 一般
D. 低
E. 非常低

6. 认为政府今后应该努力的方向是（可多选）：（　　）
A. 发展中小金融机构、建立和完善企业征信体系
B. 加大对信用担保机构的支持力度

C. 利用政策引导金融机构更多地向小微企业贷款

D. 加强政府与企业之间的沟通

E. 加大减税，鼓励支持全民创业

F. 发展中小企业资本市场

G. 政府招标、采购时向中小企业倾斜

H. 其他（请注明）

7. 您对政府实施的财税政策是否满意？（　　）

A. 非常满意　　B. 比较满意

C. 基本满意　　D. 不太满意

E. 完全不满意

附录 15：

国际市场开拓投入资金的精度检验与预测

$X^{(0)}$的均值：$\overline{X} = \frac{1}{6}\sum_{k=1}^{5} x^{(0)}(k) = 27$

$X^{(0)}$的方差：$S_1 = \sqrt{\frac{1}{N}\sum_{k=1}^{N}[x^{(0)}(k) - \overline{X}]^2} = 12.25$

残差的均值：$\overline{E} = \frac{1}{N-1}\sum_{k=2}^{N} E(k) = 0.34$

残差的方差：$S_2 = \sqrt{\frac{1}{N-1}\sum_{k=2}^{N}[E(k) - \overline{E}]^2} = 2.94$

后验差比值：$C = \frac{S_2}{S_1} = 0.24$

附录16：

技术创新投入资金的精度检验与预测

$X^{(0)}$的均值：$\overline{X}=\frac{1}{6}\sum_{k=1}^{5}x^{(0)}(k)=32.3$

$X^{(0)}$的方差：$S_1=\sqrt{\frac{1}{N}\sum_{k=1}^{N}[x^{(0)}(k)-\overline{X}]^2}=15.56$

残差的均值：$\overline{E}=\frac{1}{N-1}\sum_{k=2}^{N}E(k)=0.404$

残差的方差：$S_2=\sqrt{\frac{1}{N-1}\sum_{k=2}^{N}[E(k)-\overline{E}]^2}=4.26$

后验差比值：$C=\frac{S_2}{S_1}=0.27$

附录17：

精度检验与预测

$X^{(0)}$的均值：$\overline{X}=\frac{1}{6}\sum_{k=1}^{5}x^{(0)}(k)=93.38$

$X^{(0)}$的方差：$S_1=\sqrt{\frac{1}{N}\sum_{k=1}^{N}[x^{(0)}(k)-\overline{X}]^2}=43.2045$

残差的均值：$\overline{E}=\frac{1}{N-1}\sum_{k=2}^{N}E(k)=1.36$

残差的方差：$S_2=\sqrt{\frac{1}{N-1}\sum_{k=2}^{N}[E(k)-\overline{E}]^2}=20.2105$

后验差比值：$C=\frac{S_2}{S_1}=0.4678$

附录 18：

服务体系专项补助投入资金的精度检验与预测

$X^{(0)}$的均值：$\overline{X}=\frac{1}{6}\sum_{k=1}^{5}x^{(0)}(k)=3.8$

$X^{(0)}$的方差：$S_1=\sqrt{\frac{1}{N}\sum_{k=1}^{N}[x^{(0)}(k)-\overline{X}]^2}=2.12$

残差的均值：$\overline{E}=\frac{1}{N-1}\sum_{k=2}^{N}E(k)=0.214$

残差的方差：$S_2=\sqrt{\frac{1}{N-1}\sum_{k=2}^{N}[E(k)-\overline{E}]^2}=0.78$

后验差比值：$C=\frac{S_2}{S_1}=0.36$

附录 19：

技术创新投入资金的精度检验

$X^{(0)}$的均值：$\overline{X}=\frac{1}{6}\sum_{k=1}^{5}x^{(0)}(k)=26.3$

$X^{(0)}$的方差：$S_1=\sqrt{\frac{1}{N}\sum_{k=1}^{N}[x^{(0)}(k)-\overline{X}]^2}=7.23$

残差的均值：$\overline{E}=\frac{1}{N-1}\sum_{k=2}^{N}E(k)=0.016$

残差的方差：$S_2 = \sqrt{\frac{1}{N-1}\sum_{k=2}^{N}[E(k) - \bar{E}]^2} = 3.12$

后验差比值：$C = \frac{S_2}{S_1} = 0.43$

附录 20：

预测精度等级对照表

预测精度等级	C
好	<0.35
合格	<0.45
勉强	<0.50
不合格	≥0.65

后记 Afterword

本书是白贵教授主持的内蒙古社科规划项目（批准号：2013B029）的研究成果。全书具体分工如下：白贵教授负责本书的总体设计和总纂定稿，第四章、第六章由白贵教授执笔；第一章、第二章由张静伟教授执笔；第三章、第五章由李婷讲师执笔。本书在撰写过程中得到了郝春虹教授、朱润喜教授、徐博教授、贾智莲教授、李俊英教授、娜仁教授的热情帮助和指导，在此表示感谢。

在本书的写作过程中，我们借鉴和引用了国内外专家的学术观点，并在参考文献中一一加以注明，在此一并加以衷心地感谢。

本书在出版过程中得到了内蒙古财经大学科研处和研究生教育与学科规划建设处以及中国财政经济出版社财政分社李洪波社长（现任经济科学出版社副社长）、庄莉编辑的大力支持，在此致以诚挚的谢意。

白贵　李婷　张静伟

2016 年 6 月